この本の特長と使い方

問題回数ギュッと増しドリル！

1年間で学習する内容が、この1冊でたっぷり学べます。

※音読みはカタカナ、訓読みはひらがなになっています。
※色になっている文字は送りがなです。
※（ ）は、小学校で習わない読み方です。

1枚ずつはがして使うこともできます。

もう1回チャレンジできる！

裏面には、表面と同じ問題を掲載。
解きなおしや復習がしっかりできます。

裏面

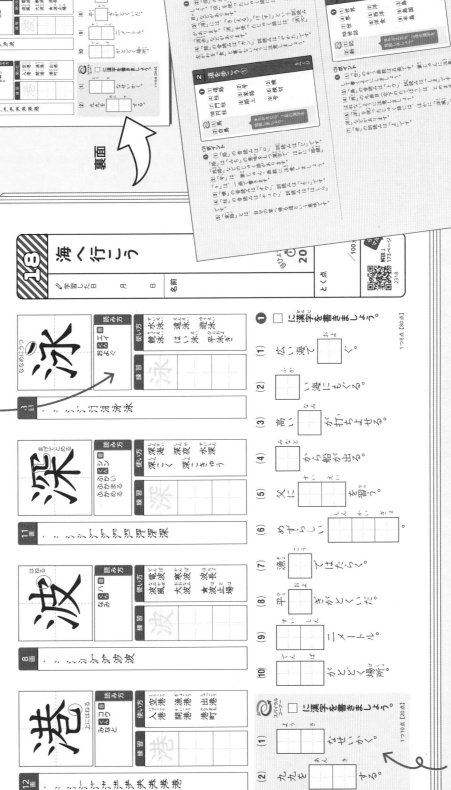

スパイラルコーナー！

何回か前に学習した内容が登場。
くり返し学習で定着させます。

※「使い方」の部分に★が付いている語は
特別な読みをするもの（熟字訓）です。

マルつけはスマホでサクッと！

その場でサクッと、赤字解答入り誌面が見られます。

くわしくは p.2 へ

「答え」のページはていねいな解説つき！

解き方がわかる◯ポイントがついています。

□スマホでサクッと! らくらくマルつけシステム

「答え」のページを見なくても! その場でスピーディーに!

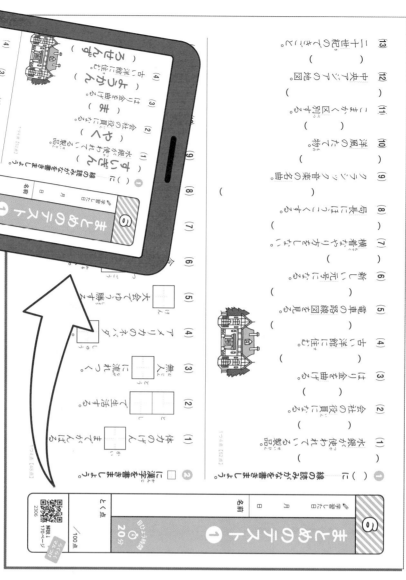

● 問題ページ右下のQRコードを、お手持ちのスマートフォンやタブレットで読みとってください。そのページの解答が印字された状態の誌面が画面上に表示されるので、「答え」のページの⑴のポイントをご確認ください。

● くわしい解説が必要な場合は、その場ですばやくマルつけができます。

● 「らくらくマルつけシステム」は無料でご利用いただけますが、通信料金はお客様のご負担となります。 ● すべての機器での動作を保証するものではありません。 ● やむを得ない事情により、サービス内容など変更が生じる場合があります。 ● QRコードは(株)デンソーウェーブの登録商標です。

プラスαの学習効果で 成績ぐんぐん!

パズル問題で考える力を育みます。

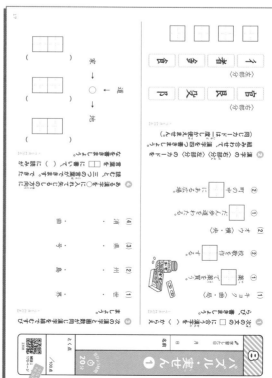

巻末のそふく習+先取り問題で、今よりー歩先までがんばれます。

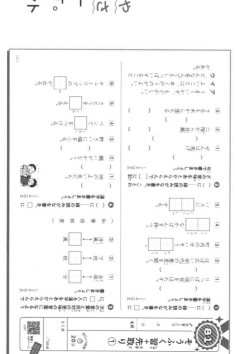

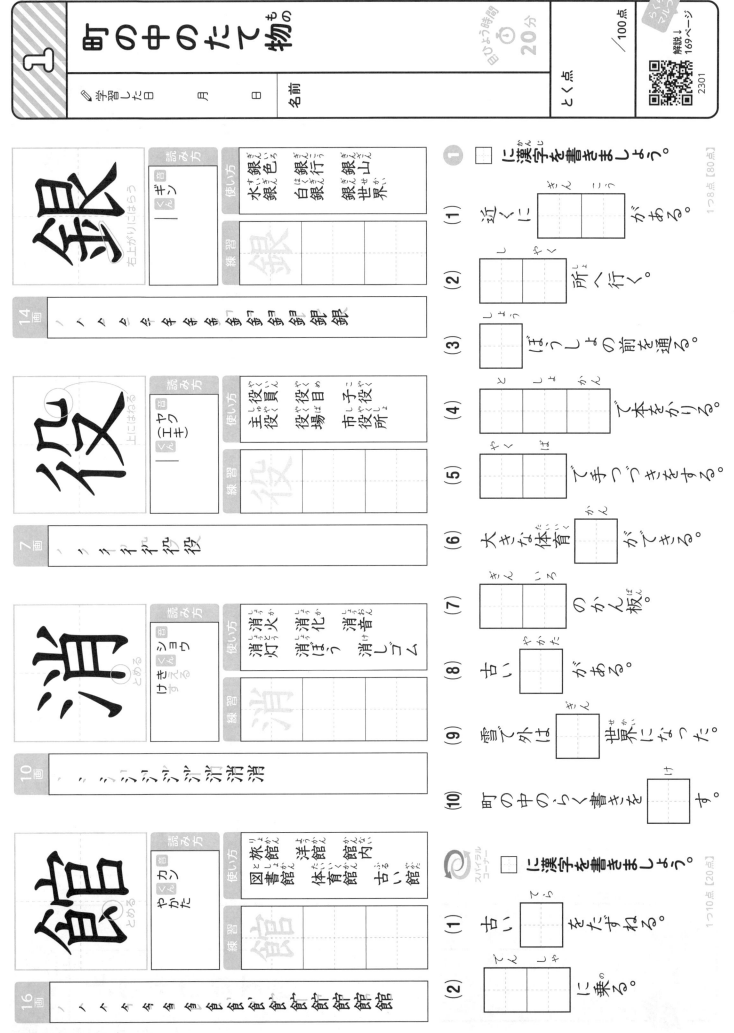

1 町の中のたて物も

学習した日　月　日　名前

目ひょう時間 ⏱ 20分

/100点

とく点

らくらくマルつけ
解説↓ 169ページ
2301

銀

読み方
音　ギン
訓　—

使い方
水銀
白銀色
銀行
銀世界
銀山

練習　銀

14画　ノ　ハ　ト　ゲ　牟　牟　牟　余　金　釘　釣　鈤　鉅　銀

役

読み方
音　ヤク（エキ）
訓　—

使い方
主役
役員
役場
役目
市役所

練習　役

7画　ノ　ノ　彳　彳　彳　役

消

読み方
音　ショウ
訓　けす　きえる

使い方
消火
消灯
消化
消ぼう
消しゴム
消音

練習　消

10画　ノ　ソ　ソ　ジ　デ　デ　浐　消

館

読み方
音　カン
訓　やかた

使い方
図書館
旅館
洋館
体育館
館内
古館
館長

練習　館

16画　ノ　ハ　ト　ゲ　牟　牟　牟　余　食　飠　飠　飦　飦　館　館　館

① □に漢字を書きましょう。　1つ8点【80点】

(1) 近くに□□〔ぎん・こう〕がある。

(2) □□〔し・やく〕所へ行く。

(3) □〔ぼう・しょう〕の前を通る。

(4) □□□〔と・しょ・かん〕で本をかりる。

(5) □□〔やく・ば〕で手つづきをする。

(6) 大きな体育□〔かん〕ができる。

(7) □□〔ぎん・いろ〕のかん板。

(8) 古い□〔やかた〕がある。

(9) 雪で外は□〔ぎん〕世界になった。

(10) 町の中のらく書きを□〔け〕す。

♻ スパイラルコーナー
□に漢字を書きましょう。　1つ10点【20点】

(1) 古い□〔やかた〕をたずねる。

(2) □□〔てん・しゃ〕に乗る。

3

まとめて一回チャレンジ！
1
目ひょう時間 ⏱ 20分
合格 80点
とく点 ／100点
らくらくマルつけ
解説↓169ページ
2301
4

館（16画）

読み方　音 カン　訓 やかた

練習

使い方
図書館　旅館が　洋館
体育館　館内
古い館だ

消（10画）

読み方　音 ショウ　訓 きえる・けす

練習

使い方
消火　消灯　消化
消音　消しゴム

役（7画）

読み方　音 ヤク（エキ）
上にはねる

練習

使い方
主役　役員　役目
役場　子役
市役所

銀（14画）

読み方　音 ギン
右上がりにはらう

練習

使い方
水銀　銀色
自銀　銀行
銀山　世界　銀世界

---

① □に漢字を書きましょう。　1つ8点【80点】

(1) 近くに □□ がある。（ぎんこう）

(2) □□ の前を通る。（ほけんじょ）所へ行く。

(3) □□ へ行く。（ほうしょ）

(4) □□□ で本をかりる。（たいいくかん）

(5) □ ではたらく。（やくば）

(6) 大きな □ で手をきれいにする。（たいいく）

(7) □□ のかん板がある。（しょうぼう）

(8) 古い □ がある。（やかた）

(9) 雪で外は □ になった。（ぎんせかい）

(10) 町の中から □ へ書きます。（せかい）

---

② □に漢字を書きましょう。　1つ10点【20点】

🌀 スパイラルコーナー

(1) 古い □ をたずねる。（てら）

(2) □ に乗る。（でんしゃ）

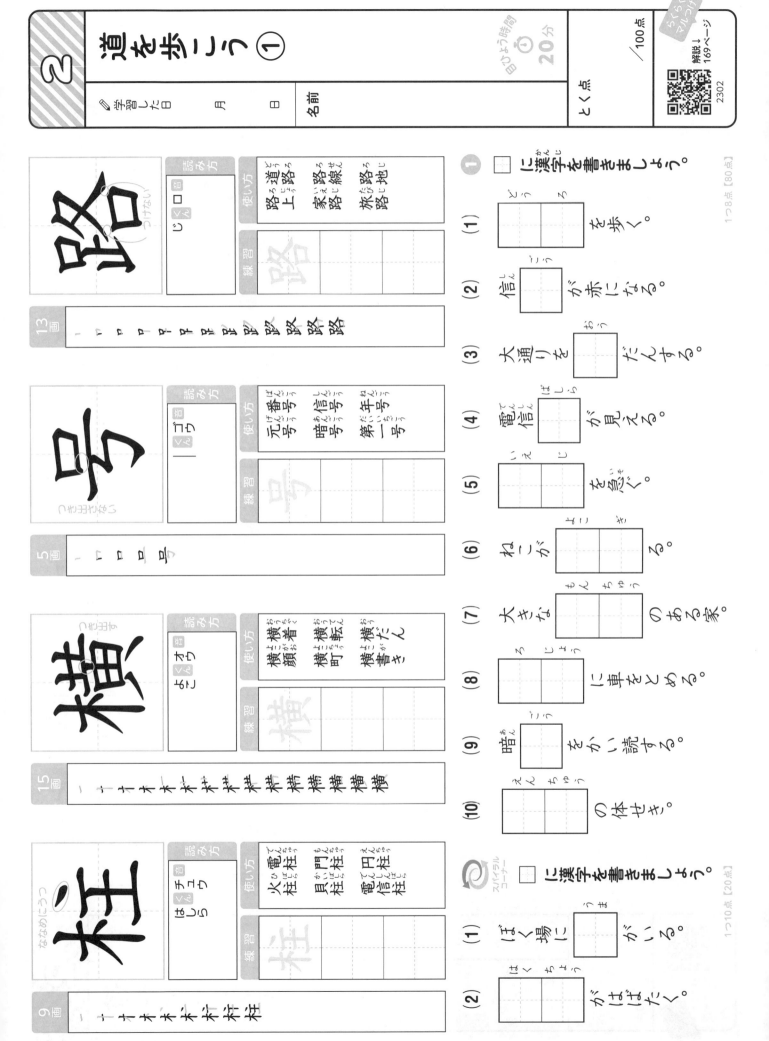

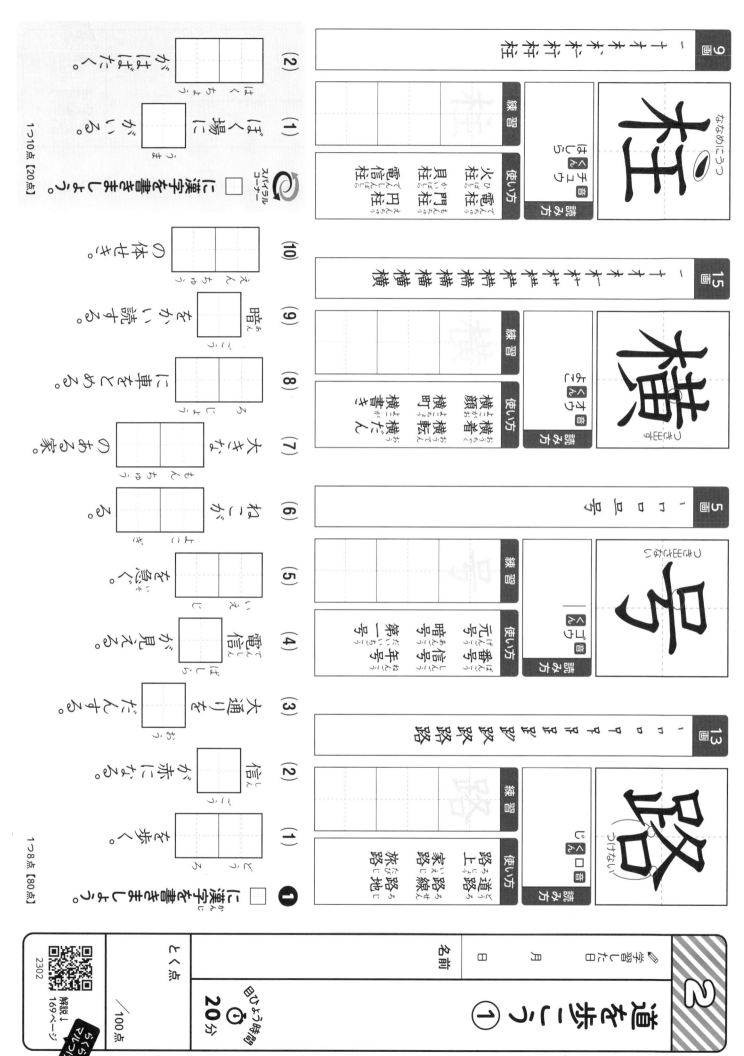

ステップ1

2 道を歩こう ①

学習した日　月　日
名前

目ひょう時間 ◯ 20分
とく点 ／100点
解説↓169ページ
2302

柱　9画
なかまはこう？
はしら・チュウ　読み方
一 十 オ 村 村 柱 柱
練習
使い方：火柱（ひばしら）　門柱（もんちゅう）　貝柱（かいばしら）　電信柱（でんしんばしら）　円柱（えんちゅう）

横　15画
よこ・オウ　読み方
一 十 オ 村 村 村 村 村 構 横 横 横 横
練習
使い方：横顔（よこがお）　横町（よこちょう）　横転（おうてん）　横書き（よこがき）　真横（まよこ）

号　5画
ゴウ　読み方
一 口 口 号 号
練習
使い方：元号（げんごう）　番号（ばんごう）　暗号（あんごう）　第〜号（だい〜ごう）　一号（いちごう）

路　13画
じ・ロ　読み方
つけない
一 口 口 甼 甼 距 跖 距 路 路 路 路 路
練習
使い方：路上（ろじょう）　家路（いえじ）　旅路（たびじ）　路地（ろじ）　路線（ろせん）　道路（どうろ）

❶ □に漢字を書きましょう。　1つ8点[80点]

(1) □（どう）を歩く。
(2) □（しんごう）が赤になる。
(3) 大通りを□（おうだん）する。
(4) 電信□（ばしら）が見える。
(5) □（あいず）を受ける。
(6) ねこが□（はしら）。
(7) 大きな□（ちゅうもん）の家。
(8) 仕事を□（ちゅうし）にとめる。
(9) 暗□（ごう）を読む。
(10) □（ちゅう）の体せい。

スパイラルコーナー

❷ □に漢字を書きましょう。　1つ10点[20点]

(1) □（ばしょ）に□（きごう）をかく。
(2) □（はくちょう）がはばたく。

目ひょう時間 ⏱ 20分
／100点
とく点　／点

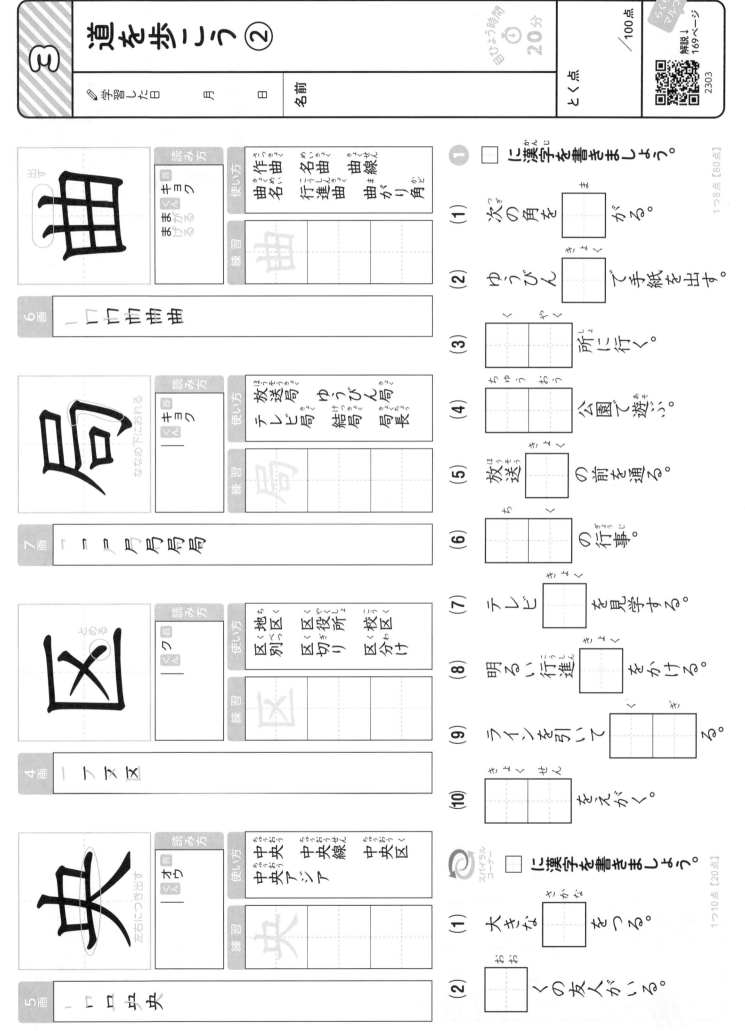

曲

読み方
音 キョク
訓 まがる・まげる

使い方
曲線（きょくせん）
曲（きょく）が り角（かど）
曲（きょく）名（めい）
作曲（さっきょく）
名曲（めいきょく）
行進曲（こうしんきょく）

練習 曲

6画　| 门 巾 由 曲 曲

局

読み方
音 キョク
訓 —

使い方
放送局（ほうそうきょく）
テレビ局（きょく）
ゆうびん局（きょく）
結局（けっきょく）
局長（きょくちょう）

練習 局

7画　 丨 フ コ 戸 局 局 局

区

読み方
音 ク
訓 —

使い方
区地（くち）
区別（くべつ）
区切（くぎ）り
区役所（くやくしょ）
区校（くこう）
区分（くぶん）け

練習 区

4画　 一 フ ヌ 区

央

読み方
音 オウ
訓 —

使い方
中央（ちゅうおう）
中央アジア（ちゅうおうアジア）
中央線（ちゅうおうせん）
中央区（ちゅうおうく）

練習 央

5画　 一 口 口 央 央

1 □ に漢字を書きましょう。　1つ8点【80点】

(1) 次（つ）ぎの角（かど）を □ が る。

(2) ゆうびん □ で手紙（てがみ）を出（だ）す。

(3) □□ 所（しょ）に行（い）く。

(4) □□ 公園（こうえん）で遊（あそ）ぶ。

(5) 放送（ほうそう） □ の前（まえ）を通（とお）る。

(6) □□ の行事（ぎょうじ）。

(7) テレビ □ を見学（けんがく）する。

(8) 明（あか）るい行進（こうしん） □ をかける。

(9) ラインを引（ひ）いて □□ る。

(10) □□ をえがく。

2 □ に漢字を書きましょう。　1つ10点【20点】

(1) 大（おお）きな □ をつくる。

(2) □ くの友人（ゆうじん）がいる。

7

③

名前

学習した日　月　日

目ひょう時間 ⏱ 20分
とく点 ／100点

5画　央

書き順：ノ ロ 央 央 央

読み方：オウ（左右につき出す）

使い方：
中央（ちゅうおう）
中央線（ちゅうおうせん）アジア
中央区（ちゅうおうく）

練習

スパイラルコーナー

① □に漢字を書きましょう。　1つ10点【20点】

(1) 大きな □（おお）をつくる。

(2) □の友人がいる。

4画　区

書き順：一 フ 区 区

読み方：ク

使い方：
地区（ちく）区別（くべつ）
区役所（くやくしょ）
校区（こうく）
区分け（くわけ）

練習

7画　局

書き順：コ ヲ 尸 尸 局 局 局

読み方：キョク（ななめの下におれる）

使い方：
放送局（ほうそうきょく）
テレビ局（きょく）
結び（むすび）局長（きょくちょう）
ゆうびん局（きょく）

練習

6画　曲

書き順：一 ﾘ 巾 曲 曲 曲

読み方：キョク（まがる・まげる）

使い方：
作曲（さっきょく）
曲名（きょくめい）
行進曲（こうしんきょく）
曲線（きょくせん）
曲がり角（まがりかど）

練習

---

① □に漢字を書きましょう。　1つ8点【80点】

(1) 次の角を □（まが）る。

(2) □（きょく）の □（かど）をまがる。

(3) □（やくしょ）に行く。

(4) □（こうえん）で遊ぶ。

(5) 放送 □（きょく）の前を通る。

(6) □（まち）の行事。

(7) テレビを □（けんがく）する。

(8) 明るく □（こうしん）する。

(9) ライン □（きょくせん）を引く。

(10) □（きょうせん）をこえる。

目ひょう時間 ⏱ 20分　／100点

解説↓ 169ページ

2304

📝学習した日　月　日　名前　とく点

世

読み方
音 セイ・セ
よ（く）ん

使い方
世界　世紀　世の中
世話　世代　世間

練習　世

5画　一 十 廿 冊 世

界

読み方
音 カイ

使い方
業界　外界　世界
げん界　きょう界

練習　界

9画　一 ⊓ 冂 冃 田 甲 罘 界 界

洋

読み方
音 ヨウ

使い方
西洋　洋食　洋しつ
海洋　洋室　大平洋風
太平洋　洋風

練習　洋

9画　丶 丷 氵 氵 沪 汢 洋 洋 洋

島

読み方
音 トウ
くん しま

使い方
半島　列島　本島
無人島　島国　小島
島じま

練習　島

10画　丶 冖 ⼧ 户 户 自 鸟 鸟 島 島

---

① □ に漢字を書きましょう。

1つ8点[80点]

(1) ［せ・か］地図を買う。

(2) 広い太平［よう］にいかり出す。

(3) 日本列［とう］はアジアにある。

(4) となりの国とのきょう［か］。

(5) ［せ・よ］の国々に行く。

(6) 日本は［しま・ぐに］だ。

(7) ［よ］の中のいろいろな地図。

(8) ［よう・しょく］の店。

(9) 青森県の下北［はん・とう］。

(10) けが人の［せ・わ］をする。

---

② □ に漢字を書きましょう。

1つ10点[20点]

(1) 地図［き］号をおぼえる。

(2) 新たらしい発［けん］。

4

世界地図を見てみよう

目ひょう時間 20分

とく点 　／100点

目ひょう時間 20分

学しゅうした日　月　日

名前

解説↓ 169ページ
らくらくマルつけ
2304

島

10画

ノ ア ア 鳥 鳥 鳥 鳥 鳥 鳥 鳥

読み方
しまトウ

使い方
無人島
半島
列島
島国
本島
小島

練習

1つ10点【20点】

スパイラルコーナー

□に漢字を書きましょう。

(1) 地図で□号をおぼえる。
あ

(2) □しい発見。
あたら

洋

9画

丶 丶 冫 冫 汽 汽 洋 洋 洋

読み方
ヨウ

使い方
西洋食
海よう
太平洋
洋風

練習

界

9画

ノ 冂 冂 田 田 里 界 界 界

読み方
カイ

使い方
業界
外界
世界

練習

世

5画

一 十 卅 卅 世

読み方
セイ セ

使い方
世代
世話
世間
世の中
世紀

練習

1つ8点【80点】

1 □に漢字を書きましょう。

(1) 地図を買う。
ちず

(2) 広い太平□に出ます。
よう

(3) 日本列島はアジアにある。
とう

(4) となりの国の地図。
こく

(5) せかいの国々に行く。
せかい

(6) 日本はしまに国だ。
くに

(7) 地図の中のところ。
ち

(8) 町の店。
まちよう

(9) 青森県の下北はんとう。
はんとう

(10) けが人のせわをする。
せわ

10

目ひょう時間 ⏱ 20分

✏ 学習した日　月　日　名前

／100点　とく点

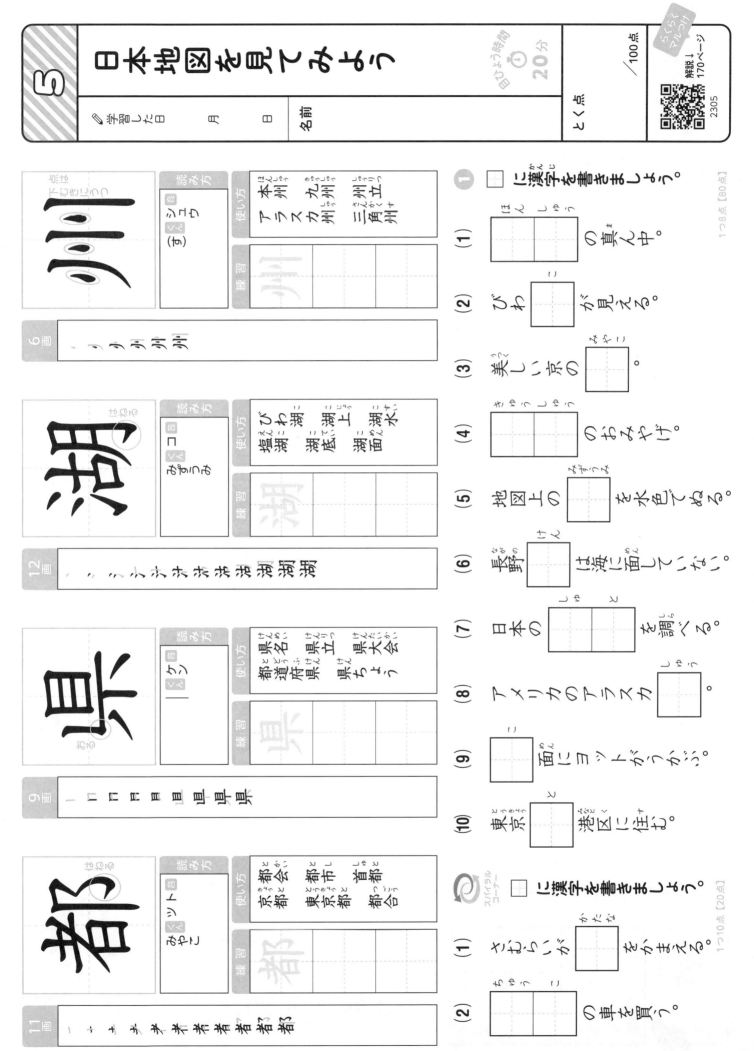

州
読み方　音 シュウ　訓 (す)
使い方：本州（ほんしゅう）／九州（きゅうしゅう）／三角州（さんかくす）／州立（しゅうりつ）／アラスカ州
練習
6画　ノ 丿 州 州 州 州

湖
読み方　音 コ　訓 みずうみ
使い方：塩湖（えんこ）／湖水（こすい）／湖面（こめん）／湖底（こてい）／湖上（こじょう）／びわ湖
練習
12画　氵 氵 氵 沽 沽 沽 沽 湖 湖 湖 湖 湖

県
読み方　音 ケン
使い方：都道府県（とどうふけん）／県名（けんめい）／県立（けんりつ）／県大会（けんたいかい）／県庁（けんちょう）
練習
9画　｜ 口 日 日 目 且 県 県 県

都
読み方　音 ト　訓 みやこ
使い方：京都（きょうと）／東京都（とうきょうと）／首都（しゅと）／都会（とかい）／都市（とし）／都合（つごう）
練習
11画　一 十 土 耂 耂 者 者 者 者 都 都

❶ □に漢字を書きましょう。　1つ8点【80点】

(1) ほんしゅう の真ん中。

(2) びわ こ が見える。

(3) 美しい京の みやこ 。

(4) きゅうしゅう のおみやげ。

(5) 地図上の みずうみ を水色でぬる。

(6) 長野の けん は海に面していない。

(7) 日本の しゅと を調べる。

(8) アメリカのアラスカ しゅう 。

(9) こ 面にヨットがうかぶ。

(10) 東京 と 港区に住む。

❷ スパイラルコーナー　□に漢字を書きましょう。　1つ10点【20点】

(1) さむらいが かたな をかまえる。

(2) ちゅうこ の車を買う。

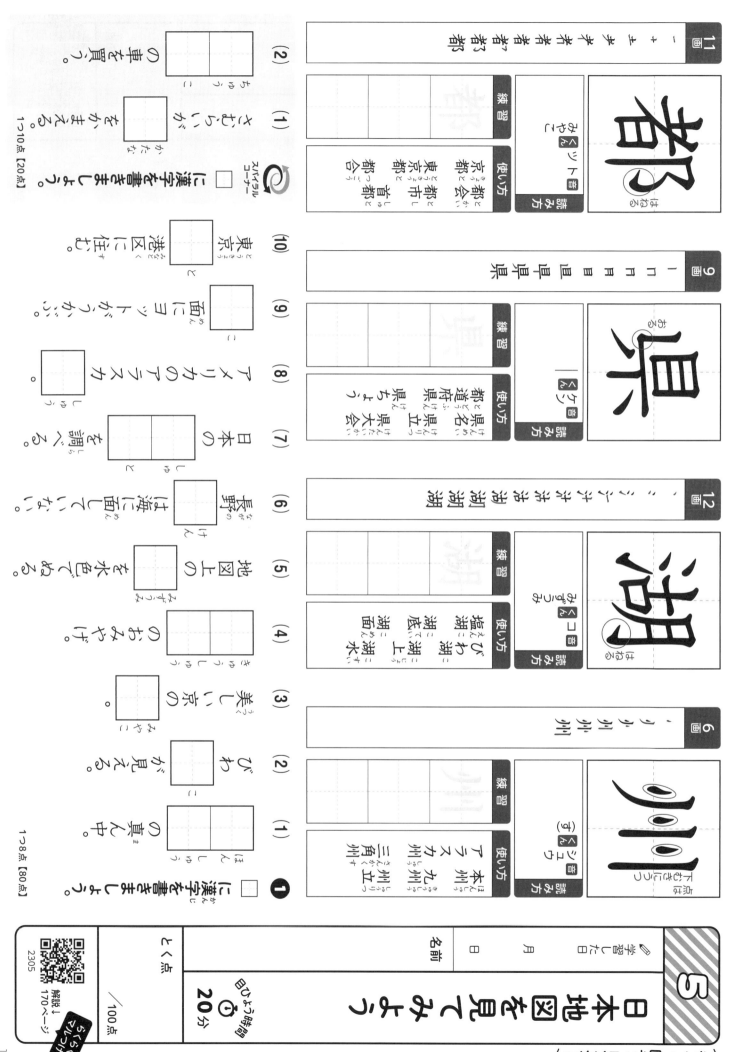

③ 日本地図を見てみよう

学習した日　月　日
名前

目ひょう時間 ⓞ 20分
合かく 20点
とく点 ／100点

解説→170ページ
2305

11画　都

みくン音 読み方
はねる

みやこ　ト・ツ

練習

使い方
京都会
東京都市
首都
都会

9画　県

ケン音 読み方

練習

使い方
都道府県
県名
県立
県大会
県ちょう

12画　湖

みくン音 読み方
はねる

みずうみ　コ

練習

使い方
塩みずうみ
湖底
湖上
湖面
みずうみ

6画　州

シュウ音 読み方
(ス)

練習

使い方
本州
アメリカ州
九州
三角州
州立

① □に漢字を書きましょう。 1つ8点【80点】

(1) びわ□の真ん中。
(2) □が見える。
(3) 美しい京の□に。
(4) 地図上の□のおくゆき。
(5) 長野□は海に面していない。
(6) 地図上の□を水色にぬる。
(7) 日本の□を調べる。
(8) アメリカのアラスカ□。
(9) ニューヨーク面にヨットが□ぶ。
(10) 東京□の港区に住む。

スパイラルコーナー

(2) □に漢字を書きましょう。 1つ10点【20点】

(1) さいころが□に止まる。
(2) みやこから□の車を買う。

12

学習した日　月　日　名前

/100点　とく点

らくらくマルつけ　解説↓170ページ　2306

❶ （　）に──線の読みがなを書きましょう。 1つ4点[52点]

(1) 水銀が使われている製品。　（　　　　）

(2) 会社の役員になる。　（　　　　）

(3) はり金を曲げる。　（　　　　）

(4) 古い洋館に住む。　（　　　　）

(5) 電車の路線図を見る。　（　　　　）

(6) 新しい元号になる。　（　　　　）

(7) 横着なやり方をしない。　（　　　　）

(8) 局長にほうにんする。　（　　　　）

(9) クラシック音楽の名曲。　（　　　　）

(10) 洋風のたて物。　（　　　　）

(11) こまかく区別する。　（　　　　）

(12) 中央アジアの地図。　（　　　　）

(13) 二十世紀のできごと。

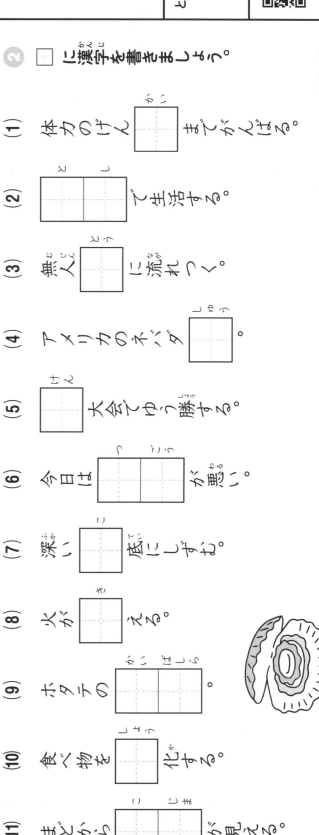

❷ □に漢字を書きましょう。 1つ4点[48点]

(1) 体力の□□までがんばる。

(2) □□で生活する。

(3) 無人□に流れつく。

(4) アメリカのネバダ□。

(5) □大会でゆう勝する。

(6) 今日は□□が悪い。

(7) 深い□底にしずむ。

(8) 火が□える。

(9) ホタテの□□。

(10) 食べ物を□化する。

(11) まどから□□が見える。

(12) 広い□で泳ぐ。

① ――線の読みがなを書きましょう。

1つ4点【52点】

(1) 水銀が使われている製品。
（　　　）

(2) はり金が使われて曲げる。
（　　　）

(3) 会社の役員になる。
（　　　）

(4) はり金を曲げる。
（　　　）

(5) 古い洋館に住む。
（　　　）

(6) 電車の路線図を見る。
（　　　）

(7) 新しい元号になる。
（　　　）

(8) 樹着なやり方をしない。
（　　　）

(9) 局長にほうこくする。
（　　　）

(10) クラシック音楽の名曲。
（　　　）

(11) 洋風のたて物。
（　　　）

(12) いまからへ図別する。
（　　　）

(13) 中央アジアの地図。
（　　　）

二十一世紀のできごと。
（　　　）

② □に漢字を書きましょう。

1つ4点【48点】

(1) 体力のげんかいをこえる。

(2) とかいで生活する。

(3) 無人とうへ行く。

(4) アメリカのネイダに流れつく。

(5) 大会でゆうしょう勝する。

(6) 今日はこうしが悪い。

(7) 深いにそこ底にしずむ。

(8) 火ばたがえる。

(9) ホタテのかいばしら。

(10) 食べ物をしょうか化する。

(11) まどからにじが見える。

(12) 広いみずうみにおよぐ。

名前

月　日

✐学習した日

⑥ まとめのテスト ①

⏱めひょう時間 20分

とく点 ／100点

解説↓170ページ

2306

14

学習した日　月　日　名前

とく点　／100点

解説↓ 170ページ

2307

❶ （　）に——線の読みがなを書きましょう。

1つ4点［52点］

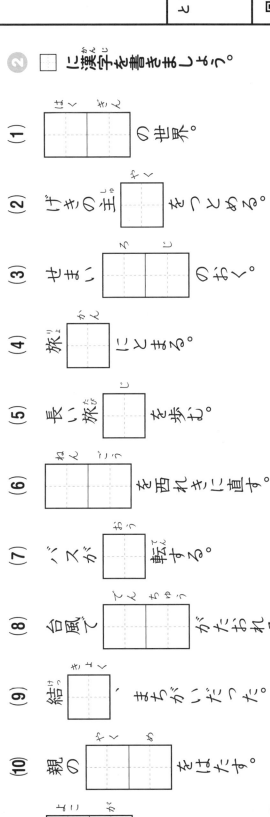

(1) 湖上にヨットがうかぶ。
（　　　　　　）

(2) 火事の消火活動を行う。
（　　　　　　）

(3) 外界と通しんする。
（　　　　　　）

(4) ホテルの洋室にとまる。
（　　　　　　）

(5) 本島までの船に乗る。
（　　　　　　）

(6) 州立の公園を歩く。
（　　　　　　）

(7) 都道府県名を書く。
（　　　　　　）

(8) 次の世代につたえる。
（　　　　　　）

(9) 校区ごとに集まる。
（　　　　　　）

(10) 海洋の生物を調べる。
（　　　　　　）

(11) えん筆と消しゴム。
（　　　　　　）

(12) 土地を区分けする。
（　　　　　　）

(13) 曲名をおぼえる。
（　　　　　　）

❷ □に漢字を書きましょう。

1つ4点［48点］

(1) ［はく　きん］の世界。

(2) げきの主［やく］をつとめる。

(3) せ［まい］み［じ］のおく。

(4) 旅［かん］にとまる。

(5) 長い旅［じ］を歩む。

(6) ［ねん　ごう］を西れきに直す。

(7) バスが［おう］転する。

(8) 台風で［でん　ちゅう］がたおれる。

(9) 結［きょく］、まちがいだった。

(10) 親の［やく　め］をはたす。

(11) ［より　が］きのノート。

(12) 事む［しょ］ではたらく。

15

７ まとめのテスト ②

目ひょう時間 20分
とく点 ／100点

名前

学習した日　月　日

解説↓170ページ
2307
らくらく
マルつけ

❶ ──線の読みがなを書きましょう。

1つ4点 [52点]

(1) 湖上にヨットがうかぶ。
（　　　）

(2) 火事のときの消火活動を行う。
（　　　）

(3) 外界と通じないようにする。
（　　　）

(4) ホテルの洋室にとまる。
（　　　）

(5) 本島までの船に乗る。
（　　　）

(6) 州立の公園を歩く。
（　　　）

(7) 都道府県名を書く。
（　　　）

(8) 次の世代につたえる。
（　　　）

(9) 校区ごとに集まる。
（　　　）

(10) 海洋の生物を調べる。
（　　　）

(11) えんぴつと消しゴム。
（　　　）

(12) 土地を区分けする。
（　　　）

(13) 曲名をおぼえる。
（　　　）

❷ □に漢字を書きましょう。

1つ4点 [48点]

(1) □□ の世界。（はっ・けん）

(2) □ の主やくをつとめる。（げき）

(3) □□ にせまる。（しん・ろ）

(4) 旅 □ にとまる。（かん）

(5) 長い □□ を歩む。（たび・じ）

(6) □ を西むきに直す。（つくえ）

(7) バスが □□ する。（てん・とう）

(8) 台風で □ がたおれる。（ちゅう）

(9) 結 □ □、まちがった。（きょく）

(10) 親の □□ をはたす。（や・く）

(11) えんぴつと消しゴム。（と・に）

(12) 事 □ む。（じ）

⑧ パズル・実せん❶

学習した日　月　日　名前

もくひょう時間　⏱20分

／100点

とく点

解説↓
170ページ

2308

❶ 次の文の □ に合う漢字を〈 〉からえらび、書きましょう。

1つ5点【20点】

(1) キョク〈曲・局〉

① 薬□□で薬を買う。

② 校歌を作□□する。

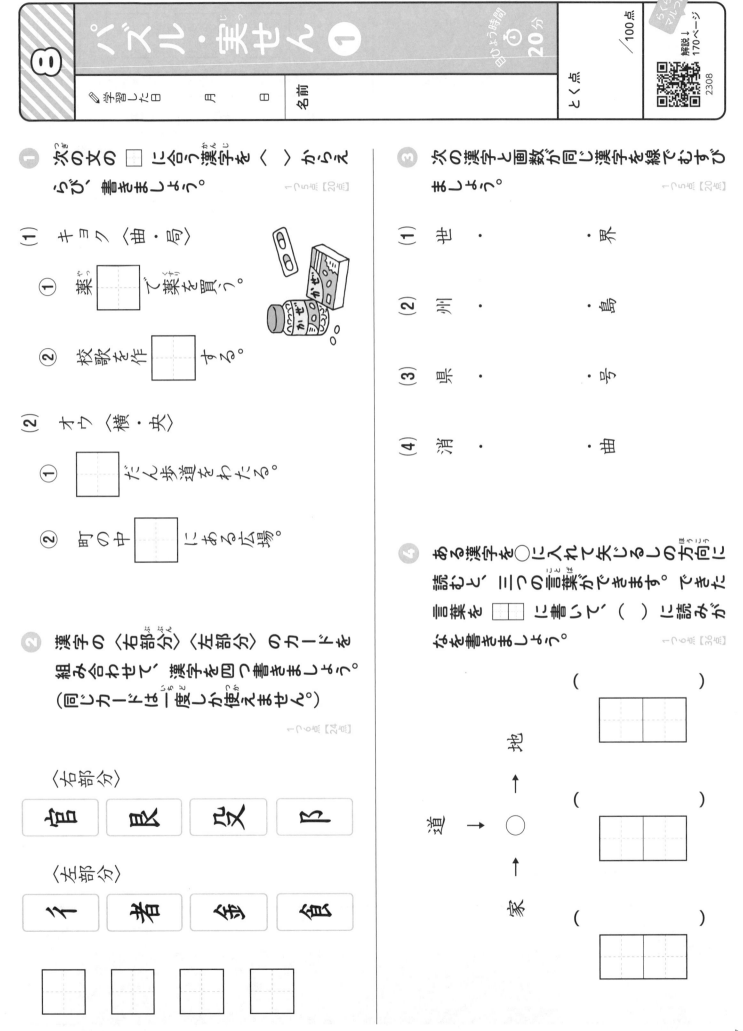

(2) オウ〈横・央〉

① □だん歩道をわたる。

② 町の中□にある広場。

❷ 漢字の〈右部分〉〈左部分〉のカードを組み合わせて、漢字を四つ書きましょう。（同じカードは一度しか使えません。）

1つ6点【24点】

〈右部分〉

| 官 | 艮 | 及 | 阝 |

〈左部分〉

| 彳 | 者 | 釒 | 飠 |

| □ | □ | □ | □ |

❸ 次の漢字と画数が同じ漢字を線でむすびましょう。

1つ5点【20点】

(1) 世　・　　　・界

(2) 州　・　　　・島

(3) 県　・　　　・号

(4) 消　・　　　・曲

❹ ある漢字を○に入れて矢じるしの方向に読むと、三つの言葉ができます。できた言葉を □□ に書いて、（ ）に読みがなを書きましょう。

1つ6点【36点】

（　　　　　）

| | |

地
↑
道 → ○
↑
家

（　　　　　）

| | |

（　　　　　）

| | |

17

名前

学習した日　月　日

目ひょう時間　20分
とく点　／100点

解説↓170ページ

2308

① 次の文の□に合う漢字を〈 〉からえらんで書きましょう。　1つ5点【20点】

(1)〈キョク・局・曲〉
① 薬局で薬を買う。
② 校歌を作曲する。

(2)〈オウ・横・央〉
① 横断歩道をわたる。
② 町の中央にある広場。

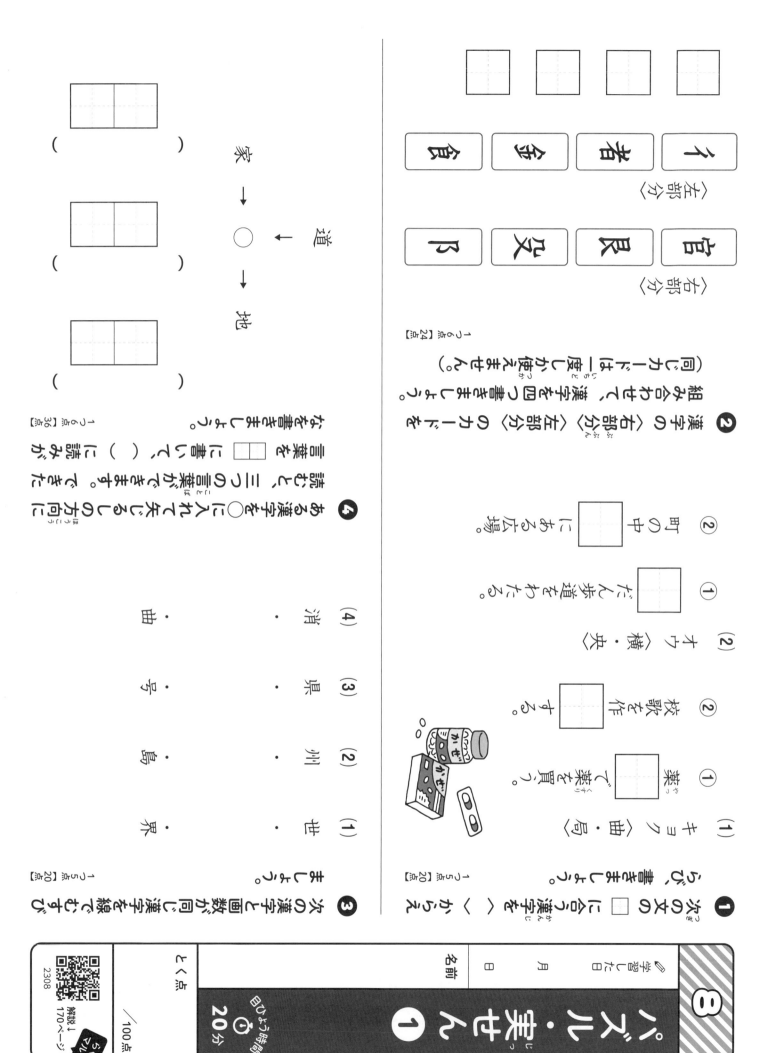

② 漢字の〈右部分〉〈左部分〉を組み合わせて漢字を四つ書きましょう。（同じカードは一度しか使えません。）　1つ6点【24点】

〈左部分〉
イ　者　金　食

〈右部分〉
官　民　又　B

③ 次の漢字と画数が同じ漢字を線でむすびましょう。　1つ5点【20点】

(1) 消　・　　・ 世
(2) 県　・　　・ 州
(3) 号　・　　・ 界
(4) 曲　・　　・ 島

④ あるきまりで読むと漢字を○に入れると、三つの言葉ができます。○に入る言葉を□に書いて、( )の方にその読みがなを書きましょう。　1つ6点【36点】

家
↓
道　→　○　←　地

（　）

（　）

（　）

18

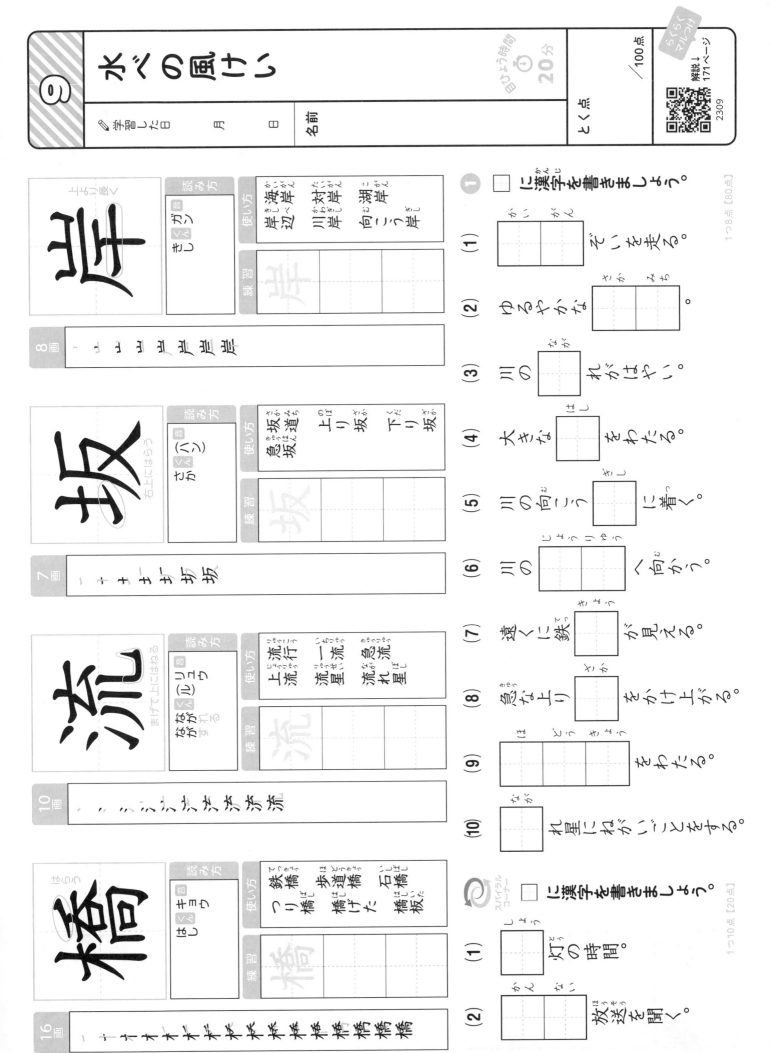

目ひょう時間 ⏱ 20分

／100点

とく点

岸

上より長く

読み方
音 ガン
訓 きし

使い方
海岸
岸辺
川岸
対岸
向こう岸
湖岸

練習 岸

8画 一 十 屵 屵 屵 岸 岸 岸

坂

右上にはらう

読み方
音 ハン
訓 さか

使い方
坂道
急な坂
上り坂
下り坂

練習 坂

7画 一 十 扌 圹 圻 坂 坂

流

まげてはねる

読み方
音 リュウ・ル
訓 ながれる・ながす

使い方
流行
上流
流れ星
一流
急流

練習 流

10画 丶 ﾂ 氵 汸 汸 泞 浐 流

橋

はらう

読み方
音 キョウ
訓 はし

使い方
鉄橋
歩道橋
石橋
つり橋
橋げた
橋板

練習 橋

16画 一 十 木 朴 朴 栌 栌 栌 桥 桥 椺 桥 椺 椺 橋 橋

1 □に漢字を書きましょう。 1つ8点【80点】

(1) □□（かいがん）でこを走る。

(2) ゆるやかな□□（さかみち）。

(3) 川の□（なが）れがはやい。

(4) 大きな□（はし）をわたる。

(5) 川の向こう□（ぎし）に着く。

(6) 川の□□（じょうりゅう）へ向かう。

(7) 遠くに鉄□（きょう）が見える。

(8) 急な上り□（ざか）をかけ上がる。

(9) □□□（ほどうきょう）をわたる。

(10) □□（ながれ）星にねがいごとをする。

2 スパイラルコーナー □に漢字を書きましょう。 1つ10点【20点】

(1) □（しょう）灯の時間。

(2) □□（かんない）放送を聞く。

1つ8点【80点】

19

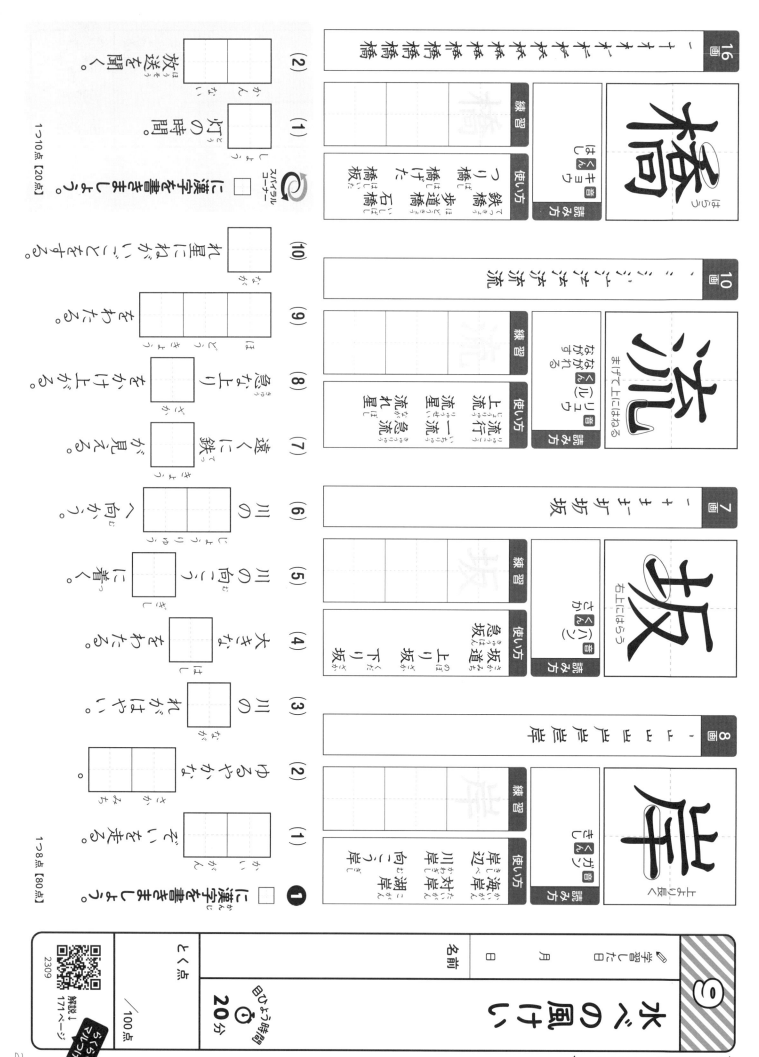

9 水べの風けい

学習した日　月　日
名前
目ひょう時間 20分
とく点　／100点

橋　16画
音 キョウ
読み方 はし
使い方
鉄橋
橋道を歩いた
橋板
つり橋
石橋
練習

流　10画
まげて上にはねる
音 リュウ・ル
読み方 ながれる・ながす
使い方
上流
急な流れ
流行
流星
流れる
練習

坂　7画
右上にはらう
音 ハン
読み方 さか
使い方
急な坂道
上り坂
下り坂
練習

岸　8画
長い
音 ガン
読み方 きし
使い方
海岸
岸辺
川岸
対岸
湖岸
向こう岸
練習

① □に漢字を書きましょう。　1つ8点【80点】

(1) ゆるやかな　□　をくだる。

(2) □　がながれて　□　こむ。

(3) 川の　□　がながれる。

(4) 大きな　□　の川。

(5) 川の　□　に着く。

(6) 川の　□　に向かう。

(7) 遠くに　□　が見える。

(8) 急な　□　をかけ上がる。

(9) □　をわたる。

(10) □　に星ながれる。

スパイラルコーナー

□に漢字を書きましょう。　1つ10点【20点】

(1) □　の時間。

(2) □　を聞く。

2309
解説↓171ページ
らくらくマルつけ

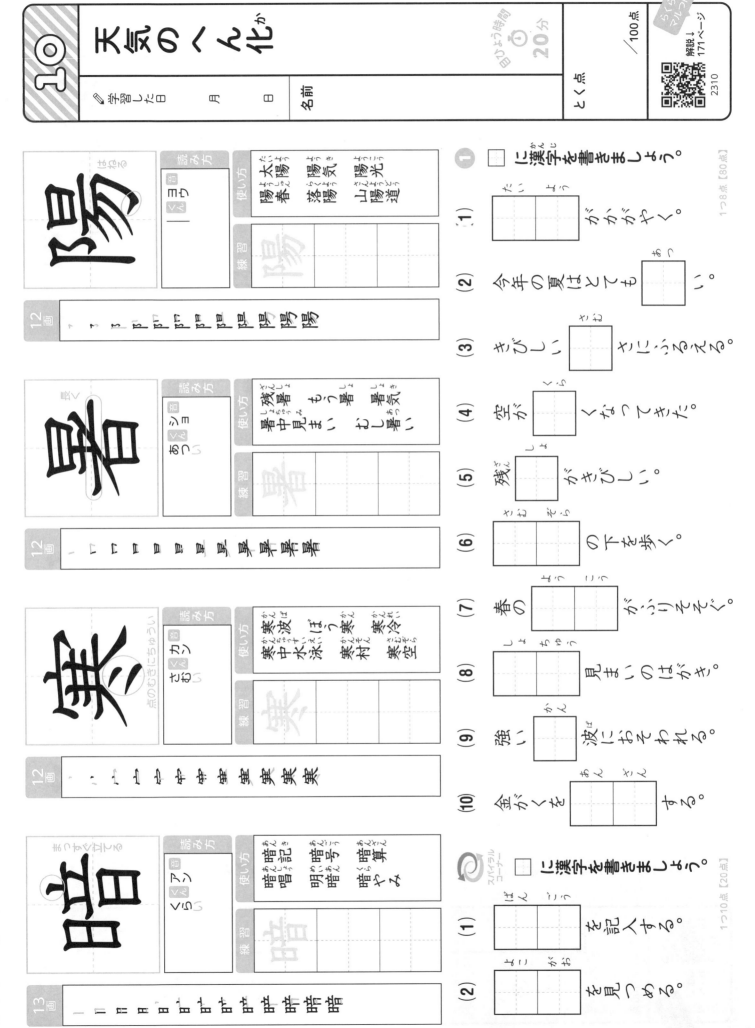

10 天気のへん化

学習した日　月　日　名前

目ひょう時間 20分

とく点　／100点

らくらくマルつけ
解説↓171ページ
2310

陽

読み方
音 ヨウ

使い方
大陽
落陽
山陽道
陽春
陽気
陽光

練習 陽

12画　つ 了 阝 阝 阝 阡 阡 阡 阡 陽 陽 陽

暑

読み方
音 ショ
訓 あつい

使い方
残暑
暑中見まい
暑さ
暑気
むし暑い

練習 暑

12画　一 厂 厂 日 日 旦 早 昇 累 累 暑 暑

寒

読み方
音 カン
訓 さむい

使い方
寒波
寒中水泳
寒村
寒冷
寒空

練習 寒

12画　一 宀 宀 宀 宀 宇 寉 寉 実 実 実 実

暗

読み方
音 アン
訓 くらい

使い方
暗記
明暗
暗唱
暗号
暗算
暗やみ

練習 暗

13画　一 旧 日 日 旷 旷 旷 旷 暗 暗 暗 暗 暗

---

① □ に漢字を書きましょう。
1つ8点【80点】

(1) □□ がかがやく。

(2) 今年の夏はとても □ い。

(3) きびしい □ さにたえる。

(4) 空が □ くなってきた。

(5) 残 □ がきびしい。

(6) □□ の下を歩く。

(7) 春の □□ がうりてくる。

(8) □□ 見まいのはがき。

(9) 強い □ 波におそわれる。

(10) 金がくを □□ する。

② □ に漢字を書きましょう。
1つ10点【20点】

(1) □□ を記入する。

(2) □□ を見つめる。

21

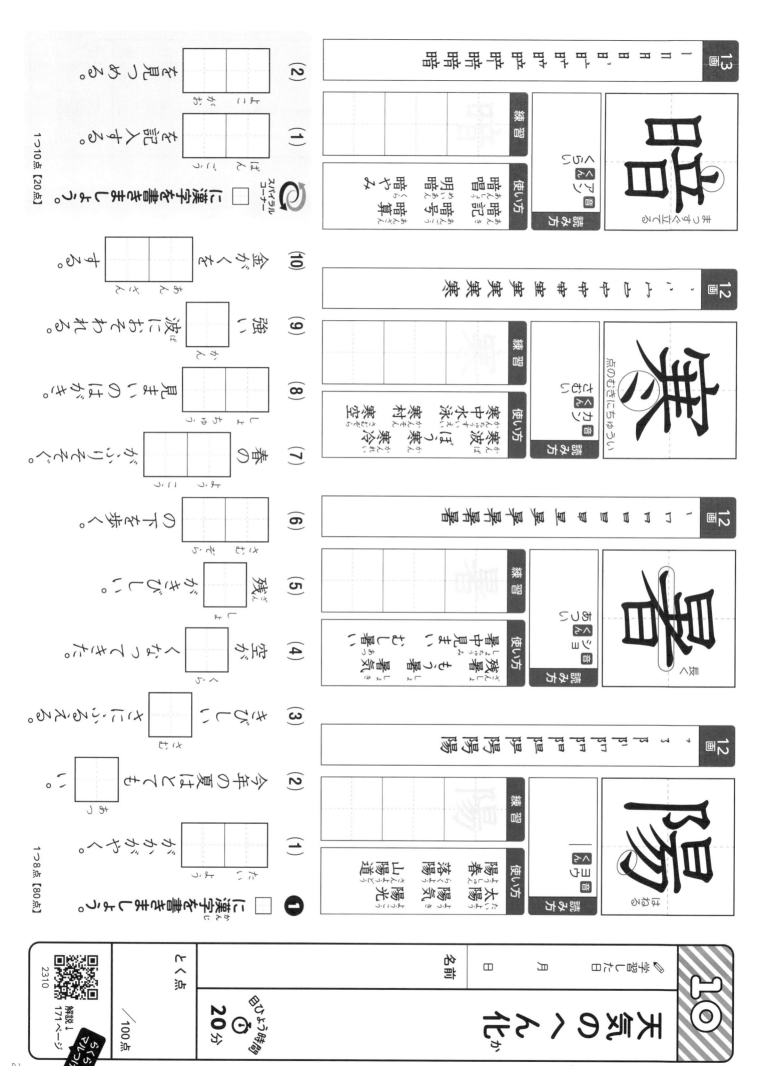

学習した日　月　日
名前

目ひょう時間 ⓸ 20分
とく点 ／100点
解説↓171ページ
2310

暗 13画
音アン 訓くらい・くらむ
使い方 暗い部屋／明暗を記す／暗号／暗算／暗記
練習
暗

寒 12画
音カン 訓さむい　点のむきに注意
使い方 寒中水泳／寒い波／寒村／寒空／寒が冷れい
練習
寒

暑 12画
音ショ 訓あつい　長く
使い方 暑中見まい／暑い空気／暑気／むし暑い／残暑
練習
暑

陽 12画
音ヨウ 訓—　はねる
使い方 太陽／春の陽気／落陽／山陽光／陽気
練習
陽

① 次の漢字を書きましょう。 1つ8点【80点】

(1) 今年の夏はとても　あ　い。

(2) きびしい　さ　さがつづいた。

(3) 空が　くら　くなってきた。

(4) 残　ざん　しょ がきびしい。

(5) 寺　てら　の　かげ の下を歩く。

(6) 春の　よう　き のよいひ。

(7) 強い　かん　ぱ におそわれる。

(8) 強い　かぜ にそなえる。

(9) 金がくを　あん　き する。

(10)

スパイラルコーナー
□に漢字を書きましょう。 1つ10点【20点】

(1) □に漢字を記入する。

(2) □を見つめる。

旅

せいう

読み方
音 リョ
たく とめる

使い方
旅行く
旅人
旅先
船旅
旅館
旅費

練習 旅

10画 一 亠 方 方 方 炉 扩 抪 旅

族

読み方
音 ゾク
はねる

使い方
一家族
王族家族
民族家族

練習 族

11画 一 亠 方 方 方 扩 扩 扩 族 族

幸

いちばん長く
下まり長く

読み方
音 コウ
くん さいわ(い)
　 しあわ(せ)

使い方
幸福
幸運
海の幸
山の幸
不幸
はっこう

練習 幸

8画 一 十 十 士 去 去 幸 幸

福

ななめにうつ

読み方
音 フク

使い方
七福神
福引き
福利
大福
ゆう福
祝福

練習 福

13画 丶 �ラ ネ ネ ネ 礻 礻 福 福 福 福 福 福

① ◻︎に漢字を書きましょう。

(1) ◻︎◻︎での出会い。
　（たび／きゃく）

(2) 楽しく◻︎せな時間。
　（あわ）

(3) ◻︎◻︎が集まる。
　（しん／ぞく）

(4) ◻︎◻︎な思い出ができる。
　（こう／ふく）

(5) ◻︎◻︎で出かける。
　（か／ぞく）

(6) ◻︎◻︎にとまる。
　（りょ／かん）

(7) ◻︎◻︎一等が当たる。
　（ふく／びき）

(8) ◻︎◻︎を楽しむ。
　（ふな／たび）

(9) ◻︎◻︎が力を合わせる。
　（いち／ぞく）

(10) けっこんを祝◻︎する。
　（ふく）

↻ スパイラルコーナー ◻︎に漢字を書きましょう。

(1) 校歌を◻︎◻︎する。
　（きっ／きょう）

(2) 町の◻︎◻︎に広場がある。
　（ちゅう／おう）

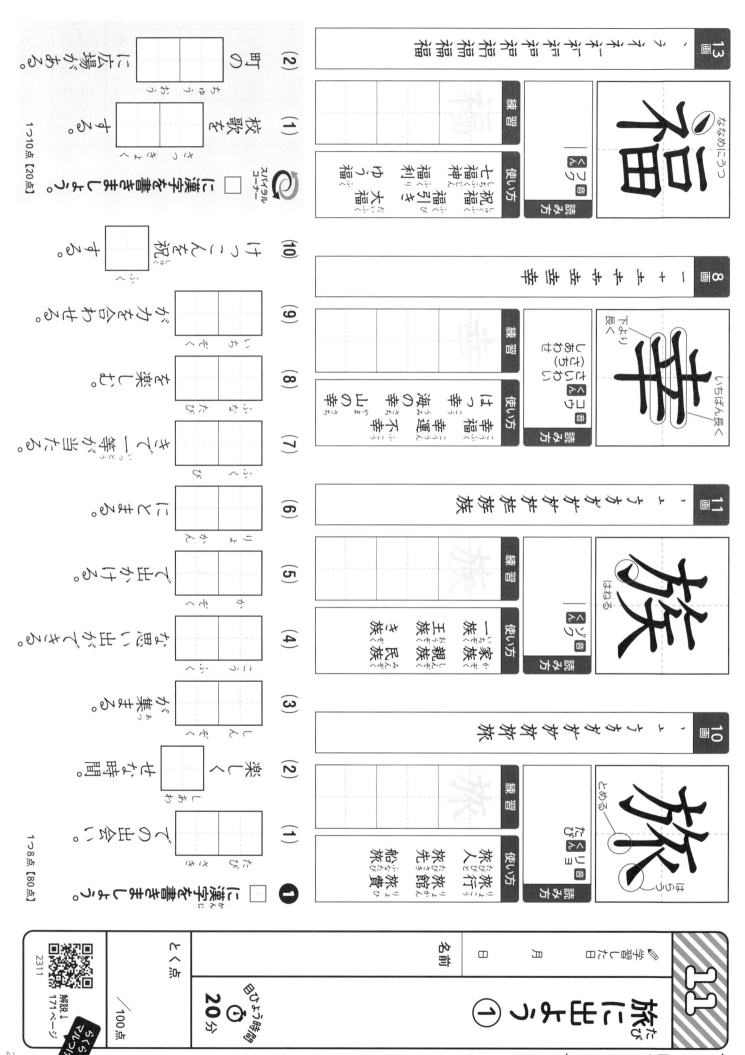

11

だ旅が出に出よう

① 旅に出よう

いっきに10回チャレンジ！！

学習した日　月　日　名前

目ひょう時間 ⏱ 20分

とく点　／100点

らくらくマルつけ

解説↓171ページ

2311

24

13画

福

フク 音読み

練習　福

使い方
せい祝福（しゅくふく）
福神（ふくじん）
福引（ふくびき）き
和（ちょう）り
ゆう福
大（だい）福

❷ スパイラルコーナー

□に漢字を書きましょう。

(1) 校歌を（さい）（わ）いする。

(2) 町の（ちゅう）（おう）に広場がある。

1つ10点【20点】

8画

幸

コウ 音読み
さいわ（い）
さち
しあわ（せ）

練習　幸

使い方
幸福（こうふく）
海（うん）運の幸
山（やま）の幸
不（ふ）幸
はっ幸（こう）

11画

族

ゾク 音読み
はねる

練習　族

使い方
一家（いっか）族（ぞく）ぞく旅（たび）
王（おう）族（ぞく）ぞく
き族（ぞく）
民（みん）族（ぞく）

10画

旅

リョ 音読み
たび

練習　旅

使い方
旅人（たびびと）
旅（りょ）行（こう）
旅（りょ）館（かん）
先（せん）ぱい旅（たび）
船旅（ふなたび）
旅（りょ）費（ひ）

① □に漢字を書きましょう。

(1) （たび）（さき）での出会い。

(2) 楽（たの）しく（しあわ）せな時間。

(3) 楽（たの）しく（し）人が集（あつ）まる。

(4) 楽（たの）しく（し）な思い出になる。

(5) 旅（りょ）（こう）に出（で）かける。

(6) 旅（りょ）（り）で出（だ）かける。

(7) くじ（びき）で一等（とう）が当（あ）たる。

(8) （うん）（なが）を楽（たの）しむ。

(9) （ち）（から）が合（あ）わせる。

(10) （け）（っ）こん（しき）を祝（いわ）いする。

1つ8点【80点】

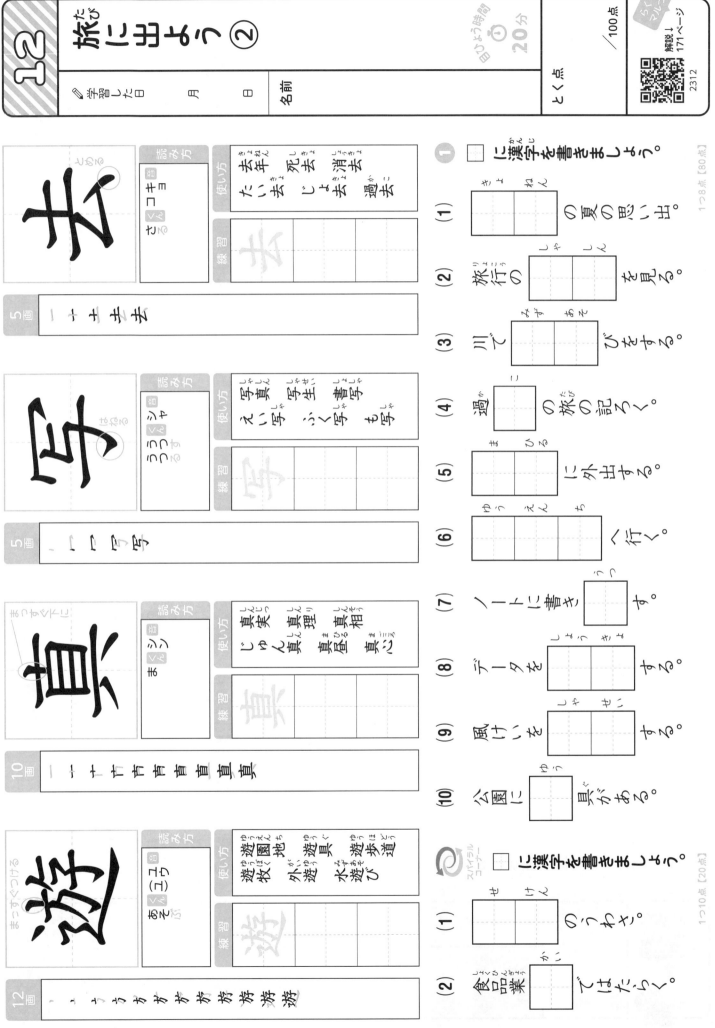

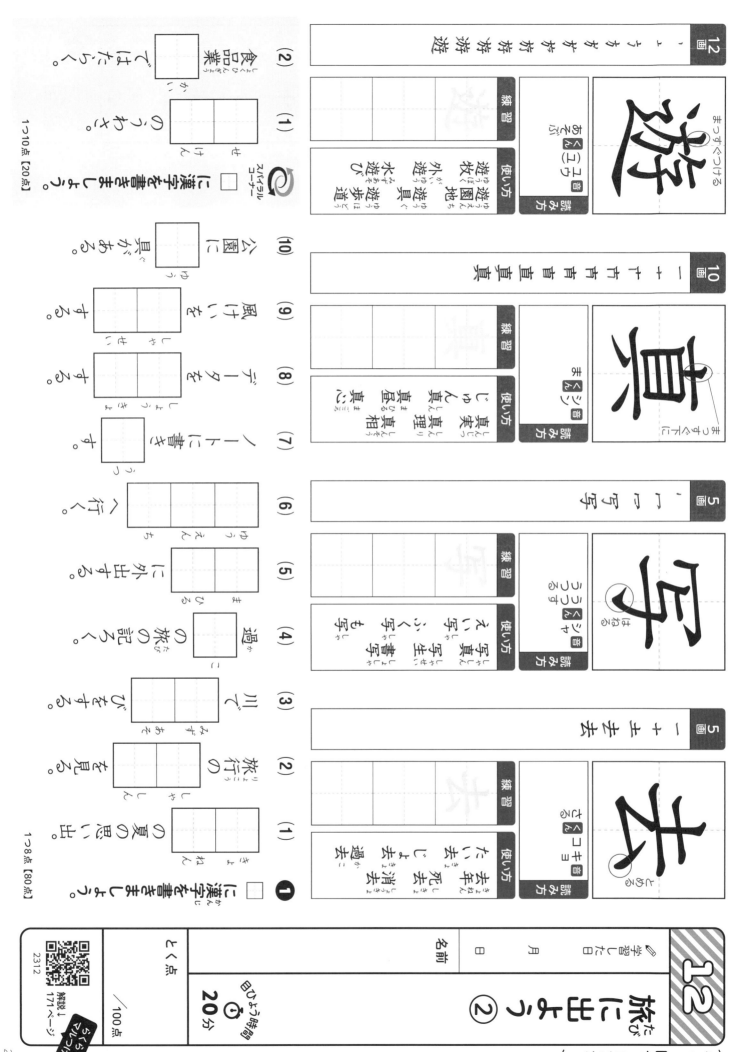

12画 遊
読み方　音 ユウ　あそ(ぶ)
練習
使い方：遊園地／遊牧地／外で遊ぶ／水遊び／遊び道具／遊歩道

10画 真
読み方　音 シン　ま
練習
使い方：真実／真理／真昼／真心／真相／真昼

5画 写
読み方　音 シャ　うつ(す)　うつ(る)
練習
使い方：写真／写生／映写／写本／書き写す

5画 去
読み方　音 キョ　コ　さ(る)
練習
使い方：去年／死去／消去／過去

---

1 □に漢字を書きましょう。

(1) 旅行の思い出に、□□（きねん）の夏の思い出に書きます。

(2) 川で□□（みずあそび）をする。

(3) □□（しゃせい）をする。

(4) □（か）こ の旅の記ろくへ。

(5) □（じ）外出する。

(6) □□□（ゆうえんち）へ行く。

(7) □（ノート）に書きます。

(8) データを□□（しゃしん）する。

(9) 風けいを□□（しゃしん）する。

(10) 公園に□（ゆう）具がある。

スパイラルコーナー ©
□に漢字を書きましょう。

(1) □□（せけん）のうわさ。

(2) 食□□（しょくひん）がわで、□□（せんたく）。

学習した日　月　日　名前　目ひょう時間 20分　とく点 ／100点　解説↓171ページ　2312

目ひょう時間 20分

/100点

とく点 /100点

✐学習した日　月　日　名前

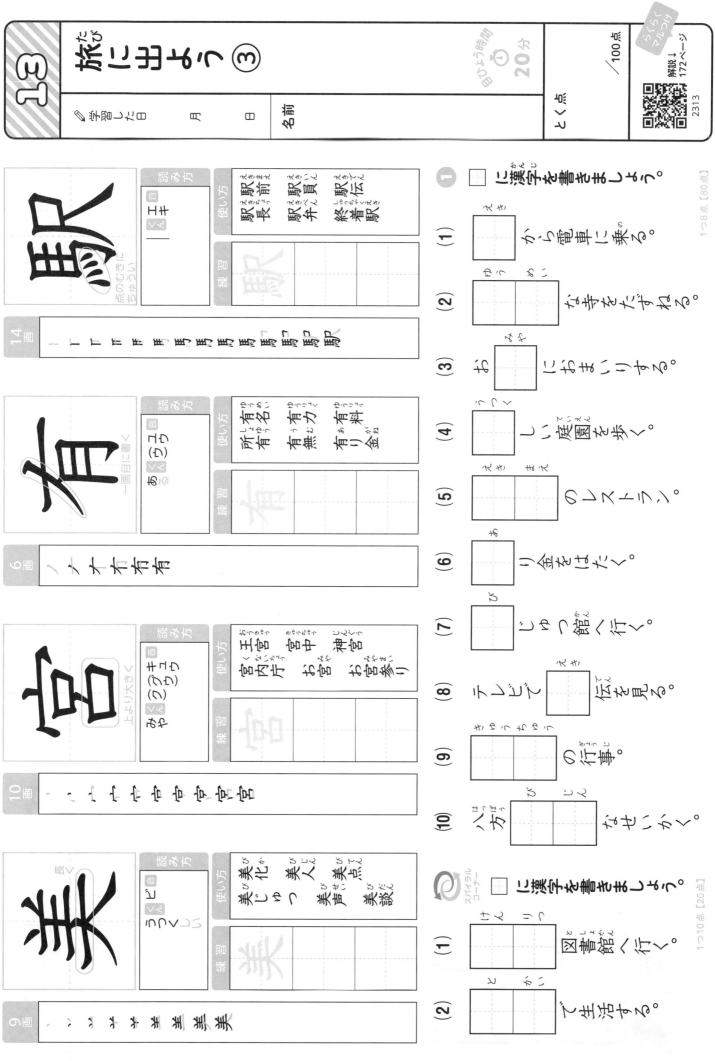

駅 エキ（音）
点のむきにちゅうい
使い方：駅前（えきまえ）　駅（えき）　駅員（えきいん）　駅長（えきちょう）　弁当（べんとう）　終着駅（しゅうちゃくえき）　駅伝（えきでん）
練習
14画　一　厂　厂　厂　厍　馬　馬　馬　馬　馬　馬　馬　馬　駅

有 ユウ（音）　ウ（音）　あ（る）（くん）
一画目に書く
使い方：所有（しょゆう）　有名（ゆうめい）　有（あ）る　有力（ゆうりょく）　有無（うむ）　有料（ゆうりょう）　有（あ）り金（がね）
練習
6画　ノ　ナ　オ　冇　有　有

宮 キュウ（音）　グウ（音）　ク（音）　みや（くん）
宀より大きく
使い方：王宮（おうきゅう）　宮中（きゅうちゅう）　神宮（じんぐう）　宮内庁（くないちょう）　お宮（みや）　お宮参（みやまい）り
練習
10画　一　宀　宀　宀　宀　宀　宮　宮　宮　宮

美 ビ（音）　うつく（しい）（くん）
長く
使い方：美化（びか）　美人（びじん）　美点（びてん）　美（うつく）しい　美声（びせい）　美談（びだん）
練習
9画　ソ　ソ　ソ　兰　羊　美　美　美

① □に漢字を書きましょう。　1つ8点【80点】

(1) ［えき］から電車に乗る。

(2) ［ゆうめい］な寺をたずねる。

(3) お［みや］におまいりする。

(4) ［うつく］しい庭園を歩く。

(5) ［えきまえ］のレストラン。

(6) ［あ］り金をはたく。

(7) ［び］じゅつ館へ行く。

(8) テレビで［えき］伝を見る。

(9) ［きゅうちゅう］の行事。

(10) 八方［び］じんなせいかく。

② スパイラルコーナー　□に漢字を書きましょう。　1つ10点【20点】

(1) ［けんりつ］図書館へ行く。

(2) ［とかい］で生活する。

美　9画

読み方　く音ビ／訓　うつく(しい)　長く

使い方
美化／美人／美声／美点／美談／美しい

書き順：`' ゛ ゛ ヾ 半 兰 美 美 美`

練習

宮　10画

読み方　く音キュウ・グウ／訓　みや　上より大きく

使い方
王宮／宮中／お宮／神宮／宮内庁／お宮参り

書き順：`' ゛ 宀 宀 宁 宁 官 官 宮 宮`

練習

有　6画

読み方　く音ユウ／訓　ある　一画目に書く

使い方
所有／有名／有力／有無／有り料／有り金

書き順：`ノ ナ 广 冇 有 有`

練習

駅　14画

読み方　く音エキ　点のむきにちゅうい

使い方
駅前／駅員／駅長／駅弁／駅伝／終着駅

書き順：`1 Γ F F 馬 馬 馬 馬 馬 馬 駅 駅 駅 駅`

練習

---

① □に漢字を書きましょう。

(1) ［えき］から電車に乗る。

(2) ［ゆうめい］なお寺をたずねる。

(3) お［みや］におまいりする。

(4) ［ていえん］を歩く。

(5) ［えいご］のテスト。

(6) ［あり］金をはたく。

(7) ［としょ］館へ行く。

(8) テレビで［つた］える。

(9) ［きゅうちゅう］の行事。

(10) ［はっぴょう］の仕方。

1つ8点【80点】

スパイラルコーナー 🔁 □に漢字を書きましょう。

(1) ［としょ］館へ行く。

(2) ［　］で生活する。

1つ10点【20点】

2313

解説↓172ページ

らくらくマルつけ

14 まとめのテスト③

学習した日　月　日　名前

目ひょう時間 ⏱20分　／100点　とく点

解説↓172ページ　らくらくマルつけ 2314

❶ ( )に──線の読みがなを書きましょう。 1つ4点[52点]

(1) 湖岸にたたずむ。
（　　　　　）

(2) 船で急流を下る。
（　　　　　）

(3) 冬の寒さがきびしくなる。
（　　　　　）

(4) 今年の夏は、もう暑だ。
（　　　　　）

(5) 寒中水泳にさんかする。
（　　　　　）

(6) 詩を暗唱する。
（　　　　　）

(7) 民族いしょうを着る。
（　　　　　）

(8) 旅費を計算する。
（　　　　　）

(9) きれいな水を流す。
（　　　　　）

(10) 七福神をえがいた図。
（　　　　　）

(11) 社長は先月、死去した。
（　　　　　）

(12) 書写のお手本を見る。
（　　　　　）

(13) 事けんの真相が明らかになる。

❷ □に漢字を書きましょう。 1つ4点[48点]

(1) ゆるやかな下□（か）。

(2) 長いつり□（はし）をわたる。

(3) 土地を所□（ゆう）する。

(4) □□（えきちょう）がおこす。

(5) 新しい□□□（ゆうはどう）ができる。

(6) お□（みや）参りをする。

(7) □□（うつく）しに花がさく。

(8) □（こう）運に感しゃする。

(9) □□□（さんちょうどう）をあるく。

(10) 公園で□（あそ）ぶ。

(11) □□（ゆうめい）な画家の作品。

(12) □□（しあわ）せな人生を送る。

学習した日　月　日　名前

目ひょう時間　20分
とく点　／100点

解説↓172ページ　2314

① 次の——線の読みがなを書きましょう。　1つ4点【52点】

(1) 湖岸にたたずむ。（　）

(2) 上流を下る。（　）

(3) 冬の寒さがきびしい。（　）

(4) 今年の夏はもう暑い。（　）

(5) 寒中水泳にいどむ。（　）

(6) 詩を暗唱する。（　）

(7) 民族いしょうを着る。（　）

(8) 旅費を計算する。（　）

(9) きれいな水を流す。（　）

(10) 七福神をたたえた図（　）

(11) 社長は先月、死去した。（　）

(12) 割り当て（　）

(13) 事けんの真相が明らかになる。（　）

② □に漢字を書きましょう。　1つ4点【48点】

(1) ゆるやかな

(2) 長いはしをわたる。

(3) 土地をしょゆうする。

(4) えいちょうがあにつく。

(5) 新しいしゅうかんができる。

(6) おまつり参りをする。

(7) うんに感しゃする。

(8) 運に感じる。

(9) さんびをとなえる。

(10) 公園であそぶ。

(11) ゆうめいな画家の作品。

(12) しあわせな人生を送る。

目ひょう時間 20分　／100点

とく点　／100点

らくらくマルつけ
解説↓ 172ページ
2315

学習した日　月　日　名前

1 （　）に──線の読みがなを書きましょう。

1つ4点【52点】

(1) 石橋をたたいてわたる。（　　　）

(2) 遊牧民のくらし。（　　　）

(3) 電車が終着駅に着く。（　　　）

(4) 弟には絵の才のうが有る。（　　　）

(5) 昔の王宮のあとがのこる。（　　　）

(6) 子どもの美点をほめる。（　　　）

(7) 電車が鉄橋にさしかかる。（　　　）

(8) 真心をこめたおくり物。（　　　）

(9) 暗号をかい読する。（　　　）

(10) 夜の暗やみをおそれる。（　　　）

(11) 不幸がつづく。（　　　）

(12) 真理をさがしもとめる。（　　　）

(13) 駅弁を食べる。

2 □に漢字を書きましょう。

1つ4点【48点】

(1) ［いちりゅう］のホテルにとまる。

(2) ［たいよう］の光をあびる。

(3) むし［あつ］い日がつづく。

(4) マフラーをまいてぼう［かん］する。

(5) よごれをじょ［きん］する。

(6) 平安時代のき［ぞく］の生活。

(7) ［たびびと］が道をたずねる。

(8) 絵を模［しゃ］する。

(9) ゆう［ふく］な家で育つ。

(10) 月日がすぎ［　］る。

(11) 新しいカメラはよく［うつ］る。

(12) ［かん］冷な地方に住む。

学習した日　月　日　名前

目ひょう時間 ⏱ 20分　とく点 ／100点

❶ 次の――線の読みがなを書きましょう。　1つ4点[52点]

(1) 石橋をたたいてわたる
（　　　　　）

(2) 遊牧民のくらしにかかわる
（　　　　　）

(3) 電車が終着駅に着く
（　　　　　）

(4) 弟には絵の才のうがある
（　　　　　）

(5) 昔の王宮のあとがのこる
（　　　　　）

(6) 子どもの美点をほめる
（　　　　　）

(7) 電車が鉄橋にさしかかる
（　　　　　）

(8) 真心をこめたおくり物
（　　　　　）

(9) 暗号をかぎに読する
（　　　　　）

(10) 夜の暗やみをおそれる
（　　　　　）

(11) 不幸なできごと
（　　　　　）

(12) 真理をさがしもとめる
（　　　　　）

(13) 駅弁を食べる
（　　　　　）

❷ □に漢字を書きましょう。　1つ4点[48点]

(1) □□のホテルにとまる（いち・りゅう）

(2) □□の光をよくあびる（たい・よう）

(3) □あつい日がつづく（むし）

(4) マフラーを□いてしまう（ほど）

(5) □れをきれいにとりのぞく（よご）

(6) 平安時代の□□の生活（き・ぞく）

(7) □□が道をたずねる（たび・びと）

(8) 絵を模□する（しゃ）

(9) □□な家で育つ（ゆう・べん）

(10) 月日が□ぎる（す）

(11) 新しいカメラはよく□る（うつ）

(12) □れいな地方に住む（ひや）

パズル・実せん ❷

学習した日　月　日　名前

目ひょう時間 ⏱ 20分

/100点

とく点

解説↓
172ページ

2316

らくらく
マルつけ

❶ ——線のひらがなを漢字にしたとき、送りがなの正しいほうに○をつけましょう。

1つ7点【14点】

(1) うつくしい花を見る。

（　　）美しい　（　　）美くしい

(2) しあわせな時間をすごす。

（　　）幸せ　（　　）幸わせ

❷ 上と反対の意味になるように、□に漢字を書きましょう。

1つ9点【36点】

(1) 明るい ⟷ □い

(2) 暑い ⟷ □い

(3) 未来 ⟷ □週

(4) 無料 ⟷ □料

❸ 次は、学級新聞の記事です。——線①〜⑤のひらがなを漢字で書きましょう。

1つ10点【50点】

楽しかった遠足

五月九日は待ちに待った遠足の日。わたしたち三年生は、となり町のきょうりゅう公園へ行きました。きょうりゅうのしりょう館で、化石が発見された場所でこついて学んだあと、おべんとうを食べ、午後は公園で②あそびました。公園の中には川が③ながれ、小さな④はしがかかっています。その前で、きねん⑤しゃしんをとりました。

① （　　　　　　）

② （　　　　　　）

③ （　　　　　　）

④ （　　　　　　）

⑤ （　　　　　　）

学習した日　月　日
名前

とく点
/100点

解説↓172ページ
2316

1 ——線の正しいひらがなのほうに○をつけ、送りがなを正しい漢字につけましょう。【14点】1つ7点

(1) うつくしい（　）／きれい（　）
　美しい花を見る。

(2) しあわせな（　）／さいわせ（　）
　幸（　）な時間をすごす。
　幸（　）

2 上と反対の意味になるように、□に漢字を書きましょう。【36点】1つ9点

(1) 明るい　⇔　□い

(2) 暑い　⇔　□い

(3) 未来　⇔　過□

(4) 無料　⇔　□料

3 次は、学級新聞の記事です。——線①〜⑤のひらがなを漢字で書きましょう。【50点】1つ10点

　楽しみにしていた五月九日がやっと来ました。この日はわたしたち三年生は、公園へえんそくに行きました。
　わたしはゆうえんちの石が発見された場所は、この公園の上だと聞いていました。午後は公園であそび、そのあとで、はくぶつかんで町の化石を見学しました。
　その前で、川が食べたこいのような生きものがたくさんおよいでいました。

⑤（　　　）
④（　　　）
③（　　　）
②（　　　）
①（　　　）

目ひょう時間 ⏱ 20分　／100点　とく点

急（つき出さない）

読み方
音 キュウ
訓 いそ（ぐ）

使い方：急行　急用　急病／急変　急所　急き足

9画　′　⺈　Ɐ　⺈　刍　刍　急　急　急

練習　急

乗（長く）

読み方
音 ジョウ
訓 の（る）　の（せる）

使い方：乗車　乗船／便乗　乗客／乗り物の　乗馬

9画　′　二　千　丘　冊　重　垂　乗

練習　乗

速（とめる）

読み方
音 ソク
訓 はや（い）　はや（める）　はや（まる）　（すみ）（やか）

使い方：時速　速度／加速　速達／全速力　急速

10画　′　乀　⺀　⺀　申　束　束　束　速　速

練習　速

度（立てる）

読み方
音 ド　（ト）　（タク）
訓 たび

使い方：温度　都度／今度　二度／角度　何度

9画　′　⼀　广　广　广　庐　度　度

練習　度

---

❶ □に漢字を書きましょう。　1つ8点【80点】

(1) 駅（えき）に □□（きゅうこう）が着（つ）く。

(2) バスに □（の）って出（で）かける。

(3) □□（そくど）を上（あ）げる。

(4) □（にど）で船（ふね）からおりる。

(5) タクシーに □□（じょうしゃ）する。

(6) スピードが □（はや）い。

(7) □□（こんど）は船（ふね）で旅（たび）したい。

(8) バスの □（じょう）客（きゃく）と話（はな）す。

(9) 全（ぜん）□□（そくりょく）で走（はし）る。

(10) カメラの □□（かくど）をかえる。

🔁 スパイラルコーナー　□に漢字を書きましょう。　1つ10点【20点】

(1) □□（かわぎし）を歩（ある）く。

(2) □□（りゅうこう）の服（ふく）そうをする。

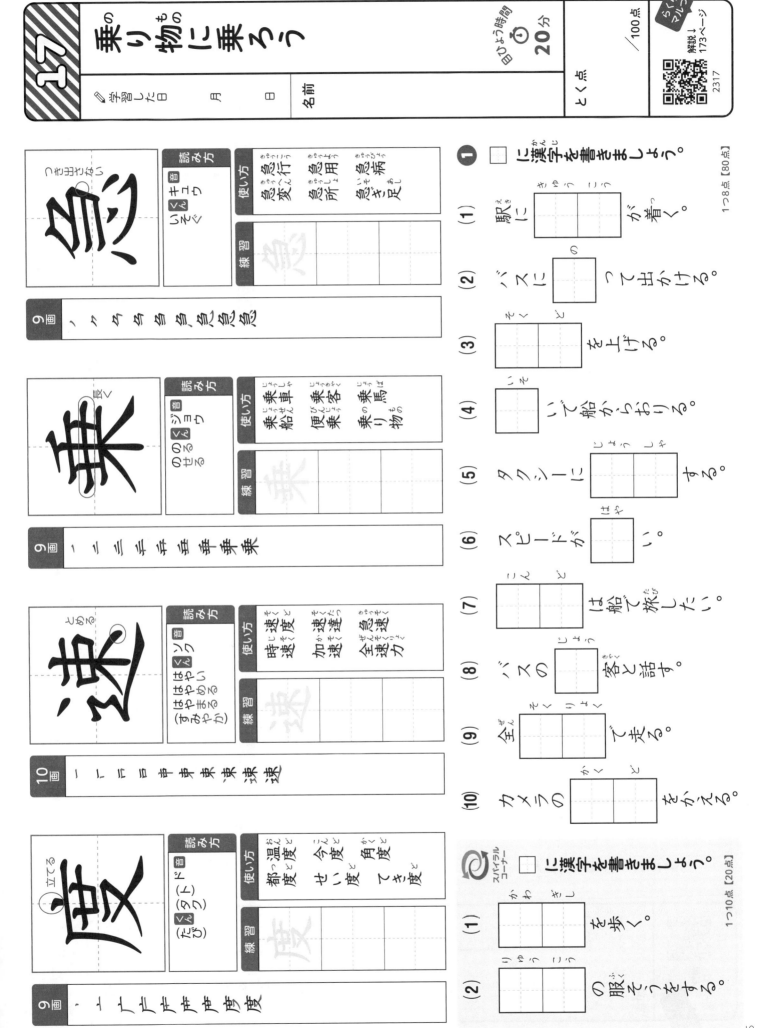

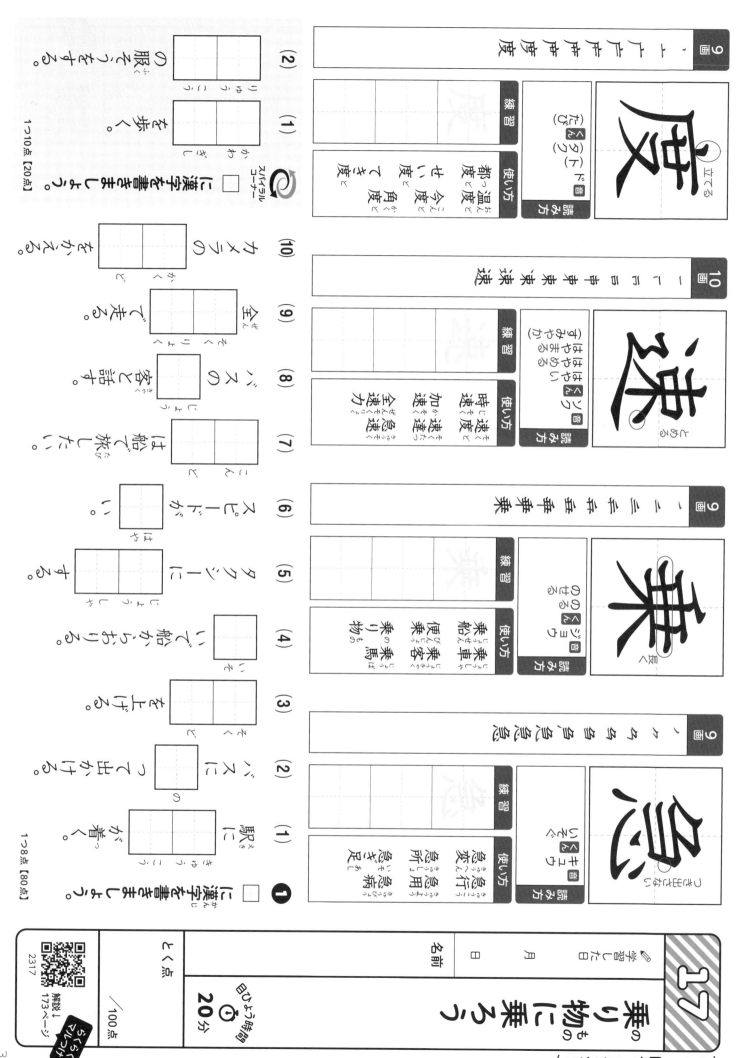

17 乗り物に乗ろう

学習した日　月　日
名前

目ひょう時間 ⏱ 20分
とく点　／100点

らくらくマルつけ
解説↓173ページ
2317

度　9画
音読み ド（タク）
訓読み たび
使い方
都（みやこ）の温（あたた）度（ど）
今度（こんど）せい
角度（かくど）
再（ふたた）び度（たび）

速　10画
音読み ソク
訓読み はや（い）・はや（める）・はや（まる）・すみ（やか）
使い方
時速（じそく）　速度（そくど）
加速（かそく）　速達（そくたつ）
全速力（ぜんそくりょく）　急速（きゅうそく）

乗　9画
音読み ジョウ
訓読み の（る）・の（せる）
使い方
乗車（じょうしゃ）　乗船（じょうせん）
便乗（びんじょう）　乗客（じょうきゃく）
乗り物（もの）　乗り馬（うま）

急　9画
音読み キュウ
訓読み いそ（ぐ）
使い方
急行（きゅうこう）　急変（きゅうへん）
急用（きゅうよう）　急所（きゅうしょ）
急病（きゅうびょう）　急ぎ足（あし）

1 □に漢字を書きましょう。　1つ8点【80点】

(1) 駅（えき）に□□（きゅうこう）が着（つ）く。

(2) □（バス）に□（の）って出（で）かける。

(3) □（スピード）を上（あ）げる。

(4) □（いそ）いで船（ふね）から下（お）りる。

(5) タクシーに□□（びんじょう）する。

(6) スピードが□（はや）い。

(7) □（ふね）で旅（たび）した。

(8) バスの□□（じょうきゃく）と話（はな）す。

(9) 全（ぜん）□□（そくりょく）で走（はし）る。

(10) カメラの□□（かくど）をかえる。

スパイラルコーナー
2 □に漢字を書きましょう。　1つ10点【20点】

(1) □□（かわぎし）を歩（ある）く。

(2) □□（りょこう）の服（ふく）をそろえる。

学習した日　月　日　名前

目ひょう時間 ⏱20分　／100点　とく点

らくらくマルつけ　解説↓173ページ　2318

泳
読み方　音 エイ　訓 およぐ
使い方　水泳　遠泳　遊泳　競泳　はい泳　平泳ぎ　泳ぎ
練習　泳
8画　丶 丶丶 氵 汀 汸 沲 泳

深
読み方　音 シン　訓 ふかい・ふかまる・ふかめる
使い方　深く　深海　深夜　深い　水深　深こきゅう
練習　深
11画　丶 丶丶 氵 汀 汈 泙 深 淀 淀 深

波
読み方　音 ハ　訓 なみ
使い方　電波　大波　波長　風波　寒波　★波止場
練習　波
8画　丶 丶丶 氵 汀 沪 沪 波 波

港
読み方　音 コウ　訓 みなと
使い方　入港　開港　出港　空港　漁港　港町
練習　港
12画　丶 丶丶 氵 汁 汁 浩 浩 洪 洪 港 港

---

❶ □に漢字を書きましょう。　1つ8点【80点】

(1) 広い海で□（およ）ぐ。

(2) □（ふか）い海にもぐる。

(3) 高い□（なみ）が打ちよせる。

(4) □（みなと）から船が出る。

(5) 父に□□（すいえい）を習う。

(6) めずらしい□□□（しんかいぎょ）。

(7) 漁□（ぎょこう）ではたらく。

(8) 平□（ひらおよ）ぎがとくいだ。

(9) □□（すいしん）二メートル。

(10) □□（てんぱ）がとどく場所。

🔄 スパイラルコーナー　□に漢字を書きましょう。　1つ10点【20点】

(1) □□（ようき）なせいかく。

(2) 丸丸を□□（おんき）する。

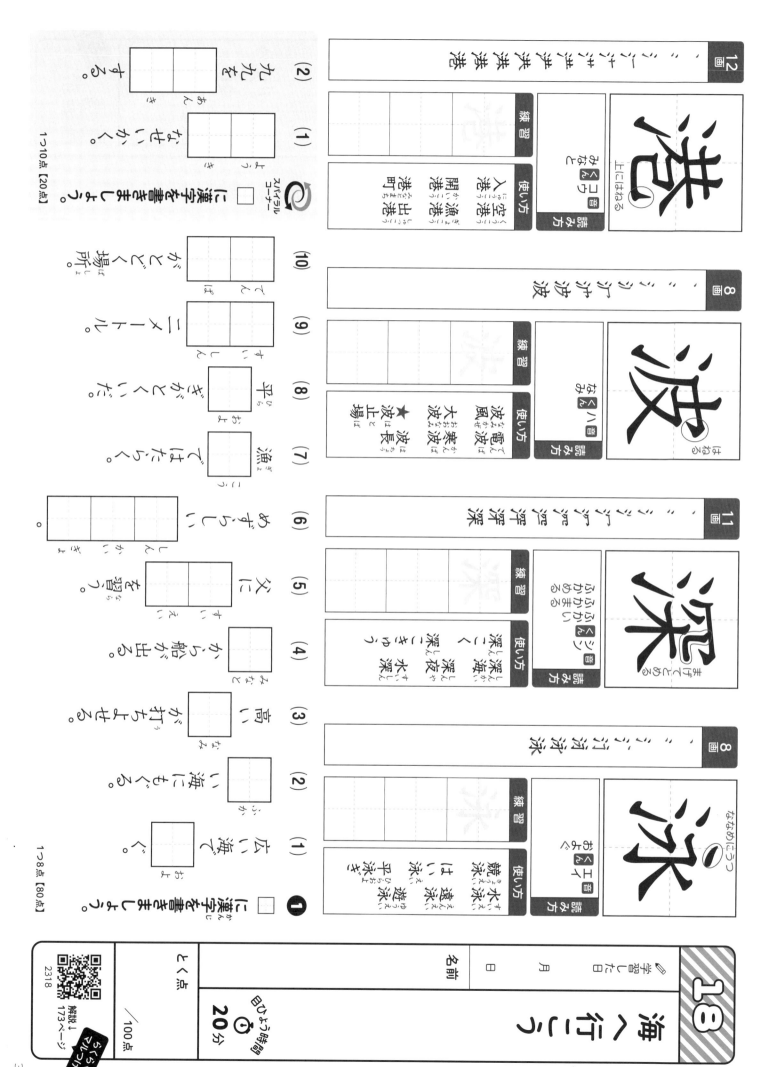

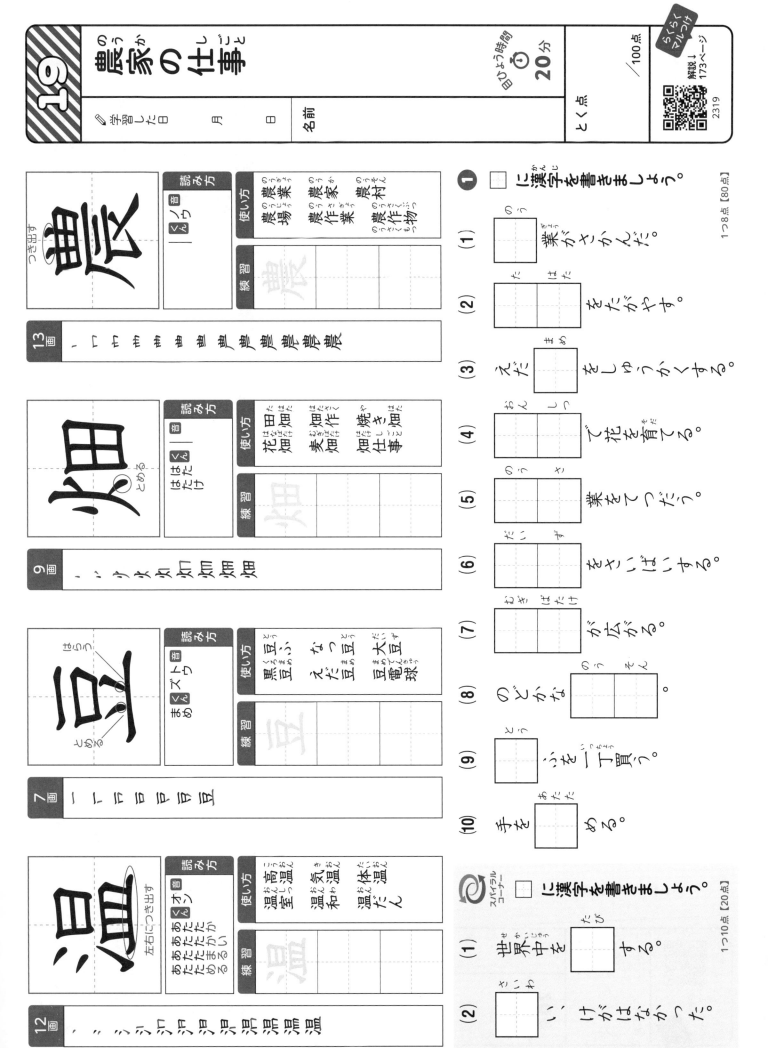

19 農家の仕事

目ひょう時間 ⏱ 20分　とく点 ／100点

らくらくマルつけ　解説↓173ページ　2319

学習した日　月　日　名前

農（13画）

読み方　音 ノウ　訓 —

つき出す

使い方
- 農村（のうそん）
- 農家（のうか）
- 農作物（のうさくもつ）
- 農業（のうぎょう）
- 農場（のうじょう）
- 農作業（のうさぎょう）

練習 農

筆順：一 厂 � 曲 曲 严 严 農 農 農 農

畑（9画）

読み方　音 —　訓 はた・はたけ

とめる

使い方
- 花畑（はなばたけ）
- 麦畑（むぎばたけ）
- 畑作（はたさく）
- 焼き畑（やきばた）
- 畑仕事（はたしごと）

練習 畑

筆順：丶 丷 ナ 火 灯 灯 炉 畑 畑

豆（7画）

読み方　音 トウ・ズ　訓 まめ

はらう／とめる

使い方
- 黒豆（くろまめ）
- えだ豆（えだまめ）
- なっ豆（なっとう）
- 大豆（だいず）
- 豆電球（まめでんきゅう）

練習 豆

筆順：一 丆 デ 同 戸 豆 豆

温（12画）

読み方　音 オン　訓 あたたか・あたたかい・あたたまる・あたためる

左右につき出す

使い方
- 温度（おんど）
- 高温（こうおん）
- 温室（おんしつ）
- 気温（きおん）
- 温和（おんわ）
- 体温（たいおん）
- 温だん（おんだん）

練習 温

筆順：丶 冫 氵 汀 沔 沔 沔 沢 涅 温 温 温

---

① □に漢字を書きましょう。　1つ8点【80点】

(1) ［農］業がさかんだ。

(2) ［畑］（はた）を［た］がやす。

(3) え［だ］豆（まめ）をしゅうかくする。

(4) ［温］（おん）［室］（しつ）で花を育てる。

(5) ［農］（のう）［業］（ぎょう）をてつだう。

(6) ［大］（だい）［豆］（ず）をすにこばこする。

(7) ［麦］（むぎ）［畑］（ばたけ）が広がる。

(8) のどかな［農］（のう）［村］（そん）。

(9) ［豆］（とう）ふを一丁買う。

(10) 手を［温］（あたた）める。

スパイラルコーナー

□に漢字を書きましょう。　1つ10点【20点】

(1) 世界中を［旅］（たび）する。

(2) ［湯］（ゆ）にけがはなかった。

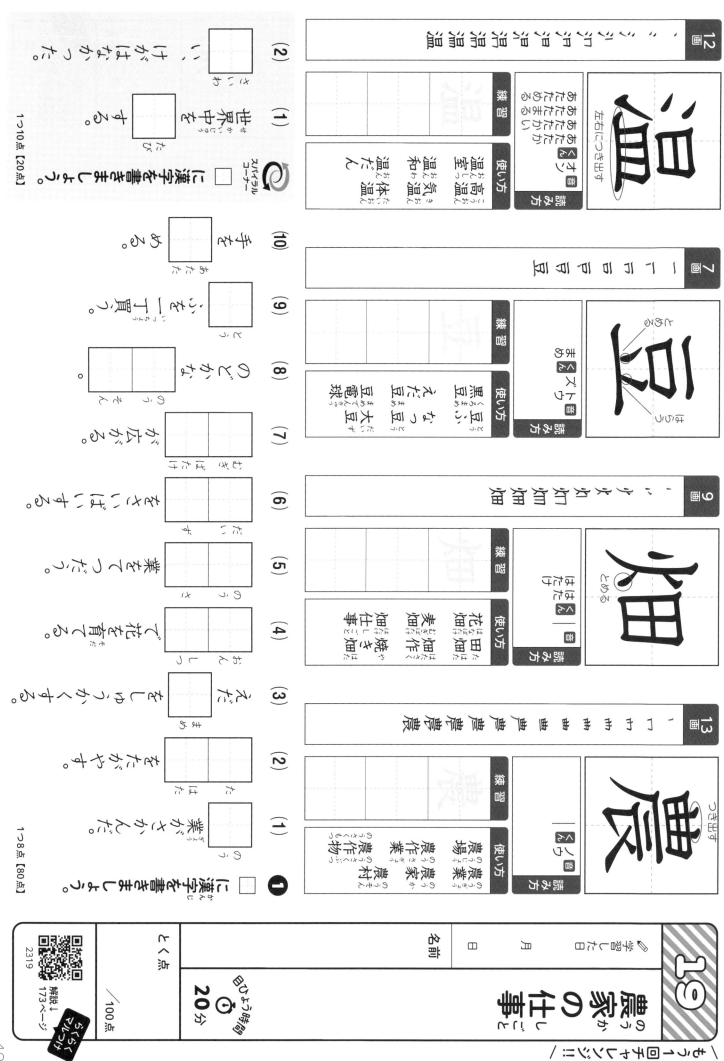

12画　温
左右につき出す

読み方：オン／あたたかい・あたたまる・あたためる・あたたか

筆順：氵氵氵氵沪沪沪涓涓涓温温

練習：温

使い方：
温かい気もち
日なたで温まる
温たい体を温める
温れい水を温める

7画　豆
読み方：ズ・トウ／まめ

筆順：一一一一一一豆

練習：豆

使い方：
黒豆と大豆
なっ豆
えだ豆
豆電球

9画　畑
読み方：はた・はたけ

筆順：ノ火火炉炉炉畑畑畑

練習：畑

使い方：
花畑は田畑
麦畑は畑作
畑焼きや畑仕事

13画　農
読み方：ノウ

筆順：一一一一一曲曲曲曹農農農農

練習：農

使い方：
農作業
農村の農家
農場の農作物

---

① □に漢字を書きましょう。

（1）農□がのうさぎょうをする。

（2）はたけをたがやして、花をそだてる。

（3）□をたがやす。

（4）□□で花を育てる。

（5）□□の農業をたつだつ。

（6）□□におまいりする。

（7）□□が広がる。

（8）□□のたねを買う。

（9）□□を一丁買う。

（10）お□を手をあたためる。

一つ8点【80点】

スパイラルコーナー

□に漢字を書きましょう。

（1）せかい中をたびする。

（2）さむい世界をあたたかくした。

一つ10点【20点】

学習した日　月　日　名前

目ひょう時間　20分

とく点　／100点

解説↓173ページ　2319

目ひょう時間 ⏱ 20分　／100点　とく点

✎学習した日　月　日　名前

庭　つき出す
読み方：音 テイ　訓 にわ
使い方：中庭（なかにわ）／校庭（こうてい）／箱庭（はこにわ）／家庭（かてい）／庭園（ていえん）／庭先（にわさき）
練習：庭
10画　丶 一 广 广 庐 庐 庭 庭 庭 庭

葉　とめる
読み方：音 ヨウ　訓 は
使い方：わか葉（わかば）／落ち葉（おちば）／葉（は）／青葉（あおば）／落葉（らくよう）／★紅葉（もみじ・こうよう）
練習：葉
12画　一 十 艹 艹 艹 芕 芕 葺 葺 葺 葉 葉

植　はねない
読み方：音 ショク　訓 うえる・うわる
使い方：植物（しょくぶつ）／植林（しょくりん）／田植え（たうえ）／植民（しょくみん）／植える（うえる）／植木（うえき）
練習：植
12画　一 十 オ オ 木 栌 栌 栌 栌 植 植 植

実　立てる
読み方：音 ジツ　訓 み・みのる
使い方：真実（しんじつ）／実力（じつりょく）／果実（かじつ）／事実（じじつ）／木の実（きのみ）／実る（みのる）
練習：実
8画　丶 一 宀 宀 宝 宝 実 実

---

❶ □に漢字を書きましょう。　1つ8点【80点】

(1) 広い□（にわ）で遊ぶ。

(2) 秋に落□（よう）する。

(3) □（しょく）物が元気に育つ。

(4) リンゴが□（み）る。

(5) □□（こう えん）のイチョウの木。

(6) 花だんに花を□える。

(7) 木の□（み）を拾う。

(8) 木々の□□（お ば）が美しい。

(9) □□（た う）えをてつだう。

(10) □□（じつ りょく）を発きする。

---

❷ □に漢字を書きましょう。　1つ10点【20点】

(1) その場から立ち□（き）る。

(2) じゅん□（し）になる。

20 庭の植物

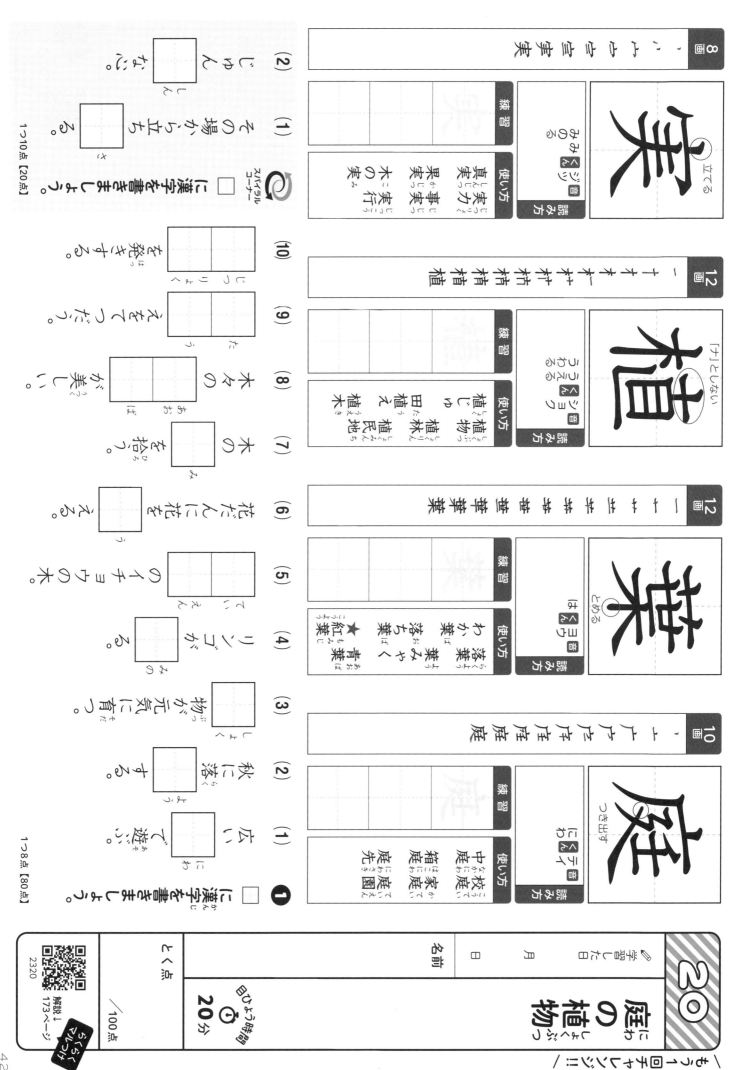

実 みのる・ジツ・み　8画　立てる
練習
使い方
真に実り力
果に実る事に
木の実

植 うえる・うわる・ショク　12画　はねらない
練習
使い方
植物 しょくぶつ
植林 しょくりん
田植え たうえ
植民地 しょくみんち
植木 うえき

葉 は・ヨウ　12画　とめる・はねる
練習
使い方
わか葉 わかば
落ち葉 おちば
青葉 あおば
★紅葉 もみじ

庭 にわ・テイ　10画　つき出す
練習
使い方
中校庭 こうてい
植木の庭 にわ
庭園 ていえん
庭先 にわさき

① □に漢字を書きましょう。

(1) 広い□に遊ぶ。

(2) 秋に落□する。

(3) □物が元気に育つ。

(4) リンゴの□。

(5) □□のイチョウの木。

(6) 花だんに花を□える。

(7) 木の□を拾う。

(8) 木々の□□が美しい。

(9) □□えて育つだろう。

(10) □□を発芽する。

スパイラルコーナー

② □に漢字を書きましょう。

(1) その場から立ちなおる。

(2) □しゅんかん。

1つ10点【20点】
1つ8点【80点】

学習した日　月　日
名前
目ひょう時間 15分
とく点　／100点
合かく 20点
解説↓173ページ
2320

目ひょう時間 ⏱ 20分　／100点

✐学習した日　月　日　名前

とく点

解説 174ページ
2321　らくらくマルつけ

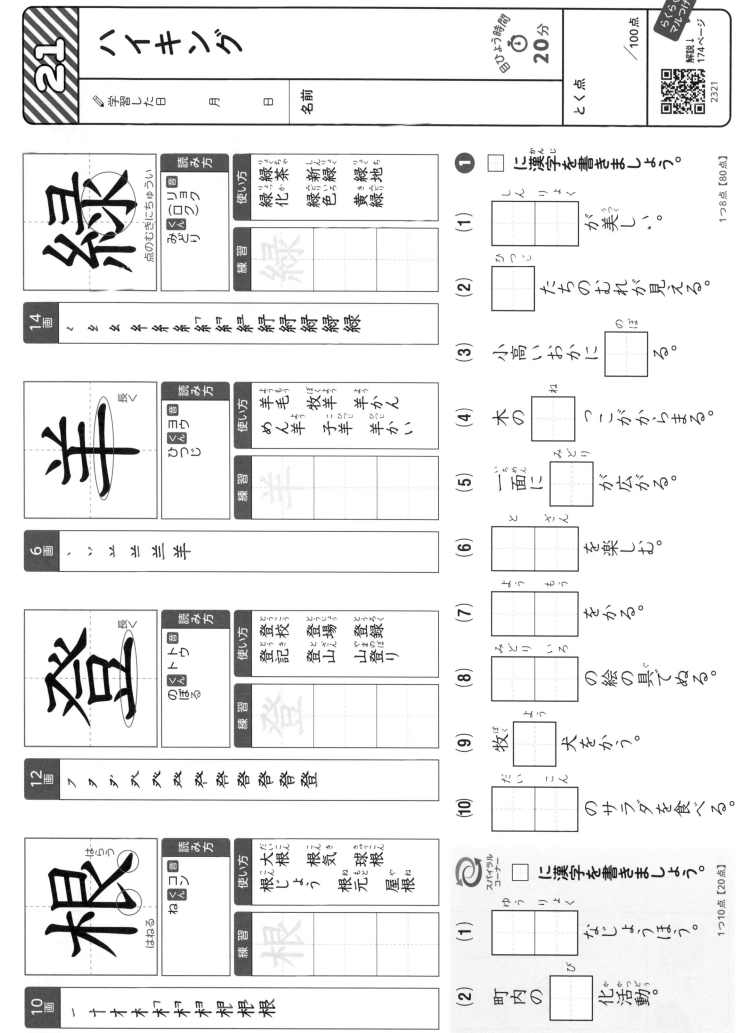

緑（点のむきにちゅうい）
読み方　音 リョク・ロク　訓 みどり
使い方　緑茶／新緑／緑化／緑色／黄緑／緑地
練習　緑
14画　く ㄠ ㄠ 糸 糸 糸 糽 紀 紀 綣 綣 綠 緑

羊（長く）
読み方　音 ヨウ　訓 ひつじ
使い方　羊毛／牧羊／子羊／羊かん／めん羊
練習　羊
6画　丷 丷 � ㆍ 主 羊

登（長く）
読み方　音 トウ・ト　訓 のぼる
使い方　登記／登校／登山／登場／山登り／登録
練習　登
12画　フ ㇀ ㇀ ㇏ ㇏ 癶 癶 吺 啓 啓 啓 登

根（はらう／はねる）
読み方　音 コン　訓 ね
使い方　大根／根元／根気／屋根／球根／根や
練習　根
10画　一 十 ナ 木 杓 机 杓 相 相 根

❶ □に漢字を書きましょう。　1つ8点【80点】

(1) しんりょく が美しい。
(2) こひつじ たちのむれが見える。
(3) 小高いおかに のぼ る。
(4) 木の ね っこがからまる。
(5) 一面に みどり が広がる。
(6) とざん を楽しむ。
(7) りょくちゃ をかる。
(8) みどりいろ の絵の具でぬる。
(9) 牧 よう 犬をかう。
(10) だいこん のサラダを食べる。

❷ スパイラルコーナー　□に漢字を書きましょう。　1つ10点【20点】

(1) ゆうりょく な ほうほう 。
(2) 町内の みどり 化活動。

43

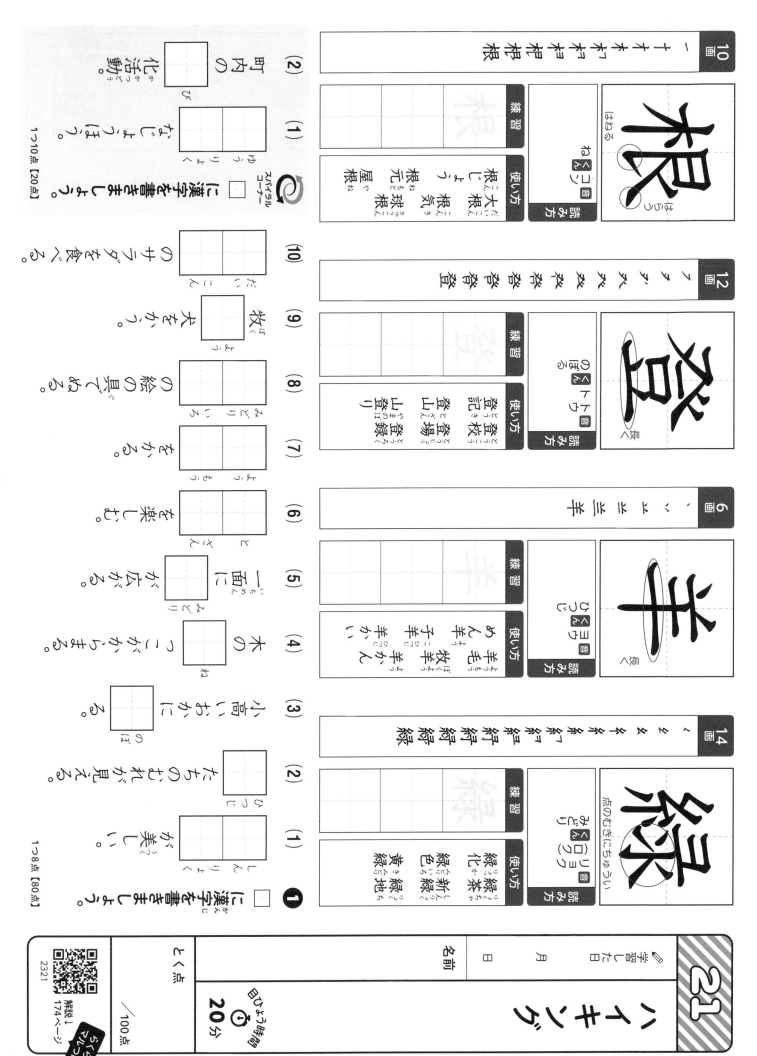

根 10画
ー十十十十十根根根根
読み方　コン／ね（はねる）
使い方
大根（だいこん）／根気（こんき）／球根（きゅうこん）／元気（もとき）／屋根（やね）

登 12画
ノ丷癶癶癶登登登登登登
読み方　トウ・ト／のぼ（る）（長く）
使い方
登記（とうき）／登校（とうこう）／登山（とざん）／登場（とうじょう）／山登り（やまのぼり）

羊 6画
丷丷羊羊羊
読み方　ヨウ／ひつじ（長く）
使い方
羊毛（ようもう）／子羊（こひつじ）／牧羊（ぼくよう）／羊かん

緑 14画
乡乡糸糸糸糸紀紀紀紀緑緑緑
読み方　リョク・（ロク）／みどり（点のむきにちゅうい）
使い方
緑茶（りょくちゃ）／緑化（りょっか）／新緑（しんりょく）／緑色（みどりいろ）／黄緑（きみどり）／緑地（りょくち）

① □に漢字を書きましょう。　1つ8点【80点】

(1) ひつじの毛が美しい。
(2) ひつじかいのたちむれが見える。
(3) 小高いおかにのぼる。
(4) 木のねが広がる。
(5) 一面にみどりがひろがる。
(6) とざんを楽しむ。
(7) みどりの具でぬる。
(8) 緑の具でぬる。
(9) 牧場で犬をかう。
(10) だいこんのサラダを食べる。

スパイラルコーナー
② □に漢字を書きましょう。　1つ10点【20点】

(1) ゆうじょうなかよく。
(2) 町内の□化活動。

名前

学習した日　月　日
目ひょう時間　20分
とく点　／100点
合格点　80点

解説↓174ページ
2321

44

目ひょう時間 20分

/100点

とく点

らくらくマルつけ
解説↓174ページ
2322

✏学習した日　月　日　名前

❶ （　）に——線の読みがなを書きましょう。

1つ4点 [52点]

(1) 急病のかん者を運ぶ。
（　　　　　）

(2) 乗馬がとくいだ。
（　　　　　）

(3) 急速にせい長する。
（　　　　　）

(4) その都度かたづける。
（　　　　　）

(5) 海で遊泳する。
（　　　　　）

(6) 深こくな顔つきで考える。
（　　　　　）

(7) あの人とは波長が合わない。
（　　　　　）

(8) 船が入港する。
（　　　　　）

(9) 友じょうを深める。
（　　　　　）

(10) 畑作がさかんな土地。
（　　　　　）

(11) 犬が羊を追う。
（　　　　　）

(12) 温度が下がる。
（　　　　　）

(13) 車や船などの乗り物。

❷ □□に漢字を書きましょう。

1つ4点 [48点]

(1) き みどり 色のクレヨン。

(2) なつ む しが糸を引く。

(3) やま の ぼ りがしゅみだ。

(4) 家の屋 ね にのぼる。

(5) 明るい ひ かりで育つ。

(6) もみじの は が色づく。

(7) う え き の手入れをする。

(8) 赤い み がなる。

(9) まめ 電球を取りかえる。

(10) し じつ が明らかになる。

(11) の う か に生まれる。

(12) りょく ち が広がる。

45

学習した日　月　日
名前

目ひょう時間 ⏱ 20分
とく点 ／100点

① ──線の読みがなを書きましょう。 1つ4点[52点]

(1) 急病のかん者を運ぶ。（　　）

(2) 乗馬のときに着を運ぶ。（　　）

(3) 急速にせに長する。（　　）

(4) その都度かたづける。（　　）

(5) 海で遊泳する。（　　）

(6) 深いえな顔つきで考える。（　　）

(7) あの人とは波長が合わない。（　　）

(8) 船が入港する。（　　）

(9) 友じょうを深める。（　　）

(10) 畑作がさかんな土地。（　　）

(11) 犬が羊を追う。（　　）

(12) 温度が下がる。（　　）

(13) 車や船などの乗り物。（　　）

② □に漢字を書きましょう。 1つ4点[48点]

(1) ［き・み・どり］色のクレヨン。

(2) な［　］が糸を引く。

(3) ［や・の・ほ］りがしゅみだ。

(4) 家の屋［ね］にのぼる。

(5) 明るい［ひ・て・かり］で育つ。

(6) もみじの色が［は・へ］く。

(7) ［に・わ・き］の手入れをする。

(8) 赤い［み］がなる。

(9) ［ま・め］電球を取りかえる。

(10) ［し・ん］が明らかになる。

(11) ［り・の・か］に生まれる。

(12) ［ち・ょ・く］に広がる。

らくらくマルつけ 解説↓174ページ 2322

❶ （　）に——線の読みがなを書きましょう。　1つ4点〔52点〕

(1) 波風を立てないようにする。
（　　　）

(2) 八時に登校する。
（　　　）

(3) チューリップの球根。
（　　　）

(4) 校庭を走り回る。
（　　　）

(5) イチョウが落葉する。
（　　　）

(6) スギを植林する。
（　　　）

(7) 事実をつたえる。
（　　　）

(8) 温かいスープを作る。
（　　　）

(9) 寒波が日本列島をおおう。
（　　　）

(10) 姉は温和なせいかくだ。
（　　　）

(11) 庭先にネコがいる。
（　　　）

(12) 緑茶を飲む。
（　　　）

(13) 木の根元にすわる。

❷ □に漢字を書きましょう。　1つ4点〔48点〕

(1) □（こ）に立ち去る。

(2) フェリーに□□（じょう・せん）する。

(3) □□（じ・そく）五十キロで走る。

(4) □（てき）な運動を心がける。

(5) プールで□（およ）ぐ。

(6) □（しん）こきゅうをする。

(7) 牧（ぼく）□（よう）犬が走る。

(8) □□（みなと・まち）で生まれ育つ。

(9) □□（のう・じょう）で牛の世話をする。

(10) □（はた・け）仕事をてつだう。

(11) □□（くろ・まめ）をなべにいる。

(12) □（そく）達（たつ）で手紙を出す。

学習した日　月　日
名前

とく点　／100点
目ひょう時間 20分

❶ ──線の読みがなを書きましょう。　1つ4点【52点】

(1) 波風を立てないようにする。
（　　　）

(2) 八時に登校するようにする。
（　　　）

(3) チューリップの球根。
（　　　）

(4) 校庭を走り回る。
（　　　）

(5) イチョウが落葉する。
（　　　）

(6) スギを植林する。
（　　　）

(7) 事実をつたえる。
（　　　）

(8) 温かいスープを作る。
（　　　）

(9) 寒波が日本列島をおおう。
（　　　）

(10) 姉は温和な性かくだ。
（　　　）

(11) 庭先にネコがいる。
（　　　）

(12) 緑茶を飲む。
（　　　）

(13) 木の根元にすわる。
（　　　）

❷ □に漢字を書きましょう。　1つ4点【48点】

(1) □（いそ）足で立ち去る。

(2) □□（せん・じょう）にする。

(3) □□（じ・そく）五十キロで走る。

(4) □（と）な運動を心がける。

(5) クロールで□（およ）ぐ。

(6) □（しん）いっぱいに□をゆする。

(7) 牧□（じょう）を犬が走る。

(8) □□（と・ち）で生まれ育つ。

(9) □□（のう・じょう）で牛の世話をする。

(10) □□（は・た・け）けの仕事をする。

(11) □□（へん・まど）をながめる。

(12) □（そく）達て手紙を出す。

かかった時間 ⏱ 20分

／100点

とく点

学習した日　月　日　名前

❶ 次の文を読んで、——線①〜④のひらがなを漢字で書きましょう。1つ6点【24点】

日曜日に、家族で海へ行った。朝早く電車に①のって出かけた。とちゅうで②およいでいると、父に③ふかいところへ行かないようにと言われた。夕方になり、④みなとの売店でおみやげを買って帰った。

① (　　　　　)　② (　　　　　)

③ (　　　　　)　④ (　　　　　)

❷ 次の漢字と同じ画数の漢字をあとからえらび、記号で書きましょう。1つ6点【24点】

(1) 実
ア 根　イ 羊　ウ 県　エ 岸
(　　　　　)

(2) 度
ア 速　イ 急　ウ 植　エ 銀
(　　　　　)

(3) 農
ア 都　イ 湖　ウ 福　エ 流
(　　　　　)

(4) 緑
ア 歌　イ 陽　ウ 島　エ 暗
(　　　　　)

❸ 次の漢字の訓読みを書きましょう。1つ5点【20点】

(1) 羊 (　　　　　)

(2) 葉 (　　　　　)

(3) 豆 (　　　　　)

(4) 波 (　　　　　)

❹ 二か所の○に漢字を入れて矢じるしの方向に読むと、二字の言葉が四つできます。○に入る漢字をそれぞれあとの〈 〉からえらび、できた言葉を □□ に書いて( )に読みがなを書きましょう。1つ4点【32点】

(　　　　　)
□□

中 → ○

(　　　　　)
□□

→ 校 →

(　　　　　)
□□

○ → 山

(　　　　　)
□□

〈 温　登　度　緑 〉

49

学習した日　月　日　名前

目ひょう時間　⏱20分
とく点　／100点

❶ 次の文を読んで、――線①～④のひらがなを漢字で書き、漢字の読みがなを書きましょう。
【1つ6点/24点】

日曜日に、①の家族で海へ行った。②お兄さんといっしょに出かけた。朝早く電車に乗って行って、③みなとにつくと、父に言われたとおりちかくのお店で、おみやげを④買った。ねだんが高かったので…

　③（　　　）　　①（　　　）
　④（　　　）　　②（　　　）

❷ 次の漢字と同じ画数の漢字をあとからえらび、記号で書きましょう。
【1つ6点/24点】

(1) 実　ア 根　イ 県　ウ 羊　エ 岸

(2) 度　ア 速　イ 急　ウ 植　エ 流

(3) 都　ア 農　イ 湖　ウ 福　エ 銀

(4) 歌　ア 線　イ 陽　ウ 島　エ 暗

　①（　　　）　　②（　　　）
　③（　　　）　　④（　　　）

❸ 次の漢字の訓読みを書きましょう。
【1つ5点/20点】

(1) 羊（　　　）
(2) 葉（　　　）
(3) 豆（　　　）
(4) 波（　　　）

❹ 下の〔　〕の二か所の○に読む所に入る二字の漢字をそれぞれ○に入れて四つ出来る言葉を□に書いて、○に読むたてとよこの言葉が出来る読みがなを書きましょう。
【1つ4点/32点】

〔　　〕
○ → 校 → ○
↑　　　　↑
山　　　中

温（　　　）
登（　　　）
庭（　　　）
緑（　　　）

(4)（　　　）
(3)（　　　）
(2)（　　　）
(1)（　　　）

目ひょう時間 ⏱ 20分　／100点

らくらくマルつけ　解説↓175ページ　2325

学習した日　月　日　名前

育　はねる／とめる
読み方　音 イク　くん ソダつ・ソダてる・はぐくむ
使い方　体育・教育・育児・発育
練習
8画　一　亠　ナ　云　产　育　育　育

練　おる
読み方　音 レン　くん ねる
使い方　練習・練る・練り物・試練・訓練・せん練
練習
14画　＜　幺　幺　糸　糸　糸　約　紳　紳　紳　綀　綀　綀　練

習　むぎにちゅうい
読み方　音 シュウ　くん ならう
使い方　学習・予習・練習・習字・自習・習い事
練習
11画　フ　ヲ　ヲ　羽　羽　羽　羽　習　習　習　習

服　はねる／とめる
読み方　音 フク
使い方　洋服・夏服・衣服・せい服・服ぞう・服用
練習
8画　丿　刀　月　月　肝　那　服　服

---

❶ □に漢字を書きましょう。　1つ8点【80点】

(1) ［たいいく］のじゅ業。

(2) 運動会の［れんしゅう］をする。

(3) 体そう［ふく］に着がえる。

(4) すぐれた選手が［そだ］つ。

(5) チームで訓［れん］する。

(6) 鉄ぼうのやり方を［なら］う。

(7) 動きやすい［ふく］そう。

(8) ひな鳥を［はぐく］む。

(9) 計画を［ね］る。

(10) 新しい［ようふく］を買う。

---

❷ スパイラルコーナー　□に漢字を書きましょう。　1つ10点【20点】

(1) ［きゅうよう］を思い出す。

(2) 室内の［おんど］が高い。

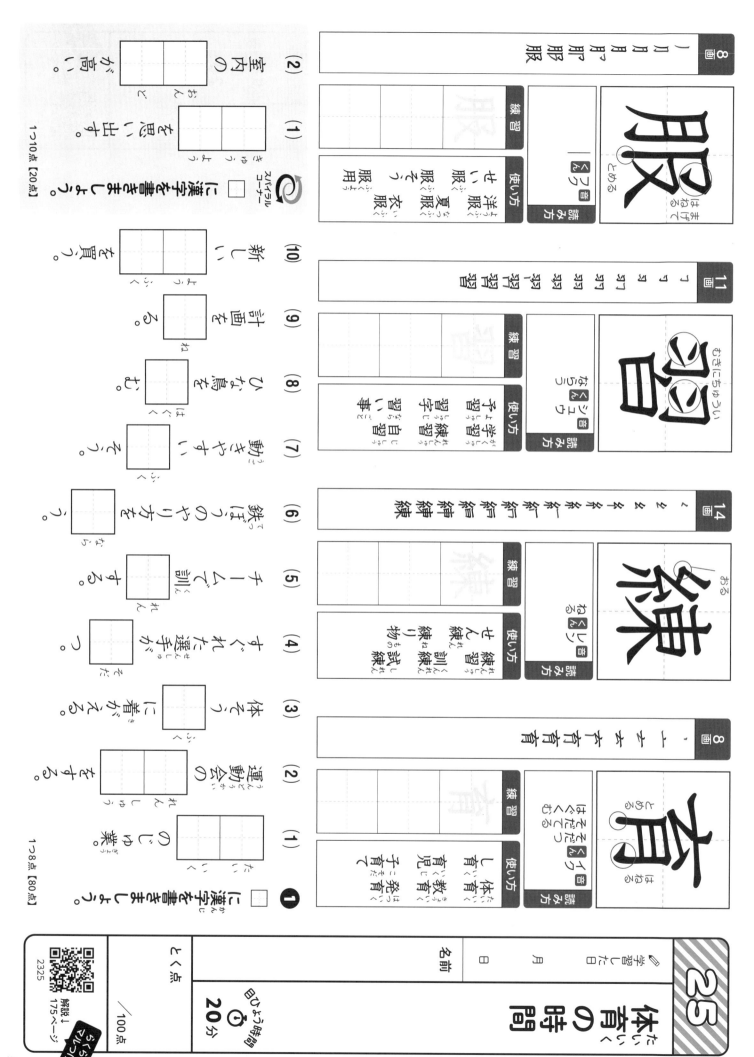

25 体育の時間

✏学習した日　月　日　名前

目ひょう時間 20分

とく点 ／100点

らくらく　マルつけ　2325　解説↓175ページ

服 8画
読み方：フク（音）
はねる　とめる

使い方：洋服（ようふく）／夏服（なつふく）／衣服（いふく）／服用（ふくよう）

練習

つ つ ʼ つ 月ʼ 月ʼ 朋 服 服

習 11画
読み方：シュウ（音）／ならう（訓）

使い方：学習（がくしゅう）／習字（しゅうじ）／自習（じしゅう）／習い事（ならいごと）

練習

つ つ つ ヲヿ 羽 羽 羽 習 習 習 習

練 14画
読み方：レン（音）／ねる（訓）

使い方：練習（れんしゅう）／訓練（くんれん）／物を試し練（ね）る

練習

ㄥ ㄥ ㄥ 幺 幺 糸 糸 糸 紅 紳 練 練 練 練

育 8画
読み方：イク（音）
はぐくむ　そだてる　そだつ

使い方：体育（たいいく）／教育（きょういく）／発育（はついく）／子育て（こそだて）

練習

亠 亠 云 亠 育 育 育 育

---

❶ □に漢字を書きましょう。　1つ8点【80点】

(1) 運動会の ___ のしゅくだい業

(2) 体そう ___ に着がえる

(3) チームで選んだ せんしゅ

(4) すぐれた学（せん）が選んだ

(5) チームで ___ する　訓（くん）に

(6) 鉄ぼうのやり方を ___　ならう

(7) 動きやすい ___　ふく

(8) ひな鳥を ___　はぐくむ

(9) 計画を ___　ねる

(10) 新しい ___ を買う　ようふく

☆スパイラルコーナー

□に漢字を書きましょう。　1つ10点【20点】

(1) ___ を思い出す　きおく

(2) 室内の ___ が高い。　おんど

52

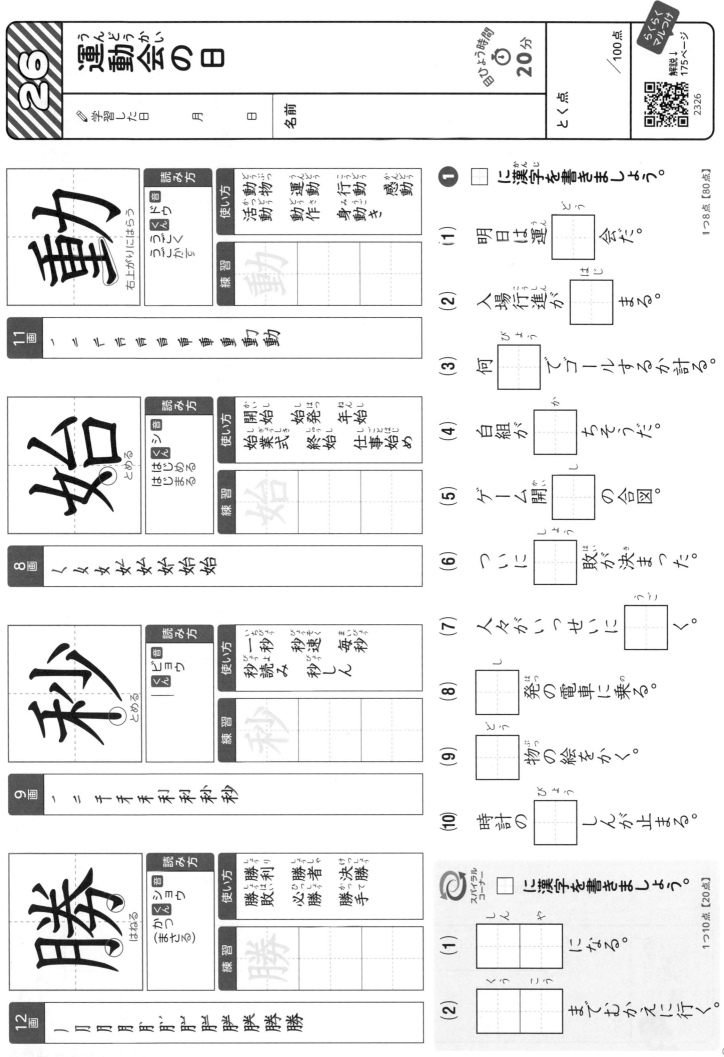

26 運動会の日

目ひょう時間 ⓢ 20分
／100点
とく点

らくらくマルつけ
解説↓175ページ
2326

動

読み方
音 ドウ
訓 うごく
うごかす

使い方
活動
運動物
動作
身み動き
行動
感動

練習 動

11画
ノ ニ ド 盲 肖 肖 盲 重 重 動 動

始

読み方
音 シ
訓 はじめる
はじまる

使い方
始業式
開始
終始
始発
仕事始め
年始

練習 始

8画
し り 女 女 女 好 始 始

秒

読み方
音 ビョウ
訓

使い方
秒読み
一秒
秒速
毎秒

練習 秒

9画
ノ ニ 千 禾 禾 利 利 耖 秒

勝

読み方
音 ショウ
訓 かつ
（まさる）

使い方
勝利
勝敗
必勝者
決勝
勝手勝

練習 勝

12画
ノ 刀 刀 月 肝 胖 胖 胖 胖 勝 勝 勝

---

❶ □ に漢字を書きましょう。

1つ8点【80点】

(1) 明日は運□会だ。

(2) 入場行進が始□まる。

(3) 何□でプールするか計る。

(4) 白組が□ち そうだ。

(5) ゲーム開□の合図。

(6) ついに□敗が決まった。

(7) 人々がいっせいに□く。

(8) □発の電車に乗る。

(9) □物の絵をかく。

(10) 時計の□しんが止まる。

スパイラルコーナー □ に漢字を書きましょう。

1つ10点【20点】

(1) □□になる。

(2) □□までむかえに行く。

53

26 運動会の日

学習した日　月　日
名前

目ひょう時間　20分
とく点　／100点

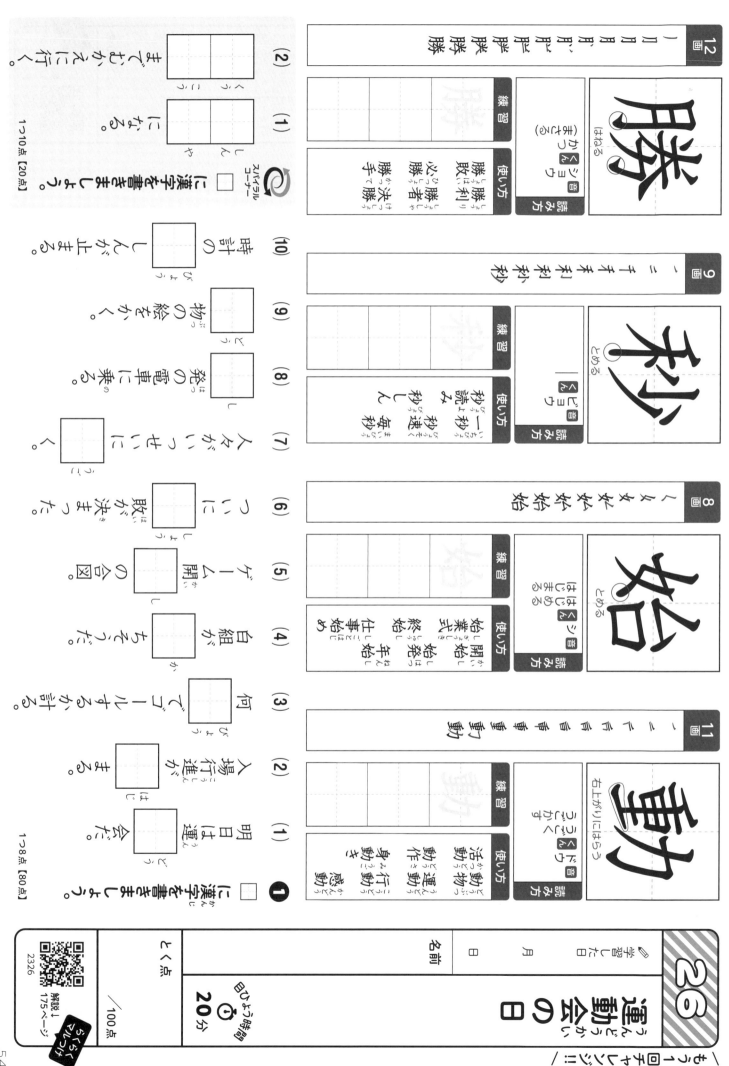

勝 12画
音 ショウ
訓 かつ
（まさる）

練習

使い方
勝利（しょうり）
敗北（はいぼく）
勝者（しょうしゃ）
必勝（ひっしょう）
勝ち（かち）
決勝（けっしょう）
勝手（かって）

秒 9画
音 ビョウ
訓 —

練習

使い方
秒読み（びょうよみ）
秒速（びょうそく）
秒針（びょうしん）
毎秒（まいびょう）

始 8画
音 シ
訓 はじめる
はじまる

練習

使い方
開始（かいし）
始業式（しぎょうしき）
終始（しゅうし）
始発（しはつ）
仕事始め（しごとはじめ）
手始め（てはじめ）

動 11画
音 ドウ
訓 うごく
うごかす
右上がりにはらう

練習

使い方
動物（どうぶつ）
運動（うんどう）
活動（かつどう）
動作（どうさ）
行動（こうどう）
身動き（みうごき）
感動（かんどう）

---

① つぎの□に漢字を書きましょう。　1つ8点【80点】

(1) 明日は□（うん）動会だ。

(2) 入場□（こう）進が始まる。

(3) 何時間で□（びょう）ゴールするか計る。

(4) 白組が□（しょう）ちそうだ。

(5) ゲームが開□（し）の合図だ。

(6) □（し）あいの□（はい）北が決まった。

(7) 人々が□（こう）どうにつきはじめた。

(8) □（はつ）の電車に乗る。

(9) 物の□（どう）きをよく見る。

(10) 時計の□（びょう）しんが止まる。

スパイラルコーナー

② つぎの□に漢字を書きましょう。　1つ10点【20点】

(1) □□（しんゆう）になる。

(2) □□（でむかえ）に行く。

1つ8点【80点】

1つ10点【20点】

2326　解説↓175ページ　らくらくマルつけ

27 リレーで走ろう

目ひょう時間 ⏱ **20分**

／100点

らくらく
マルつけ

解説↓
175ページ

2327

✐学習した日　月　日　名前

とく点

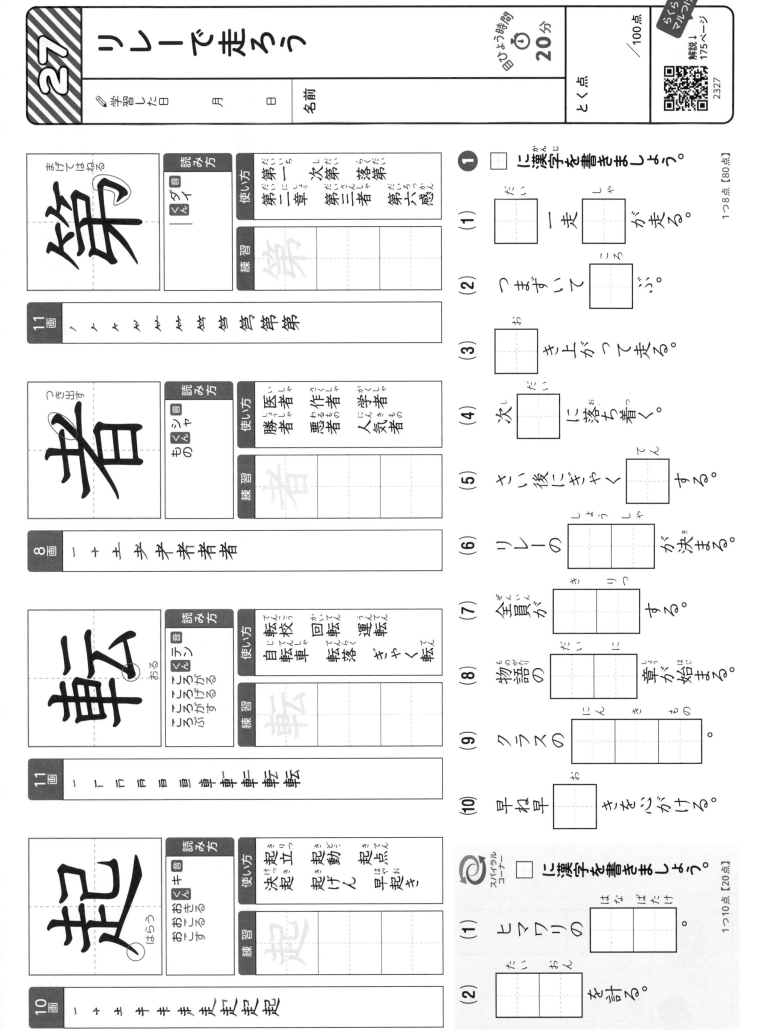

第

まげてはねる

【読み方】
音 タイ・ダイ

【使い方】
第一位　次第に　第二章　第三者　落第　第六感

【練習】第

11画　`´ ` ⺮ ⺮ ⺮ ⺮ ⺮ 笞 笃 笃 第

者

つき出す

【読み方】
音 シャ
訓 もの

【使い方】
勝者　医者　悪者　作者　人気者　学者

【練習】者

8画　一 + 土 耂 尹 者 者 者

転

おる

【読み方】
音 テン
訓 ころがる・ころげる・ころがす・ころぶ

【使い方】
自転車　転校　回転　転落　運転　ぎゃく転

【練習】転

11画　一 ⊏ 匚 ō 车 車 車 転 転 転 転

起

はらう

【読み方】
音 キ
訓 おきる・おこる・おこす

【使い方】
決起　起立　起動　起点　早起き

【練習】起

10画　一 + 土 耂 ŧ 走 走 起 起 起

---

❶ □に漢字を書きましょう。　1つ8点【80点】

(1) 　[だい]一　[しゃ]が走る。

(2) つまづいて　[ころ]ぶ。

(3) 　[お]き上がって走る。

(4) 次　[だい]に落ち着く。

(5) さい後にきゃく　[てん]する。

(6) リレーの　[じゅん｜い]が決まる。

(7) 全員が　[き｜りつ]する。

(8) 物語の　[だい｜に]章が始まる。

(9) クラスの　[にん｜き｜もの]。

(10) 早ね早　[お]きを心がける。

---

❷ スーパードリル ↻　□に漢字を書きましょう。　1つ10点【20点】

(1) ヒマワリの　[はな｜ばたけ]。

(2) 　[たい｜おん]を計る。

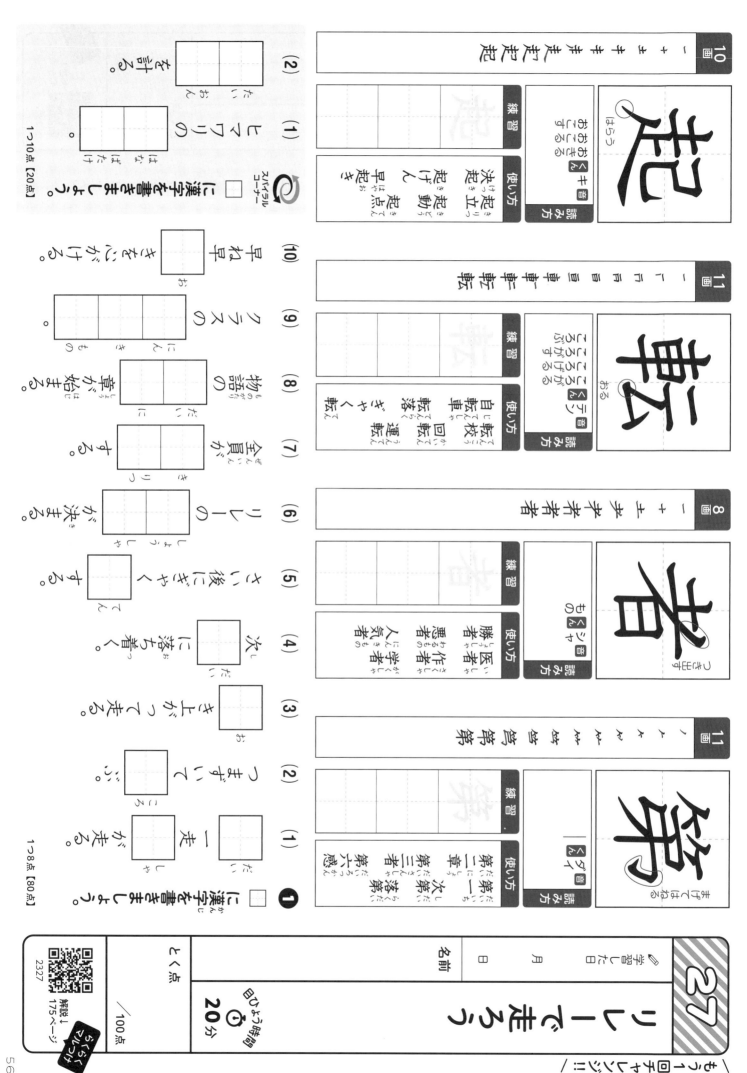

学習した日　月　日
名前

目標 20分　とく点 ／100点

解説 175ページ

2327

起（10画）
いちキキ起起起起起起
読み方　音 キ　訓 おきる・おこる・おこす
使い方　決起・起き立つ・起き動く・早起き・起点
練習

転（11画）
転転転転転転転転転転転
読み方　音 テン　訓 ころがる・ころげる・ころがす・ころぶ
使い方　自転車・転校・転落・運転・すばやく転ぶ
練習

者（8画）
者者者者者者者者
読み方　音 シャ　訓 もの
使い方　勝者・医者・作者・悪者・三者・人気者・学者
練習

第（11画）
第第第第第第第第第第第
読み方　音 ダイ
使い方　第一章・第三者・第三・第六感・落第
練習

① □に漢字を書きましょう。

(1) □が走る。　ぶじ

(2) □□てにぎる。　はしし

(3) □が上がる。　きし

(4) 次に□つく。　おち

(5) □に後にさく。　せい

(6) □□の □が決まる。　リレーじゅん

(7) 全員が□□する。　きし

(8) 物語の □が始まる。　ものがたり・だいしょう

(9) クラスの □□□。　にんきもの

(10) 早ね早□きを □ける。　おこ

1つ8点【80点】

② □に漢字を書きましょう。

(1) ヒコウキの □□け。　はなたけ

(2) □□を □る。　たいおん・はか

1つ10点【20点】

スパイラルコーナー

56

目ひょう時間 ⏱ 20分　／100点　らくらくマルつけ 解説↓175ページ 2328

✎学習した日　月　日　名前

球

むさ（にちゅうい）

読み方
音 キュウ
訓 たま

使い方
電球　野球　地球　球形　球を拾い　球根　気球

練習

11画　一 丁 千 王 扌 扐 封 邦 球 球 球

投

上にはねる

読み方
音 トウ
訓 なげる

使い方
投書　投手　力投　投球　投輪　投票　投げ

練習

7画　一 扌 扌 扞 护 投

追

つける

読み方
音 ツイ
訓 おう

使い方
追究　追加　追記　追放　追い球　追い風

練習

9画　′ ′ ′ ′ ′ ′ 自 追 追

拾

右上がりにはらう

読み方
音 シュウ（ジュウ）
訓 ひろう

使い方
拾得　拾い物　収拾　命拾い　拾い読み

練習

9画　一 扌 扌 扌 扲 扲 拾 拾 拾

---

❶ □に漢字を書きましょう。　1つ8点〔80点〕

(1) ［や きゅう］のゲーム。

(2) ［とう しゅ］がマウンドに立つ。

(3) ボールを［お］いかける。

(4) 落ちたボールを［ひろ］う。

(5) 速い［たま］を打つ。

(6) 力いっぱい［な］げる。

(7) ［つい］加点が入る。

(8) ［とう きゅう］のフォームを直す。

(9) 国外に［つい］放する。

(10) おかげで命［ひろ］いした。

🔄 スパイラルコーナー　□に漢字を書きましょう。　1つ10点〔20点〕

(1) ［なか にわ］のベンチ。

(2) 計画を［じっ こう］する。

✎ 学習した日　月　日
名前

目ひょう時間　⏱ 20分
とく点　／100点

解説↓175ページ
2328

拾　9画
読み方　ひろう　ジュウ（ジュウ）
右上がりにはらう
筆順：一 † 扌 扒 扒 拾 拾 拾 拾
練習
使い方：拾い物　拾い得　拾って収める　拾い命　命拾い

追　9画
読み方　おう　ツイ
つける
筆順：丶 ⺈ 𠂤 𠂤 追 追 追 追 追
練習
使い方：追う　追い打ち　追い求める　追記　追放　追い風

投　7画
読み方　なげる　トウ
右上がりにはらう　ねばる
筆順：一 † 扌 扒 投
練習
使い方：投書　投手　投球　力投　輪投げ

球　11画
読み方　たま　キュウ
むきにちゅうい
筆順：一 † 𤣩 𤣩 球 球 球 球 球 球 球
練習
使い方：電球　野球　地球　球根　球形　気球　球

❶ □に漢字を書きましょう。（1つ8点[80点]）

(1) やきゅう のチーム。
(2) ちきゅう に立つ。
(3) ボールを おいかける。
(4) 落ちたボールを ひろう。
(5) 速い たま を打つ。
(6) カに ひろう はない。
(7) 点が くわわる。
(8) チームに くわわる。
(9) 国外に ついほう する。
(10) おかげで いのち 拾いした。

スパイラルコーナー
□に漢字を書きましょう。（1つ10点[20点]）

(1) なにかの パンチ。
(2) 計画を じっこう する。

✎学習した日　月　日　名前

目ひょう時間 ⏱ 20分

／100点

とく点 ／100点

解説↓176ページ

らくらくマルつけ 2329

代

はねる

読み方
音 ダイ・タイ
訓 か(わる)・か(える)・しろ・よ

使い方
交代する／千代紙／親代わり／時代／代表する／世代／代理

練習 代

5画　ノ　イ　仁　代　代

打

はねる

読み方
音 ダ
訓 う(つ)

使い方
打者／代打／ね打ち／打席／打開／楽器を打つ

練習 打

5画　一　十　扌　打　打

落

ななめにはらう

読み方
音 ラク
訓 お(ちる)・お(とす)

使い方
集落／落ち着き／見落とし／落下／落語／落選／落書き

練習 落

12画　一　十　艹　苎　莎　莎　茨　茨　落　落

負

とめる／はらう

読み方
音 フ
訓 ま(ける)・ま(かす)・お(う)

使い方
勝負／負けん気／負い目／自負／負担／戦い負ける／負傷

練習 負

9画　ノ　ク　ク　斤　角　角　負　負　負

---

❶ □に漢字を書きましょう。　1つ8点【80点】

(1) 投手が こう たい する。

(2) バットでボールを う つ。

(3) スピードを お とす。

(4) 自分のチームが ま ける。

(5) だい だ のせん手。

(6) 球が場外に らっ か する。

(7) しょう ぶ をこばむ。

(8) きれいな ち よ がみ。

(9) かぐの らく が きを消す。

(10) ボールを お う。

スパイラルコーナー □に漢字を書きましょう。　1つ10点【20点】

(1) 物語の とう じょう 人物。

(2) こん き のいる作業。

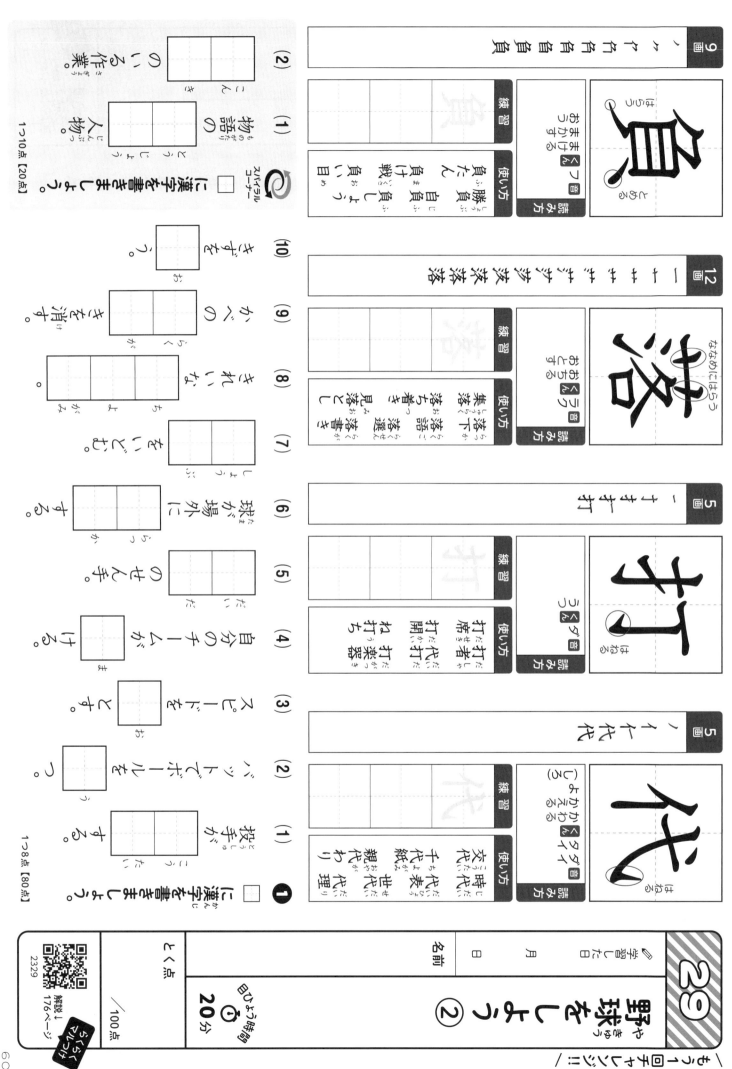

負（9画）
書き順：′ ′ ′ ′ ′ 負 負 負 負
読み方：まける・まかす・おう　フ〈音〉
練習
使い方：勝負（しょうぶ）／負け（まけ）／負う（おう）／負け戦（まけいくさ）／負け目（まけめ）

落（12画）
書き順：一 艹 艹 汁 汁 汐 汐 汐 落 落
読み方：おちる・おとす　ラク〈音〉　ななめにはらう
練習
使い方：集落（しゅうらく）／落ち着き（おちつき）／落語（らくご）／見落とし（みおとし）／落とし物（おとしもの）／落ち着く

打（5画）
書き順：一 † †' † 打
読み方：うつ　ダ〈音〉　はねる
練習
使い方：打者（だしゃ）／打席（だせき）／打ち明かす（うちあかす）／打楽器（だがっき）／ねん打ち

代（5画）
書き順：′ ′ 代 代 代
読み方：かわる・かえる・しろ・よ　ダイ・タイ〈音〉　はねる
練習
使い方：交代（こうたい）／千代紙（ちよがみ）／代表（だいひょう）／親代わり（おやがわり）／世代（せだい）／代理（だいり）

❶ □に漢字を書きましょう。

(1) 投手が　□□　する。
(2) バッテで　□□□ボールを　□つ。
(3) ピッチャーが　スピードを　□とす。
(4) 自分のチームが　□ける。
(5) 自分の　□□　のせん手。
(6) 球が場外に　□□　する。
(7) □□　を　□じこむ。
(8) □□□□　な　きれいな。
(9) □□□　のきを消す。
(10) □□　を　すぎる。

1つ8点【80点】

スパイラルコーナー 🔄
□に漢字を書きましょう。

(1) 物語の　□□　の人物。
(2) □□　のこ作業。

1つ10点【20点】

らくらく
マルつけ

目ひょう時間 ⏱ 20分 ／100点

学習した日　月　日　名前

とく点 ／

解説↓
176ページ

2330

---

❶ （ ）に──線の読みがなを書きましょう。 1つ4点【52点】

(1) イネの発育がよい。（　　　）

(2) せん練されたデザイン。（　　　）

(3) 名人の落語を聞く。（　　　）

(4) 学校のせい服を着る。（　　　）

(5) 委員が活動する。（　　　）

(6) 年始のあいさつをする。（　　　）

(7) 秒速十メートルで進む。（　　　）

(8) 輪投げで遊ぶ。（　　　）

(9) 落第しないように勉強する。（　　　）

(10) じっくりと計画を練る。（　　　）

(11) 転校生がやって来る。（　　　）

(12) パソコンを起動する。（　　　）

(13) 球形の部品をそろえる。

---

❷ □に漢字を書きましょう。 1つ4点【48点】

(1) 悪いもの[もの]□をやっつける。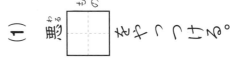

(2) 大会の決しょう[しょう]□に進む。

(3) 幸せを[お]□にもとめる。

(4) じんじょうを[ひろ]□う。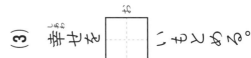

(5) わがせだい[せ][だい]□□の意見を聞く。

(6) [だ]□がっきをえんそうする。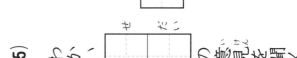

(7) メモに[こ][き]□□する。

(8) 明日の予しゅ[しゅう]□をする。

(9) 足にけがを[お]□う。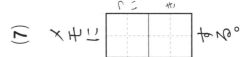

(10) 医しゃ[しゃ]□にみてもらう。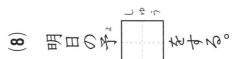

(11) なら[なら]□い事に通う。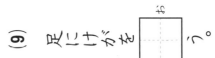

(12) じゃんけんに[か]□つ。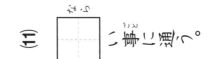

ハイレベル++

学しゅうした日　月　日
名前

1 ──線の読みがなを書きましょう。　1つ4点【52点】

(1) イネは発育がよい。（　　）

(2) せん練されたデザイン。（　　）

(3) 名人の落語を聞く。（　　）

(4) 学校のせい服を着る。（　　）

(5) 委員が活動する。（　　）

(6) 年始のあいさつをする。（　　）

(7) 秒速十メートルで進む。（　　）

(8) 輪投げで遊ぶ。（　　）

(9) 落第しないように勉強する。（　　）

(10) しっかりと計画を練る。（　　）

(11) 転校生がやって来る。（　　）

(12) パソコンを起動する。（　　）

(13) 球形の部品。（　　）

2 □に漢字を書きましょう。　1つ4点【48点】

(1) 悪□をつける。

(2) 大会の決□に進む。

(3) 幸せを□ともとめる。

(4) □ぐこを□う。

(5) □の意見を聞く。

(6) □がさんせいする。

(7) □メモをする。

(8) 明日の□をする。

(9) 足□げをする。

(10) 医□にみてもらう。

(11) □事に通う。

(12) □に通う。

まとめのテスト ❽

目ひょう時間 20分

／100点

✎学習した日　月　日　名前

とく点

❶ （　）に──線の読みがなを書きましょう。

1つ4点【52点】

(1) 子犬を育てる。
（　　　　　）

(2) 幸福を追求する。
（　　　　　）

(3) 十円玉を拾う。
（　　　　　）

(4) クラスを代表して話す。
（　　　　　）

(5) 打者として活やくする。
（　　　　　）

(6) 山の中の小さな集落。
（　　　　　）

(7) 事ごで負しょうする。
（　　　　　）

(8) 親鳥がひなを育む。
（　　　　　）

(9) つくえを動かす。
（　　　　　）

(10) すもうで勝負する。
（　　　　　）

(11) え画を見て感動する。
（　　　　　）

(12) 父に代わっておこなう。
（　　　　　）

(13) ゲームに負ける。

❷ □に漢字を書きましょう。

1つ4点【48点】

(1) せんきょで　　　票する。

(2) きびしい訓れんにたえる。

(3) まじめに　　　　する。

(4) 　　　　に着がえる。

(5) グローブで玉を受ける。

(6) 先生がじゅ業をはじめる。

(7) ビー玉がころがる。

(8) 　　　　章を読む。

(9) 　　　　をむだにしない。

(10) 風車が　　　　する。

(11) たおれた木をおこす。

(12) 　　　　をかえる。

1 ——線の読みがなを書きましょう。

1つ4点[52点]

(1) 子犬を育てる。
（　　　　）

(2) 幸福を追求する。
（　　　　）

(3) 十円玉を拾う。
（　　　　）

(4) クラスを代表して話す。
（　　　　）

(5) 打者として活やくする。
（　　　　）

(6) 山の中の小さな集落。
（　　　　）

(7) 事こで負しょうする。
（　　　　）

(8) 親鳥がひなを育む。
（　　　　）

(9) へいを動かす。
（　　　　）

(10) すべて勝負する。
（　　　　）

(11) えい画を見て感動する。
（　　　　）

(12) 父に代わってあいさつする。
（　　　　）

(13) ゲームに負ける。
（　　　　）

2 □に漢字を書きましょう。

1つ4点[48点]

(1) せんとうで栗する。

(2) きびしい訓にしたがえる。

(3) まじめにこうどうする。

(4) クローブにたま着がかえる。

(5) グローブにたま着を受ける。

(6) 先生がじゅぎょうをはじめる。

(7) ビー玉がころころ。

(8) だいじな章を読む。

(9) いちばんのびたきろく。

(10) 風事がかいてんする。

(11) たおれた木をおこす。

(12) でんきゅうをかえる。

学習した日　月　日　名前

❶ 次の──線の漢字の読みがなをひらがなで書きましょう。　1つ6点【24点】

(1) ①ゲームに負ける。（　　　）

②けがを負う。（　　　）

(2) ①イネが育つ。（　　　）

②ひなを育む。（　　　）

❷ 漢字の〈上部分〉〈下部分〉のカードを組み合わせて、漢字を四つ書きましょう。（同じカードは一度しか使えません。）　1つ7点【28点】

〈上部分〉　サ　耂　羽　竹

〈下部分〉　白　月　弟　日

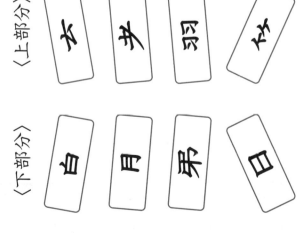

❸ 次の──線のカタカナにあてはまる漢字をあとからえらび、記号で書きましょう。　1つ8点【24点】

(1) 朝早く、シ発のバスに乗る。
ア 止　イ 市　ウ 始
（　　　）

(2) 号れいでキ立する。
ア 記　イ 起　ウ 帰
（　　　）

(3) 会のダイ表をつとめる。
ア 大　イ 代　ウ 第
（　　　）

❹ 次の言葉を漢字と送りがなで書きましょう。　1つ6点【24点】

(1) ボールを（　　　なげる　　　）。

(2) ボールが（　　　おちる　　　）。

(3) ボールを（　　　ひろう　　　）。

(4) ボールが（　　　ころがる　　　）。

32 パズル・実せん④

学習した日　月　日
名前

目ひょう時間　20分
とく点　／100点

らくらく解決
解説↓176ページ
2332

❶ 次の──線の漢字の読みがなを書きましょう。
【1つ6点　24点】

(1)
① ゲームに負ける。（　　　）
② けがを負う。（　　　）

(2)
① なえが育つ。（　　　）
② ひなを育てる。（　　　）

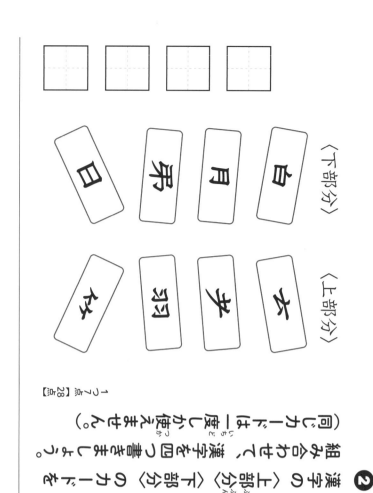

❷ 漢字の〈上部分〉〈下部分〉のカードを組み合わせて、〈上部分〉〈下部分〉の漢字を四つ書きましょう。（同じカードは一度しか使えません。）
【1つ7点　28点】

〈上部分〉　自　月　弟　日
〈下部分〉　去　女　羽　木

❸ 次の──線のあとのカタカナを、あとからえらび、記号で書きましょう。
【1つ8点　24点】

(1) 朝早く　始発のバスに乗る。
　ア 止　イ 市　ウ 始　（　　　）

(2) 号令に記する。
　ア 記　イ 起　ウ 帰　（　　　）

(3) 会の代表をつとめる。
　ア 大　イ 代　ウ 第　（　　　）

❹ 次の言葉を漢字と送りがなで書きましょう。
【1つ6点　24点】

(1) ボールを なげる。（　　　）

(2) ボールが おちる。（　　　）

(3) ボールを ひろう。（　　　）

(4) ボールが ころがる。（　　　）

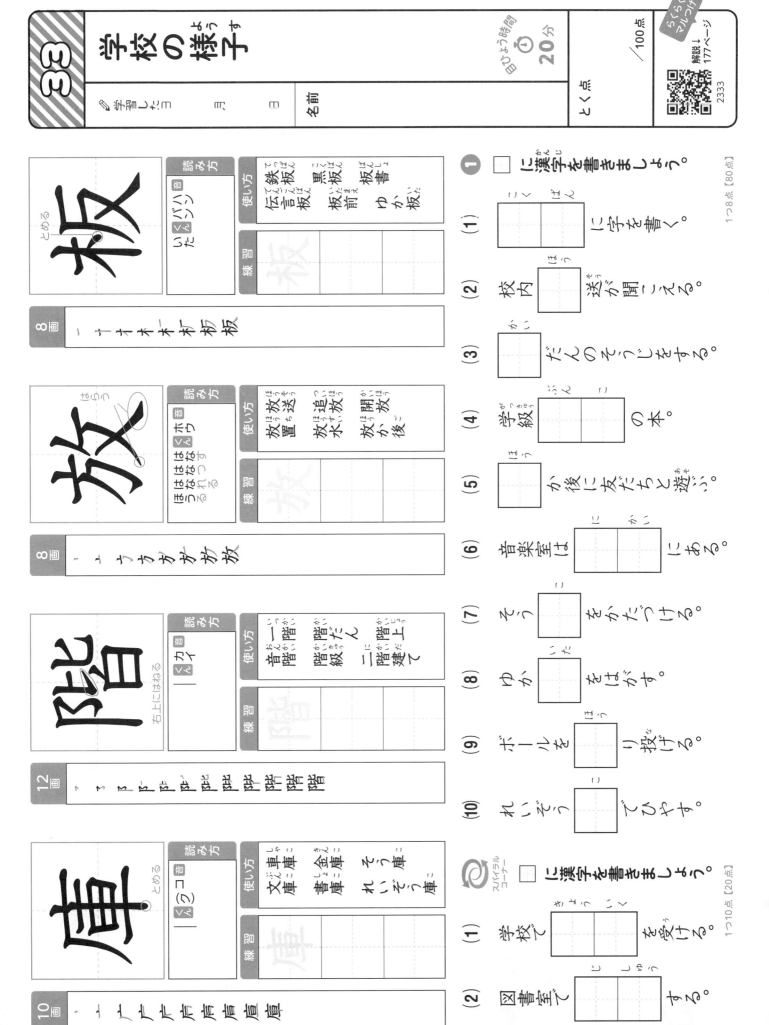

33 学校の様子

目ひょう時間 ⓘ 20分
／100点
らくらくマルつけ
解説↓ 177ページ
2333

✐学習した日　　月　　日　名前

とく点

板
とめる
い（く）バン音
た（な）ン
いた

読み方

使い方
鉄（てつ）板（ばん）
伝（つた）言（ごん）板（ばん）
黒（こく）板（ばん）
板（いた）前（まえ）
板（ばん）書（しょ）

練習

8画　一 十 才 木 木 杤 杤 板

放
はらう
ほ（はな）ホウ音
は（はな）な（なつ）す
はな（れる）

読み方

使い方
放（ほう）置（ち）
放（ほう）水（すい）
放（はな）し送（おく）り
追（つい）放（ほう）
放（ほう）開（かい）
放（ほう）後（ご）

練習

8画　一 亠 ナ 方 方 がが 放

階
右上にはねる
カイ音
くん

読み方

使い方
音（おん）階（かい）
一（いっ）階（かい）
階（かい）級（きゅう）
二（に）階（かい）
階（かい）だん
二（に）階（かい）建（だ）て

練習

12画　丨 丬 阝 阝 阝' 阝'' 阝'' 陟 陟 階 階 階

庫
とめる
コ音
くん

読み方

使い方
文（ぶん）庫（こ）
車（しゃ）庫（こ）
書（しょ）庫（こ）
金（きん）庫（こ）
れいぞう庫（こ）

練習

10画　一 亠 广 广 戸 庐 庐 店 庫 庫

① □ に漢字を書きましょう。

1つ8点【80点】

(1) こく ばん に字を書く。

(2) 校内 ほう 送が聞こえる。

(3) か だんのそうじをする。

(4) 学級 ぶん こ の本。

(5) ほう か後に友だちと遊ぶ。

(6) 音楽室は に かい にある。

(7) そう こ をかたづける。

(8) ゆ か をはがす。

(9) ボールを ほう り投げる。

(10) れいぞう こ でひやす。

② □ に漢字を書きましょう。
スパイラルコーナー

1つ10点【20点】

(1) 学校で きょう いく を受ける。

(2) 図書室で じ しゅう する。

67

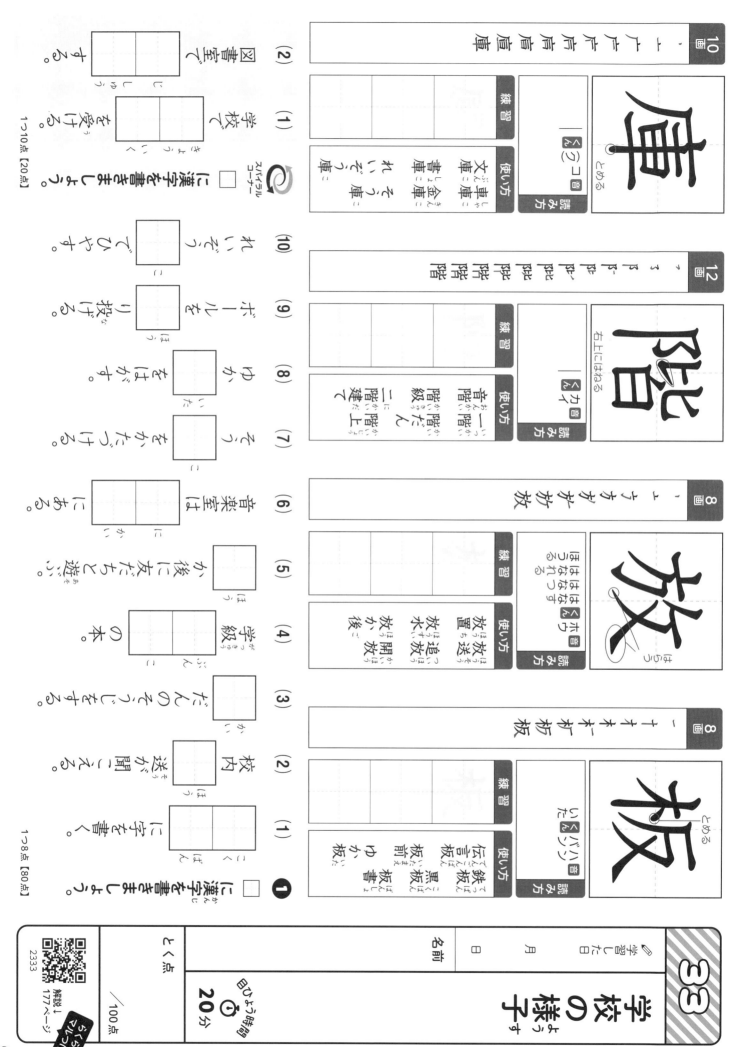

学習した日　月　日

名前

とく点　/100点

目ひょう時間　20分

めざせ20点

解説↑177ページ

2333

らくらくマルつけ

\1回1ページ!/

庫
読み方　コ・ク　とめる
10画
使い方
文庫本・車庫・金庫・書庫・入れそう庫・車庫
練習

階
読み方　カイ　右上にはねる
12画
使い方
音が一階から二階へ・階級・たん・階段・上て・階だんを上る
練習

放
読み方　ホウ　はなす・はなつ・はなれる
8画
使い方
放送・追放・水を放す・開放・放つ・放か後
練習

板
読み方　ハン・バン・いた　とめる
8画
使い方
鉄板・黒板・てつばん・こくばん・板前・まえ・ゆか板・伝言板・でんごんばん
練習

❶ □に漢字を書きましょう

(1) こう□に□を書く。

(2) 校内に□が□送がきこえる。

(3) □だんのでんごんばんを聞いる。

(4) 学□□の本。

(5) □後に友だちと遊ぶ。

(6) 音楽室は□かいにある。

(7) □そを□だける。

(8) □かをはだける。

(9) ボールを□げる。

(10) □れいぞう□です。

❷ □に漢字を書きましょう

(1) 学校で□□□□を受ける。

(2) 図書□で□しょ□を受ける。

1つ8点【80点】

1つ10点【20点】

68

✍学習した日　月　日　名前

目ひょう時間 ⏱20分　／100点　とく点

解説↓ 177ページ
2334
らくらくマルつけ

勉（はらう）

読み方
音 ベン

使い方
勉強（べんきょう）　勉学（べんがく）　きん勉（べん）

練習

10画　丿 厂 厃 ⺈ 毎 免 免 勉 勉

宿（立てる）

読み方
音 シュク
訓 やど・やどる・やどす

使い方
宿題（しゅくだい）　宿命（しゅくめい）　合宿（がっしゅく）　宿屋（やどや）　雨宿り（あまやどり）

練習

11画　丶 宀 宀 宀 宇 疒 疒 宿 宿 宿 宿

題（長くはらう）

読み方
音 ダイ

使い方
本題（ほんだい）　出題（しゅつだい）　主題（しゅだい）　問題（もんだい）　題名（だいめい）　話題（わだい）

練習

18画　丨 冂 日 日 旦 早 早 昇 是 是 是 匙 題 題 題 題 題 題

問（はねる・とめる）

読み方
音 モン
訓 とう・とい・とん

使い方
学問（がくもん）　ほう問（訪問）　問答（もんどう）　ギ問（疑問）　問屋（といや）

練習

11画　丨 冂 冂 門 門 門 門 門 問 問 問

---

① □に漢字を書きましょう。　1つ8点【80点】

(1) 〔べん・きょう〕する。

(2) 〔しゅく・だい〕をしてから遊ぶ。

(3) 〔か・だい〕に取り組む。

(4) 〔べん・がく〕にはげむ。

(5) 〔とい〕に答える。

(6) テストに〔しゅく・だい〕を入れる。

(7) 先生にし〔もん〕する。

(8) 兄はきん〔べん〕だ。

(9) 店先で〔あま・やど〕りする。

(10) 〔わ・だい〕をかえる。

---

② スパイラルコーナー　□に漢字を書きましょう。　1つ10点【20点】

(1) 自由に〔しつ・もん〕する。

(2) 〔か・だい〕に話を進める。

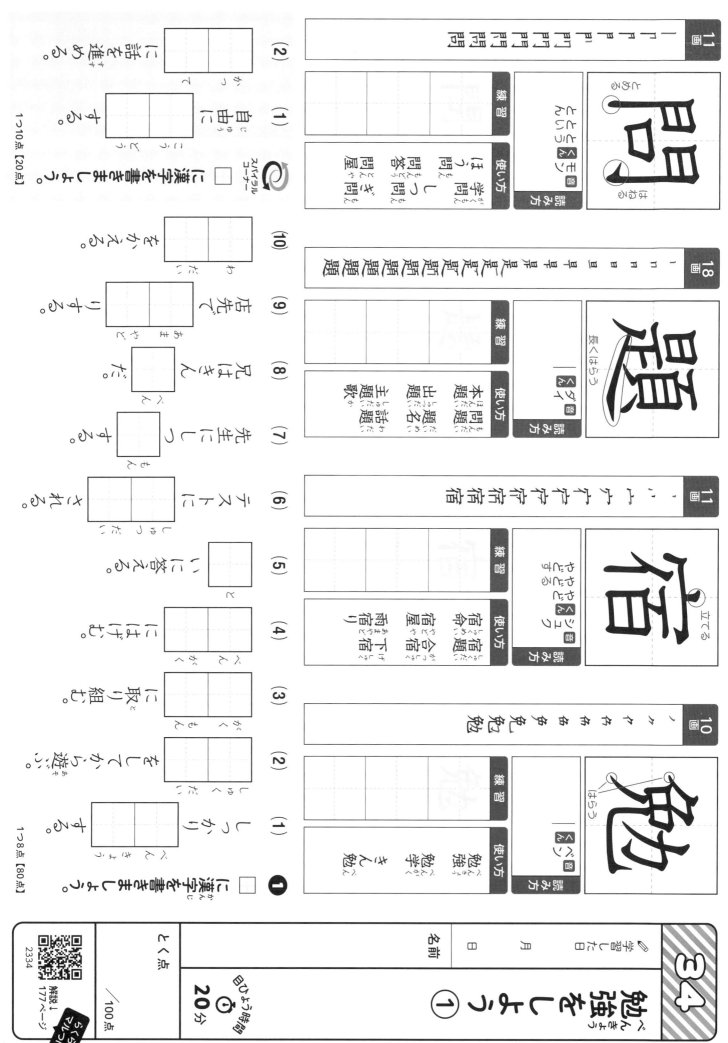

問 11画
読み方 モン（音） とう・とん・とい
練習
使い方
学問（がくもん）
問答（もんどう）
質問（しつもん）
問屋（とんや）

題 18画
読み方 ダイ（音）
長くはらう
練習
使い方
本題（ほんだい）
出題（しゅつだい）
題名（だいめい）
主題歌（しゅだいか）
話題（わだい）

宿 11画
読み方 シュク（音） やど・やどる・やどす
立てる
練習
使い方
宿題（しゅくだい）
合宿（がっしゅく）
宿屋（やどや）
下宿（げしゅく）
雨宿り（あまやどり）

勉 10画
読み方 ベン（音）
はらう はらう
練習
使い方
勉強（べんきょう）
勉学（べんがく）
きん勉（きんべん）

❶ □に漢字を書きましょう。
1つ8点【80点】

（1）自由（じゆう）に

（2）□□をしてからあそぶ。

（3）□□に取（と）り組（く）む。

（4）□□にはげむ。

（5）□□に答（こた）える。

（6）テストに□□される。

（7）先生に□□する。

（8）兄はきんべんだ。

（9）店先（みせさき）であまやどりする。

（10）□□をかえる。

スパイラルコーナー ↻
□に漢字を書きましょう。
1つ10点【20点】

（1）首都（しゅと）に□□する。

（2）話を進（すす）める。

2334

学習した日 月 日
名前
目ひょう時間 20分
とく点 ／100点
解説↓ 177ページ

35 勉強をしよう②

目ひょう時間 20分

／100点

とく点

らくらくマルつけ
解説↓ 177ページ
2335

✐学習した日　　月　　日　　名前

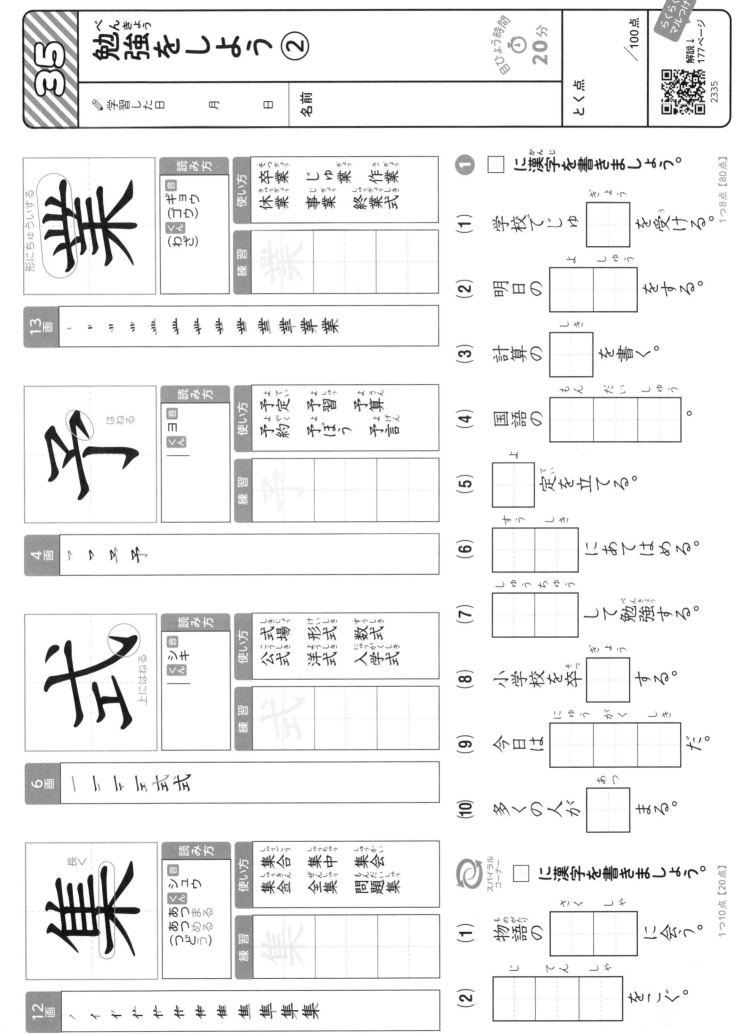

業
形にちゅういする

読み方
音 ギョウ（ゴウ）
訓 わざ

使い方
作業 終業式 じゅ業 事業 卒業 休業

練習 業

13画 丿 ⺍ ⺌ ⺍ 丵 丵 丵 丵 丵 業 業 業 業

予
はねる

読み方
音 ヨ
訓

使い方
予算 予習ぼう 予定 予約 予言

練習 予

4画 ⺈ ⺄ 予 予

式
上にはねる

読み方
音 シキ
訓

使い方
数式 人学式 形式 洋式 公式 式場

練習 式

6画 一 二 ゴ 式 式 式

集
長く

読み方
音 シュウ
訓 あつまる あつめる（つどう）

使い方
問題集 全集 集中 集会 集金 集合

練習 集

12画 丿 亻 亻 亻 亻 隹 隹 隹 隹 隼 集 集

1 □に漢字を書きましょう。

1つ8点【80点】

(1) 学校で□じゅ□を受ける。

(2) 明日の□よ□しゅう□をする。

(3) 計算の□しき□を書く。

(4) 国語の□もん□だい□しゅう□。

(5) □よ□定を立てる。

(6) □すう□しき□にあてはめる。

(7) □しゅう□ちゅう□して勉強する。

(8) 小学校を卒□ぎょう□する。

(9) 今日は□にゅう□がく□しき□だ。

(10) 多くの人が□あつ□まる。

2 □に漢字を書きましょう。

スパイラルコーナー

1つ10点【20点】

(1) 物語がの□さく□しゃ□に会う。

(2) □じ□てん□しゃ□をこぐ。

集 12画
読み方 シュウ（音） あつ（まる）あつ（める）
〔長く〕

練習

使い方
全員集合
集会
明日集まる
同題を集める
金曜に集まる

式 6画
読み方 シキ（音）
〔上にはねる〕

練習

使い方
公式
形式
洋式
入学式
数式

字 4画
読み方 ジ（音） あざ（訓）
〔はねる〕

練習

使い方
文字
字習
子算
子言ん
約束

業 13画
読み方 ギョウ コウ（音） わざ（訓）
〔形にちゅういする〕

練習

使い方
休業
工業
事業
終業式
作業

① □に漢字を書きましょう。 1つ8点【80点】

(1) 学校で□□□□を受ける。
(2) 明日の□□□をメモする。
(3) 計算の□□を書く。
(4) 国語の□□□をとく。
(5) □□を立てる。
(6) □□をあてはめる。
(7) □□□□で勉強する。
(8) 小学校を□□□□する。
(9) 今日は□□□□□だ。
(10) 多くの人が□□□。

スパイラルコーナー
② □に漢字を書きましょう。 1つ10点【20点】

(1) 物語の□□に会う。
(2) みんなで□□□□をつくる。

名前

学習した日 月 日

目ひょう時間 20分
とく点 ／100点

目ひょう時間 ⏱ 20分　／100点

解説↓ 177ページ　2336

✏学習した日　月　日　名前　とく点

詩 （なぞにこう）
読み方：音 シ　訓 ─
使い方：漢詩を読む／詩作／詩人／詩歌／風物詩／詩集
練習
13画　、 ― ＝ ゠ 言 言 言 言 訪 詩 詩 詩 詩

章 （おわり・立てる）
読み方：音 ショウ　訓 ─
使い方：文章／校章／第一章／章立て／紀章／くん章
練習
11画　一 丶 亠 立 立 音 音 音 章 章 章

感 （はねる）
読み方：音 カン　訓 ─
使い方：予感／感動／直感／感心／反感／感想
練習
13画　丿 厂 厂 厂 后 咸 咸 咸 咸 感 感 感 感

想 （とめる）
読み方：音 ソウ／ソ　訓 ─
使い方：思い空想／想／発想／予想／回想／理想
練習
13画　一 十 才 木 机 相 相 相 相 想 想 想 想

---

① □に漢字を書きましょう。　1つ8点[80点]

(1) ［し ゅう］を読む。

(2) 長い［ぶん しょう］を書く。

(3) 本の［かん そう］を話す。

(4) ［し じ］について調べる。

(5) ［だい いち しょう］を読む。

(6) え画に［かん どう］する。

(7) ［くう そう］の物語。

(8) 花火は夏の風物［し］だ。

(9) ぼうしに［こう しょう］をつける。

(10) ［よ そう］が外れる。

---

② スパイラルコーナー　□に漢字を書きましょう。　1つ10点[20点]

(1) ［ち きゅう］が自転する。

(2) 新聞の［とう しょ］らん。

73

36 読書をしよう

学習した日　月　日
名前
目ひょう時間 ⏱ 20分
とく点 ／100点
解説↓177ページ
2336

想 13画
音読み ソウ・ソ

練習

使い方
思想（しそう）
空想（くうそう）
発想（はっそう）
予想（よそう）
回想（かいそう）

感 13画
音読み カン

練習

使い方
予感（よかん）
感動（かんどう）
直感（ちょっかん）
感心（かんしん）
反感（はんかん）
感想（かんそう）

章 11画
音読み ショウ

練習

使い方
文章（ぶんしょう）
校章（こうしょう）
文章立て
第一章（だいいっしょう）

詩 13画
音読み シ

練習

使い方
漢詩（かんし）
詩人（しじん）
詩作（しさく）
詩歌（しいか）
風物詩（ふうぶつし）
詩集（ししゅう）

❶ □に漢字を書きましょう。 1つ8点【80点】

(1) □□を読む。
(2) 長い□□を書く。
(3) 木の□□が話す。
(4) □□について調べる。
(5) え画に□□を読む。
(6) えに□□する。
(7) □□の物語。
(8) 花火は夏の風物□だ。
(9) □□にとどける。
(10) □□が外れる。

🔄 スパイラルコーナー
□に漢字を書きましょう。 1つ10点【20点】

(1) □□に漢字を書いて□□転する。
(2) 新聞の□□。

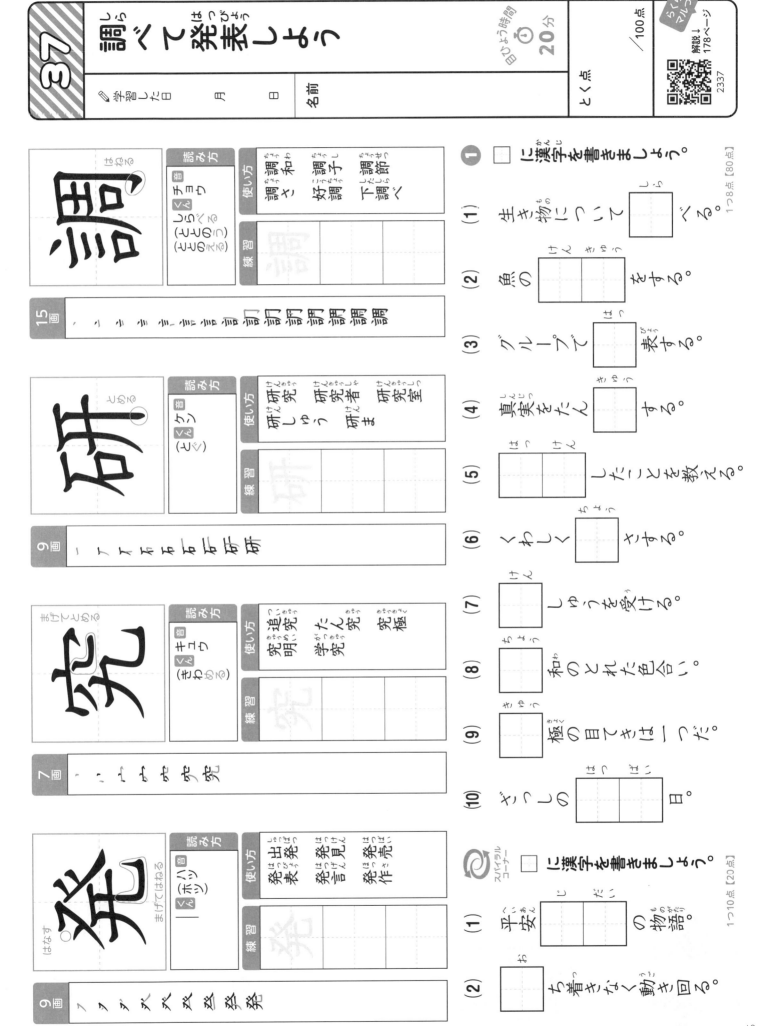

37 調べて発表しよう

目ひょう時間 20分

／100点

らくらくマルつけ

解説↓178ページ

2337

調

読み方
音 チョウ
訓 しら(べる)
(ととのう)
(ととのえる)

使い方
調べ
調子
好調
調節
下調
調和
調査

15画

研

読み方
音 ケン
訓 (と(ぐ))

使い方
研究
研究室
研究者
研し
研ま

9画

究

読み方
音 キュウ
訓 (きわ(める))

使い方
究明
追究
学究
たん究
研究
究極

7画

発

読み方
音 ハツ (ホツ)
訓 (は(なす))

使い方
発表
発見
発作
出発
発言
発売

9画

1 □に漢字を書きましょう。

1つ8点【80点】

(1) 生き物について□べる。

(2) 魚の□□をする。

(3) グループで□表する。

(4) 真実を□□する。

(5) □□したいことを教える。

(6) くわしく□□する。

(7) □□を受ける。

(8) 和のとれた色合い。

(9) 極の目ときは一つだ。

(10) ズームの□□日。

2 □に漢字を書きましょう。

1つ10点【20点】

(1) 平安□□の物語。

(2) 着きなく動き回る。

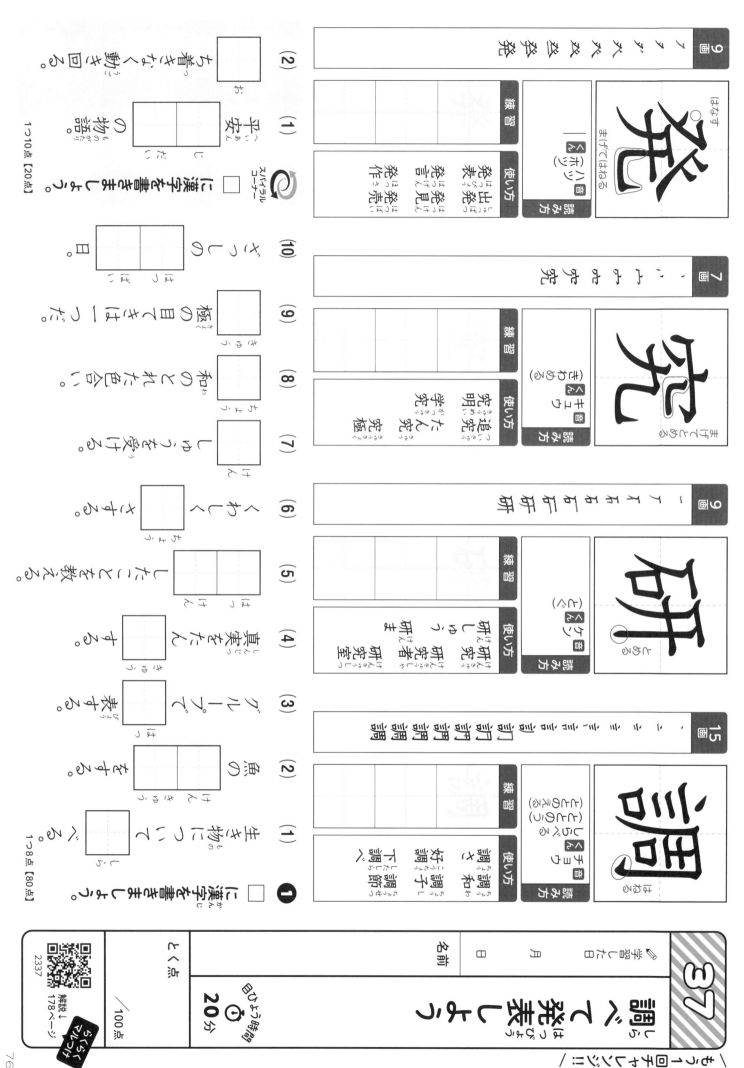

学習した日　月　日
名前

目ひょう時間　20分
とく点　／100点

発 9画
読み方　ハツ・ホツ
まげで（はねる）
使い方
発見　発表
発言　発売
発作

究 7画
読み方　キュウ
きわ（める）
使い方
発明　究明
学問を究める
究極

研 9画
読み方　ケン
と（ぐ）
使い方
研究　研究者
研究室

調 15画
読み方　チョウ
しら（べる）・ととの（う）・ととの（える）
使い方
調和　調子
好調　調節
下調べ　調べる

1　□に漢字を書きましょう

(1) 生物について□べる。
(2) 魚の□を□する。
(3) グループで□表する。
(4) 真実を□明する。
(5) □けんした数を教える。
(6) 新しい□を受ける。
(7) 和□のとれた色に。
(8) 極□の目で見る。
(9) ┌□ ┌□ の□和。
(10) □日の□。

1つ8点【80点】

2　□に漢字を書きましょう

(1) 平安時代の□物語。
(2) お□がだんだん□を動かく動き回る。

1つ10点【20点】

スパイラルコーナー

38　まとめのテスト ❾

学習した日　月　日　名前

目ひょう時間 20分　とく点　／100点

らくらくマルつけ
解説↓ 178ページ
2338

❶ （　）に——線の読みがなを書きましょう。

1つ4点【52点】

(1) 和食店の板前になる。
（　　　）

(2) 人形を集める。
（　　　）

(3) 一階にカフェがある。
（　　　）

(4) 書庫に本をしまう。
（　　　）

(5) 夜おそくまで勉強する。
（　　　）

(6) おばの家に下宿する。
（　　　）

(7) 問屋で仕入れる。
（　　　）

(8) 鉄板の上で肉をやく。
（　　　）

(9) かぜを予ぼうする。
（　　　）

(10) 決まった形式にしたがう。
（　　　）

(11) 本だなに文学全集がならぶ。
（　　　）

(12) 漢詩について学ぶ。
（　　　）

(13) 正しい文章を書く。

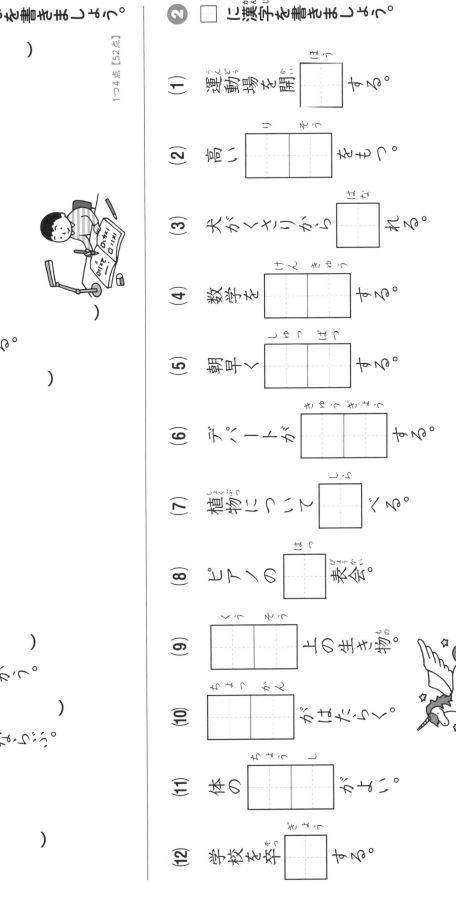

❷ □に漢字を書きましょう。

1つ4点【48点】

(1) 運動場を開 [ほう] する。

(2) 高い [り][そう] をもつ。

(3) 犬がくさりから [はな] れる。

(4) 数学を [けん][きゅう] する。

(5) 朝早く [しゅっ][ぱつ] する。

(6) デパートが [かい][ぎょう] する。

(7) 植物について [しら] べる。

(8) ピアノの [はっ] 表会。

(9) [くう][そう] 上の生き物。

(10) [ちょう][かん] がはたらく。

(11) 体の [ちょう][し] がよい。

(12) 学校を卒 [ぎょう] する。

① ——線の読みがなを書きましょう。　1つ4点[52点]

（1）和食店の板前になる。（　　）
（2）人形を集める。（　　）
（3）一階にカフェがある。（　　）
（4）書斎に本をしまう。（　　）
（5）夜おそくまで勉強する。（　　）
（6）おばの家に下宿する。（　　）
（7）問屋で仕入れる。（　　）
（8）鉄板の上で肉をやく。（　　）
（9）かせ字を判こする。（　　）
（10）決まった形式にしたがう。（　　）
（11）本だなに文学全集がならぶ。（　　）
（12）漢詩について学ぶ。（　　）
（13）正しい文章を書く。（　　）

② □に漢字を書きましょう。　1つ4点[48点]

（1）運動場を□く。（ひら）
（2）高い□をこす。（のり）
（3）犬が□から□える。（へい・と）
（4）数学を□する。（けいさん）
（5）朝早く□する。（しゅっぱつ）
（6）デパートが□する。（かいてん）
（7）植物について□べる。（しら）
（8）ピアノの□会。（はっぴょう）
（9）□上の生物。（ちきゅう）
（10）□がたくさんへる。（きたい）
（11）体の□がよい。（ちょうし）
（12）学校を□する。（そつぎょう）

とく点　／100点　目ひょう時間20分

39

まとめのテスト⑩

目ひょう時間 20分

／100点

らくらくマルつけ

解説↓178ページ

2339

学習した日　月　日　名前　　とく点

❶ （　）に──線の読みがなを書きましょう。

1つ4点【52点】

(1) 国王からくん章をもらう。
（　　　　　　）

(2) 悪い予感がはずれる。
（　　　　　　）

(3) 外国の思想を学ぶ。
（　　　　　　）

(4) 温度を調節する。
（　　　　　　）

(5) 作詩をする。
（　　　　　　）

(6) 作業がはかどる。
（　　　　　　）

(7) 予算が足りない。
（　　　　　　）

(8) りっぱな式場ができる。
（　　　　　　）

(9) レストランを予約する。
（　　　　　　）

(10) どちらが正しいかを問う。
（　　　　　　）

(11) 予定通りに行う。
（　　　　　　）

(12) 本の章立てをたしかめる。
（　　　　　　）

(13) 洋式のトイレ。

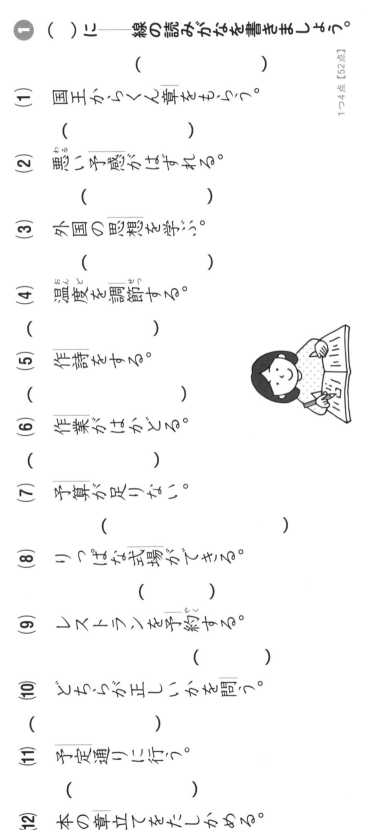

❷ □に漢字を書きましょう。

1つ4点【48点】

(1) 伝言（でんごん）板（ばん）□にメッセージを書く。

(2) 小鳥をいながら放（はな）□つ。

(3) トレニアフンの音（おん）階（か）□□。

(4) バスが始（し）発（はつ）□□に入る。

(5) 返（へん）金（きん）□□にとめる。

(6) 宿（やど）屋にとまる。

(7) 本の題（だい）名（めい）□□をメモする。

(8) 急（きゅう）な階（かい）□だんをのぼる。

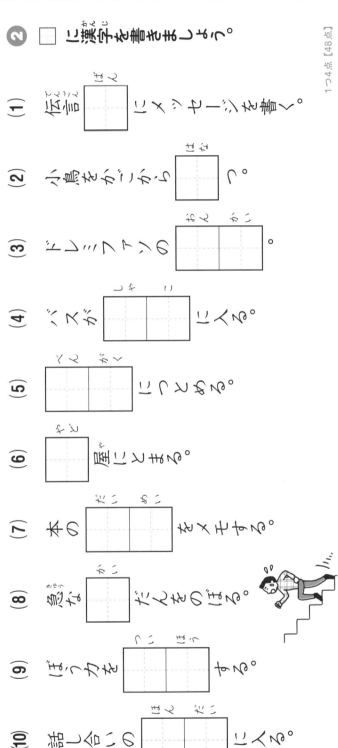

(9) ぼう力を反（はん）発（ぱつ）□□する。

(10) 話し合いの本（ほん）題（だい）□□に入る。

(11) 駅（えき）前（まえ）に集（しゅう）合（ごう）□□する。

(12) 真理を研（けん）究（きゅう）□□する。

✎学習した日　月　日

名前

目standあう時間　20分

とく点　／100点

解説↓178ページ

2339

❶ 次の——線の読みがなを書きましょう。 1つ4点[52点]

(1) 国王から、へんな命令をいいわたされる。（　　）

(2) 悪い予感がはずれる。（　　）

(3) 外国の思想を学ぶ。（　　）

(4) 温度を調節する。（　　）

(5) 作詩をする。（　　）

(6) 作業がはかどる。（　　）

(7) 予算が足りない。（　　）

(8) りっぱな式場がたてられる。（　　）

(9) レースが終わる。（　　）

(10) どちらが正しいかを問う。（　　）

(11) 予定通りに行う。（　　）

(12) 本の章立てをたしかめる。（　　）

(13) 洋式のトイレ。（　　）

❷ □に漢字を書きましょう。 1つ4点[48点]

(1) メッセージに□□を書いて伝える。（でんごん）

(2) 小鳥を□から……にがす（はな）

(3) ドレミファの□□。（おんかい）

(4) ガス□□に入れる。（しゃき）

(5) □□にとどめる。（へんきゃく）

(6) □屋にとどまる。（や）

(7) 本の□□をきめる。（だいめい）

(8) 急な□□をのぼる。（かいだん）

(9) ぼう力を□□する。（ほうし）

(10) 話し合いの□□に入る。（ばん）

(11) 駅前に□□する。（しゅうごう）

(12) 真理を□□する。（しょうめい）

学習した日　月　日　名前

目ひょう時間　⏱20分

／100点　とく点

らくらくマルつけ
解説↓178ページ
2340

❶ 次の文を読んで、——線①〜④のひらがなを漢字で書きましょう。 1つ7点【28点】

エジソンは、電球など、いろいろなものの①はつめいをした人だ。エジソンのことを書いた本を読んで、しっぱいしてもあきらめないすがたに②かんどうした。ぼくも、科学がすきだ。しょう来は、大学で③べんきょうして④けんきゅうしゃになりたい。

① （　　　　　　　）

② （　　　　　　　）

③ （　　　　　　　）

④ （　　　　　　　）

❷ 二字のじゅく語のしりとりになるように□に入る漢字をあとの〈 〉からえらんで書きましょう。（同じ漢字は一度しか使えません。） 1つ7点【28点】

(1) 画 → □ → 金 → □

(2) □ → 学 → □ → 題

〈 集　板　問　勉　階　庫 〉

❸ 次の言葉を漢字と送りがなで書きましょう。 1つ6点【12点】

(1) くわしく（　　しらべる　　）。

(2) ボールを高く（　　ほうる　　）。

❹ 次は、クラブの大会についてのお知らせです。——線①〜④のひらがなを漢字で書きましょう。 1つ8点【32点】

> ダンスクラブ 全国大会について
>
> 当日の①よ定
>
> 10月9日（日）
>
> 7：30　駅前広場に②しゅうごう
>
> 7：45　かし切りバスで③しゅっぱつ
>
> 9：00　会場（○○ホール）着
>
> 9：30　開会④しき
>
> 10：00　午前の部開始
>
> 12：00　お昼休け…

① （　　　　　　　）

② （　　　　　　　）

③ （　　　　　　　）

④ （　　　　　　　）

40 パズル・実せん ⑤

目ひょう時間 20分
とく点 ／100点
解説↓178ページ
2340
らくらくマルつけ

学習した日　月　日　名前

---

① 次の文を読んで、──線①〜④のひらがなを漢字で書きましょう。【1つ7点/28点】

エジソンは、①電気で明かりがつく電球などをはつ明した人です。はつ明をするには本を読んだりして、②科学などのべんきょうをしなくてはいけません。③じっけんをしてたしかめます。エジソンは大学へは④いきませんでしたが、ゆう名な大学はかせになることもできました。

①（　　　　） ②（　　　　） ③（　　　　） ④（　　　　）

---

② 二字のじゅく語になるように、〈 〉にあてはまる漢字を□からえらび、□に書きましょう。（同じ漢字は一度しか使えません。）【1つ7点/28点】

〈 集　板　問　勉　階　庫 〉

(1) 画 ← □ ← 金

(2) 題 ← 学 ← □
画 ← □

---

③ 次の──線の言葉を、漢字と送りがなで書きましょう。【1つ6点/12点】

(1) わ（　　　）れる。

(2) ボールを高（　　　）へ（　　　）る。

---

④ 次は、ダンスクラブの大会についてのプリントです。──線①〜④のひらがなを漢字で書きましょう。【1つ8点/32点】

```
ダンスクラブ 全国大会について

当日の①よてい
10月9日（日）

7:30   駅前広場に②しゅうごう
7:45   かし切りバスで③しゅっぱつ
9:00   会場（○○ホール）着
9:30   開会④しき
10:00  午前の部開始
12:00  お昼休けい
…
```

①（　　　　） ②（　　　　） ③（　　　　） ④（　　　　）

目ひょう時間 ⏱20分　／100点　とくてん

✐学習した日　月　日　名前

級 おる　読み方 音キュウ　使い方 初級 進級 同級生／学級 級友 高級 ／ 練習
9画　く ん ん ン 糸 糸 糸 紅 級

期 はねる　読み方 音キ（ゴ）　使い方 周期 期日 一学期／期間 期待 予期 ／ 練習
12画　一 十 卄 廿 甘 其 其 其 期 期 期 期

君 長く　読み方 音クン 訓きみ　使い方 し君主 よ君 母君 君子 わか君／君リん ／ 練習
7画　フ 子 ヨ 尹 尹 君 君

他 はねる　読み方 音タ 訓ほか　使い方 自他 他人／他者 他校 その他 他国／ ／ 練習
5画　ノ イ 仁 竹 他

① □に漢字を書きましょう。　1つ8点[80点]

(1) ［がっきゅうかい］を開く。

(2) ［いちがっき］の目ひょう。

(3) 山田［くん］が発言する。

(4) ［たにん］の意見を聞く。

(5) ［どうきゅうせい］で話し合う。

(6) ［きみ］の考えを知りたい。

(7) ［ほか］に意見はありますか。

(8) がくきゅうの［きじ］を守る。

(9) ［くん］主が国をおさめる。

(10) ［たこう］の児童と交流する。

② スパイラルコーナー □に漢字を書きましょう。　1つ10点[20点]

(1) 犬を庭に［はな］す。

(2) ［きんこ］にかぎをかける。

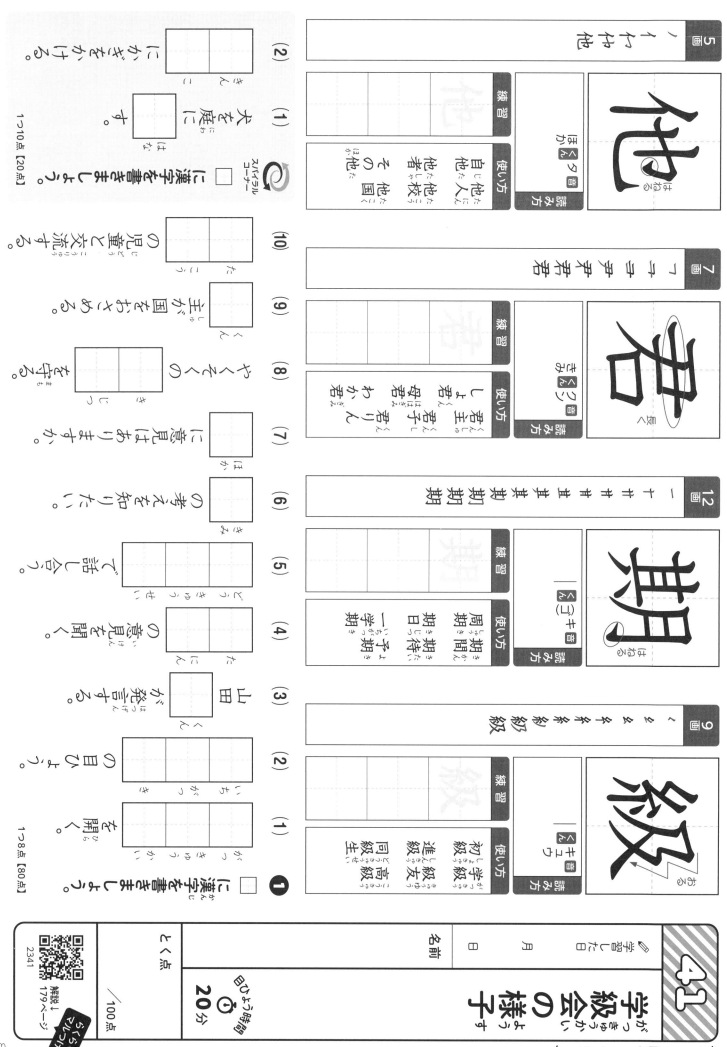

41 学級会の様子

他 5画
ヽ亻亻亻他

読み方 ホン タ ほか

練習

使い方
自じ分ぶと他たの人にと
他たの校こう者しゃ
他たの国くに

君 7画
フ ユ ヲ ヲ 尹 君 君

読み方 きみ クン

練習

使い方
君きみしよ主しゆ
母ははは君くんしり
わかるか君くん

期 12画
一 十 廿 甘 廿 其 其 其 期 期 期 期

読み方 キ ゴ はねる

練習

使い方
周しゅう期き
期き間かん
期き待たい
一いち学がっ期き
日ひ待まち

級 9画
 く 乡 乡 糸 糸 紗 紗 級 級

読み方 キュウ

練習

使い方
初はじめて学がっ級きゅう
進しん級きゅう
級きゅう友ゆう
同どう級きゅう
高こう級きゅう
同どう級きゅう生せい

① □に漢字を書きましょう。 1つ8点【80点】

(1) □が学きゅう会かいを開ひらく。

(2) □いちにち目めび。

(3) 山やま田だ□くんが発はつ言げんする。

(4) みんなの意い見けんを聞きく。

(5) □ぎ題だいについて□はなし合あう。

(6) □ほかの考かんがえを知しった。

(7) 他たの意い見けんはありますか。

(8) やへいの□くんの守まもる。

(9) □しゅが国くにをおさめる。

(10) □たの国こくの児じ童どうと交こう流りゅうする。

② □に漢字を書きましょう。 1つ10点【20点】

(1) 大いぬを庭にわに□はなす。

(2) □きんに廃やくそくを書かきます。

スパイラル
コーナー ⟳

名前

学がくしゅうした日ひ
月 日

目ひょう時じかん ⏱ 20分

とく点 /100点

図書係の仕事

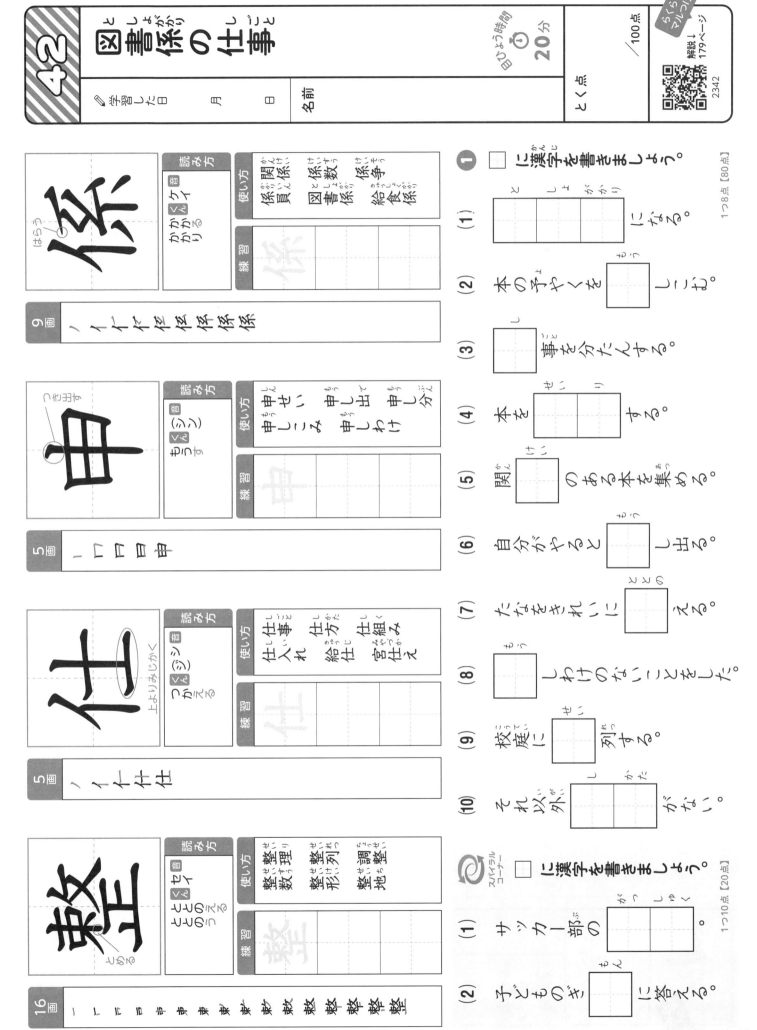

学習した日　　月　　日　　名前

目ひょう時間 ⏱ 20分

とく点 ／100点

解説↓ 179ページ
2342

らくらく マルつけ

係

読み方
音 ケイ
訓 かかる・かかり

使い方
係員
関係
図書係
数係
給食係

練習　係

9画　ノ イ 仁 伝 佐 侲 係 係 係

申

読み方
音 シン（シン）
訓 もうす

使い方
申し込み
せい申
申し出
申しわけ

練習　申

5画　一 □ 日 日 申

仕

読み方
音 シ（ジ）
訓 つかえる

使い方
仕事
仕入れ
給仕
仕方
仕組み
宮仕え

練習　仕

5画　ノ イ 什 仕 仕

整

読み方
音 セイ
訓 ととのえる・ととのう

使い方
整理
整数
整形
整列
調整
整地

練習　整

16画　一 「 戸 戸 束 束 束 束 敕 敕 敕 整 整

---

❶ □ に漢字を書きましょう。

1つ8点【80点】

(1) □□□□ になる。（としょがかり）

(2) 本のちゃくを□す。（もう）

(3) □事を分たんする。（し）

(4) 本を□□する。（せいり）

(5) 関□のある本を集める。（けい）

(6) 自分が□ると□し出る。（もう）

(7) たなをきれいに□える。（ととの）

(8) □しわけのないことをした。（もう）

(9) 校庭に□列する。（せい）

(10) それ以外に□□がない。（しかた）

---

❷ スパイラル コーナー □ に漢字を書きましょう。

1つ10点【20点】

(1) サッカー部の□□。（がっしゅく）

(2) 子どものぎ□に答える。（もん）

42

図書係の仕事

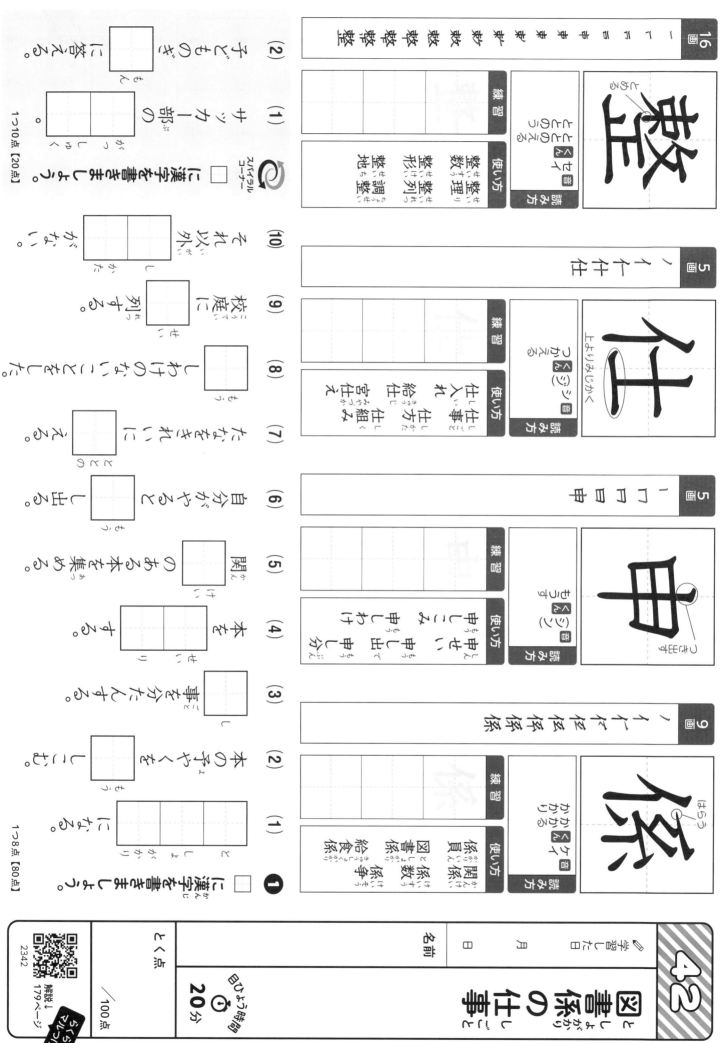

整　16画
ノ戸戸百申東東敕敕敕整整整整整整
読み方　音 セイ　訓 ととのえる／ととのう
使い方
整理　整数
整列　整形
調整　整地

仕　5画
ノイ什仕
読み方　音 シ（ジ）　訓 つかえる
使い方
仕事　仕入れ
仕方　給仕
仕組み　宮仕え

申　5画
丨冂冂日申
読み方　音 シン　訓 もうす
使い方
申しこみ　申す
申し立て　申し分
申しわけ

保　9画
ノイイ仔仔仔保保保
読み方　音 ホ　訓 たもつ／たもち／はらう
使い方
関係　保つ
人数を保つ
図書保管
給食保存
食事保管

① □に漢字を書きましょう。　1つ8点【80点】

(1) [ととのれつ] になる。

(2) 木の子を[たもつ]じに。

(3) し[ごと] を分たんする。

(4) [しゅっせき] をとる。本を

(5) [かんけい] のある本を集める。

(6) 自分がかかるとし[もうし] 出る。

(7) [たなおろし] なされに[ものくれ] そなえる。

(8) [しくみ] わけがいいので

(9) 校ていに[せいれつ] する。

(10) それ以外に[したがった] がない。

スパイラルコーナー

(1) サッカーの[しんぱん] 。

(2) 子どもの[きぼん] の一部ぶんに[こたえる] 。
1つ10点【20点】

学習した日　月　日　名前

目ひょう時間 20分
とく点　／100点
解説↓179ページ
2342
らくらくマルつけ

43 委員会にさんかする

学習した日　月　日　名前

目ひょう時間 ⏱ 20分

／100点

とく点

らくらくマルつけ
解説↓179ページ
2345

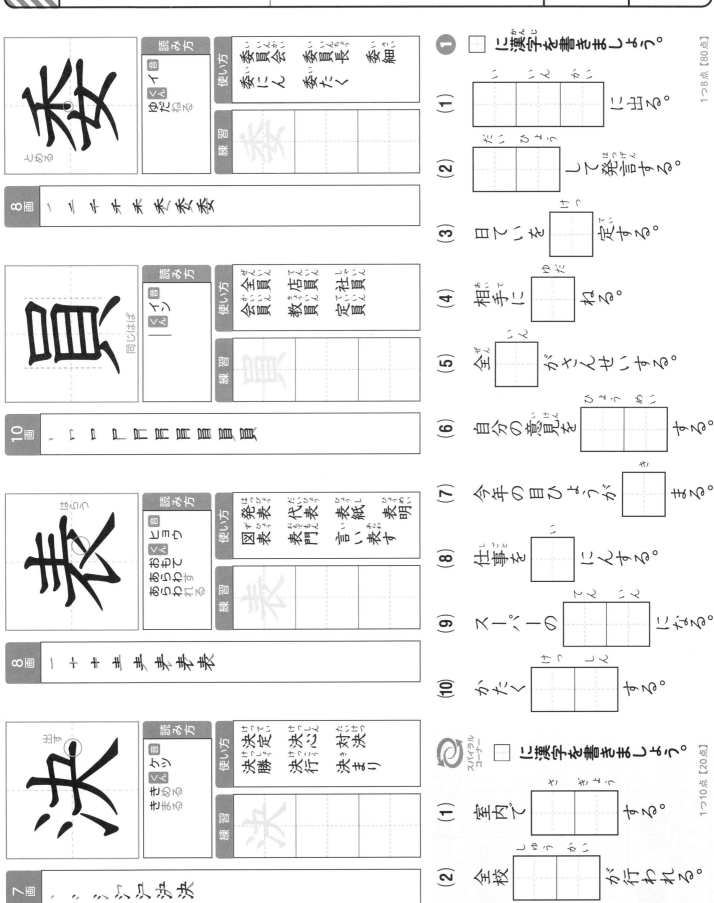

委
| 読み方 | 音 イ | 訓 ゆだねる |

使い方
委員会
委員長
委細
委ねる

練習 委

8画 一 二 千 千 禾 禾 季 委

員
| 読み方 | 音 イン | 同じほば |

使い方
会員
全員
教員
店員
定員
社員

練習 員

10画 ` ┌ ┌ ┌ ┌ 冃 冐 冐 員 員

表
| 読み方 | 音 ヒョウ | 訓 あらわす・あらわれる・おもて |

使い方
図表
発表
代表
表門
言い表す
表紙
表明

練習 表

8画 一 十 キ 井 ま 表 表 表

決
| 読み方 | 音 ケツ | 訓 きめる・きまる |

使い方
決定
決勝
決行
決心
対決
決まり

練習 決

7画 ` 冫 冫 沪 沪 決 決

① □に漢字を書きましょう。

1つ8点【80点】

(1) □□□に出る。（いいんかい）

(2) □□して発言する。（だいひょう）

(3) 日てを□定する。（けっ）

(4) 相手に□れる。（ゆだ）

(5) 全□がさんせいする。（いん）

(6) 自分の意見を□□する。（ひょうめい）

(7) 今年の目ひょうが□まる。（き）

(8) 仕事を□にんする。（けっ）

(9) スーパーの□□になる。（てんいん）

(10) □□□する。（かくしん）

② スパイラルコーナー □に漢字を書きましょう。

1つ10点【20点】

(1) 室内で□□する。（きゅうけい）

(2) 全校□□が行われる。（しゅうかい）

決 7画
読み方：（音）ケツ　（訓）きめる・きまる
使い方：決心／決定　決行／決勝　対決／決まり

練習

表 8画
読み方：（音）ヒョウ　（訓）おもて・あらわす・あらわれる
使い方：図表／表す　表門／代表　表紙／表し　言い表す　表明

練習

員 10画
読み方：（音）イン　同じはば
使い方：会員／全員　教員／店員　定員／社員

練習

委 8画
読み方：（音）イ　（訓）ゆだねる
使い方：委員／委員会　委員長／委細　委細

練習

① ▢ ___に漢字を書きましょう。（1つ8点【80点】）

(1) ___に___して発言する。

(2) 日づけを___する。

(3) 相手に___をねだる。

(4) 全員が___する。

(5) 自分の意見を___する。

(6) 今年の目ひょうが___する。

(7) 仕事を___にする。

(8) スーパーの___になる。

(9) かたく___する。

🔄 スペシャルコーナー　▢ ___に漢字を書きましょう。（1つ10点【20点】）

(1) 室内で___する。

(2) 全校で___が行われる。

2343
解説↓ 179ページ
らくらくマルつけ

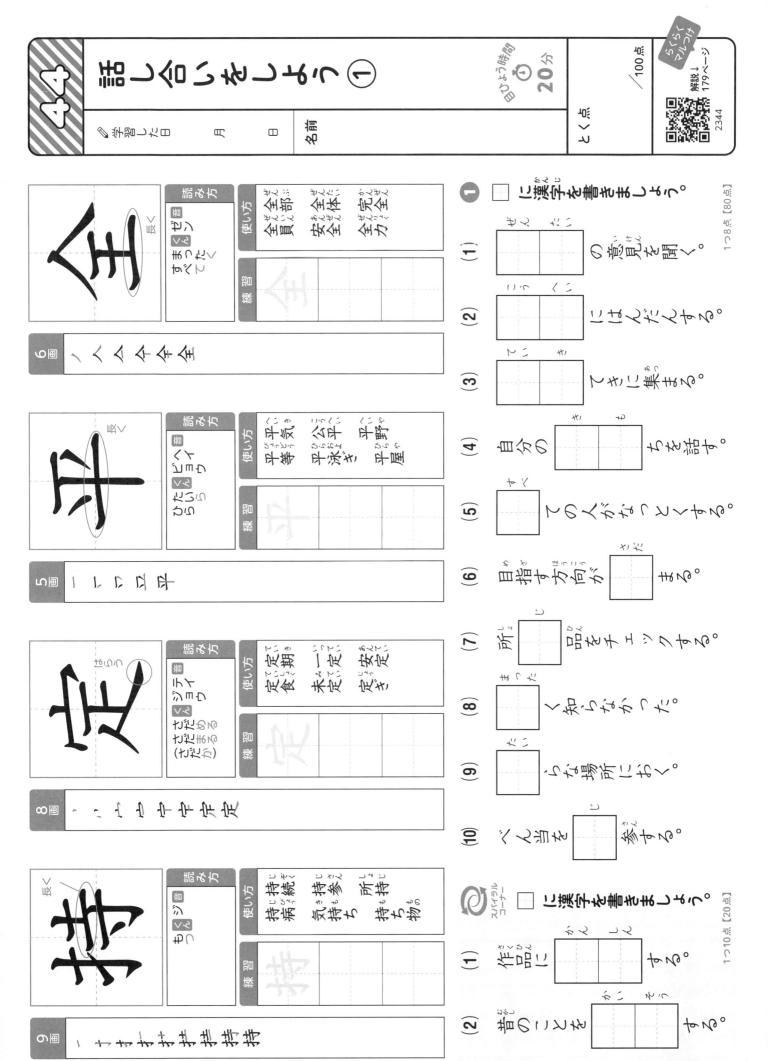

44 話し合いをしよう①

目ひょう時間 20分

／100点

とく点

らくらく
マルつけ

解説↓
179ページ
2344

学習した日　月　日　名前

全

読み方
音 ゼン
訓 すべて・すべ(て)・まった(く)

使い方
全員・全部
安全・全体
全力・完全

練習 全

6画 ノ 入 A 全 全 全

平

読み方
音 ヘイ・ビョウ
訓 たい(ら)・ひら

使い方
平等・平気・公平
平泳ぎ・平野
平屋

練習 平

5画 一 T F 立 平

定

読み方
音 テイ・ジョウ
訓 さだ(める)・さだ(まる)
（さだ(か)）

使い方
定食・定期
未定・一定
定安・安定

練習 定

8画 ヽ ヽ ゙ ウ 宀 宇 定 定

持

読み方
音 ジ
訓 も(つ)

使い方
持病・持続
気持ち・持参
所持・持ち物

練習 持

9画 一 十 才 扌 扩 拦 拦 持 持

---

1 □ に漢字を書きましょう。

1つ8点【80点】

(1) ［ぜん］［たい］の意見を聞く。

(2) ［こう］［へい］にはんだんする。

(3) ［てい］［き］てきに集まる。

(4) 自分の［き］［も］ちを話す。

(5) ［すく］ての人がなっとくする。

(6) 目指す方向が［さだ］まる。

(7) ［しょ］［じ］品をチェックする。

(8) ［まった］く知らなかった。

(9) ［たい］らな場所におく。

(10) べん当を［じ］［さん］する。

---

2 □ に漢字を書きましょう。

1つ10点【20点】

(1) 作品に［かん］［しん］する。

(2) 昔のことを［かい］［そう］する。

学習した日　月　日
名前

目ひょう時間 20分
とく点 ／100点

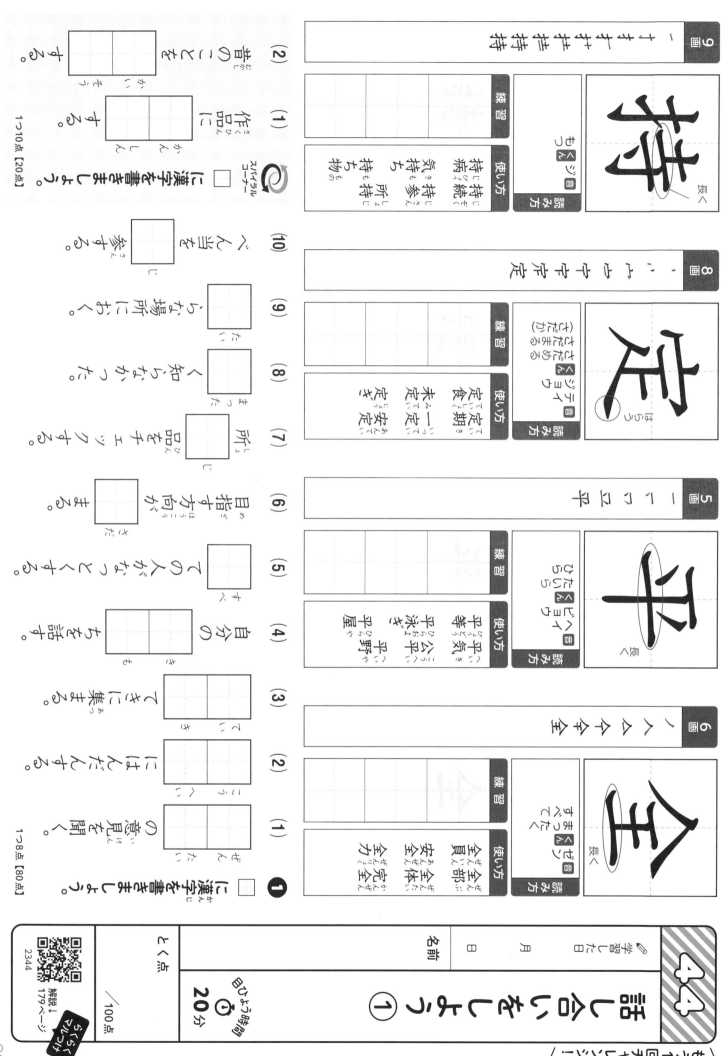

持 9画
筆順 一 十 扌 扌 扌 持 持 持 持
音読み ジ
訓読み もつ
使い方
病気を持ち続ける
気を持ち直す
持ち主
持ち物
練習

定 8画
筆順 丶 宀 宁 宁 宇 定 定 定
音読み テイ・ジョウ
訓読み さだめる・さだまる・(さだか)
使い方
定食
定期
定て定く
未定
安定
定き
練習

平 5画
筆順 一 丆 兀 平 平
音読み ヘイ・ビョウ
訓読み たいら・ひら
使い方
平気
平等
公平
平泳ぎ
平野や
平屋
練習

全 6画
筆順 ノ 入 入 全 全 全
音読み ゼン
訓読み すべて・まったく
使い方
全員
全部
安全
全体
全力
練習

❶ □に漢字を書きましょう。
1つ8点【80点】

(1) □ の意見を聞く。
(2) □ に見学にいく。
(3) □ できに集まる。
(4) 自分の □ □ ちを話す。
(5) □ べての人がさんせいする。
(6) 目指す方向が □ まる。
(7) 所ぞく先をへんこうする。
(8) □ らない人に □ を知られた。
(9) □ らな場所におく。
(10) □ 当をさんこうにする。

❷ □に漢字を書きましょう。
1つ10点【20点】

(1) 作品に気を □ □ する。
(2) 昔のことを □ □ する。

スパイラルコーナー
解説↓179ページ
2344

学習した日　　月　　日　名前

学りょう時間 20分　／100点　とく点　らくらくマルつけ　解説↓180ページ　2345

反
はらう
読み方
〈音〉ハン・（ホン）・（タン）
〈訓〉そる・そらす

使い方
反感
反対
反面
反省
反発
反物

練習　反

4画　一 厂 反 反

対
はねる
読み方
〈音〉タイ・ツイ
〈訓〉

使い方
対談
対決
ぜつ対
対立
一対
対話

練習　対

7画　一 ㇒ ナ 才 文 対 対

意
立てる
読み方
〈音〉イ
〈訓〉

使い方
注意
意見
決意
意味
用意
意外

練習　意

13画　一 ㇒ 十 ㇒ 艹 ㇒ 音 音 音 意 意 意 意

由
つける／田
読み方
〈音〉ユ・ユウ・ユイ
〈訓〉（よし）

使い方
理由
由来
自由
経由
由し
由えん

練習　由

5画　一 冂 巾 由 由

---

① □に漢字を書きましょう。
1つ8点【80点】

(1) □□ する人が多い。（はんたい）

(2) □□ をのべる。（いけん）

(3) □□ をせつ明する。（りゆう）

(4) 考えが □□ する。（たいりつ）

(5) 本の表紙が □ る。（そ）

(6) □□ な話におどろく。（いがい）

(7) □□ に話し合う。（じゆう）

(8) □□ を大切にする。（たいわ）

(9) 食事の □□ をする。（ようい）

(10) 神社の □□ を聞く。（ゆらい）

② スパイラルコーナー □に漢字を書きましょう。
1つ10点【20点】

(1) 体の □□ が悪い。（ちょうし）

(2) 学級会で □□ する。（はっけん）

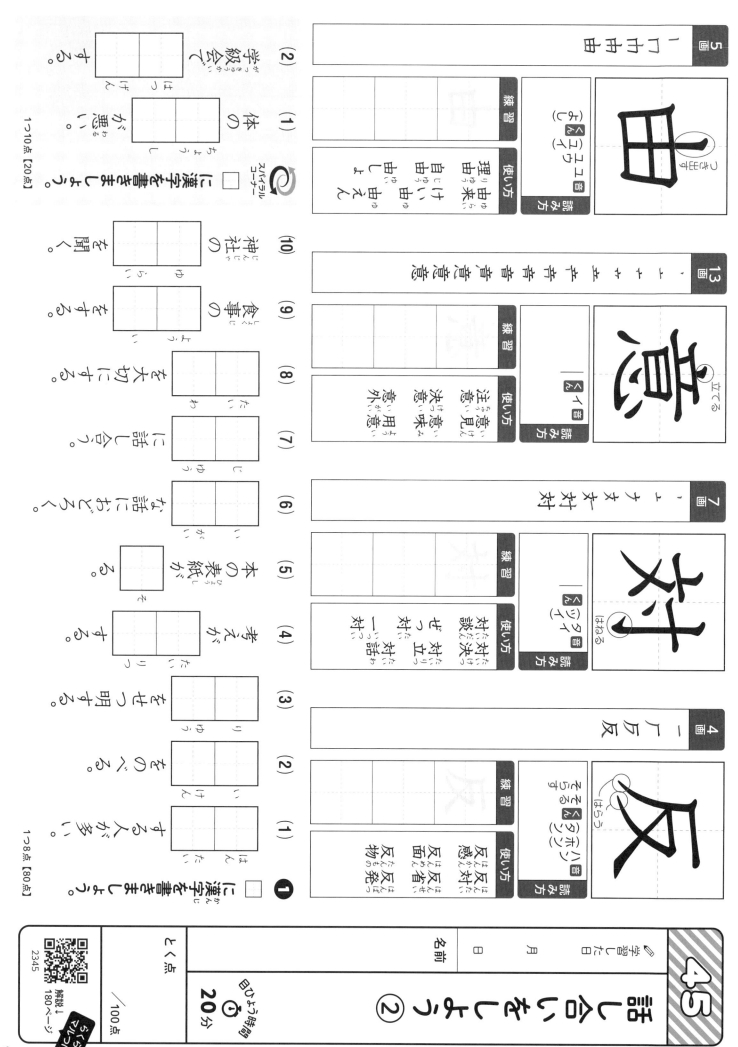

話し合いをしよう②

学習した日　月　日　名前

目ひょう時間　20分　とく点　／100点

解説↓180ページ　2345

由　5画　読み方　音　ユ・ユウ・(ユイ)　訓　(よし)
使い方　理由りゆう／自由じゆう／由来ゆらい／由ゆえ
練習

意　13画　読み方　音　イ
使い方　注意ちゅうい／意見いけん／決意けつい／意味いみ／用意ようい／意外いがい
練習

対　7画　読み方　音　タイ・ツイ　訓　(はねる)
使い方　対決たいけつ／対立たいりつ／一対いっつい／対話たいわ
練習

反　4画　読み方　音　ハン・ホン・(タン)　訓　そる・そらす・(はらう)
使い方　反対はんたい／反感はんかん／反省はんせい／反面はんめん／反物たんもの／反発はんぱつ
練習

① □に漢字を書きましょう。　1つ8点【80点】

(1) は□んする人が多い。
(2) その□け□。
(3) □りを説明する。
(4) 考え□たの□か。
(5) 本の表紙ひょうし□で□がある。
(6) な□し話におうどに。
(7) □だを大切にする。
(8) □わに話し合う。
(9) 食事しょくじの□よ□をする。
(10) 神社じんじゃの□ら□を聞く。

スパイラルコーナー
②□に漢字を書きましょう。　1つ10点【20点】

(1) 体の□ち□よ□が悪い。
(2) 学級会がっきゅうかいで□は□ん□けん□する。

目ひょう時間 ⏱20分

／100点　とく点

解説↓180ページ　2346　らくらくマルつけ

❶ （　）に──線の読みがなを書きましょう。 1つ4点[52点]

(1) 級友となかよくなる。
（　　　　）

(2) しょう来に期待する。
（　　　　）

(3) りっぱな君子。
（　　　　）

(4) 他者の考えを知る。
（　　　　）

(5) 学校の表門から入る。
（　　　　）

(6) 申し分のないおもてなし。
（　　　　）

(7) 魚を仕入れる。
（　　　　）

(8) 人数を調整する。
（　　　　）

(9) はんだんを人に委ねる。
（　　　　）

(10) ファンクラブの会員になる。
（　　　　）

(11) 図表を使ってせつ明する。
（　　　　）

(12) 全くわからない。
（　　　　）

(13) ケーキを全部食べる。

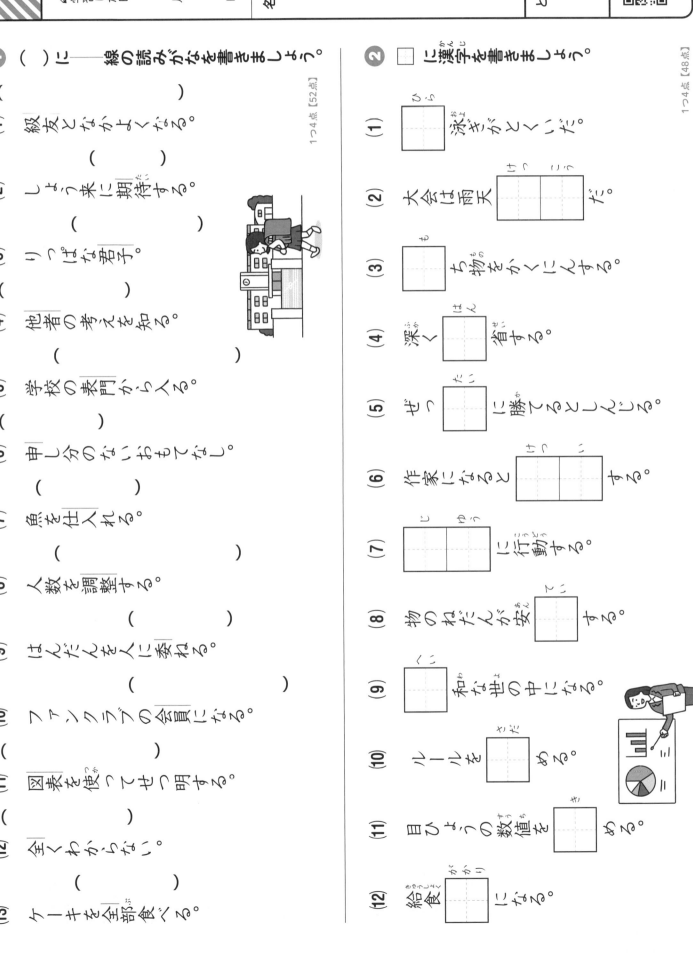

❷ □に漢字を書きましょう。 1つ4点[48点]

(1) □ら泳ぎがとくいだ。

(2) 大会は雨天□□だ。

(3) も□物をかくにんする。

(4) 深く□省する。

(5) せ□に勝てるといいね。

(6) 作家になると□□する。

(7) □□に行動する。

(8) 物のねだんが安□する。

(9) □和な世の中になる。

(10) ルールを□める。

(11) 目ひょうの数値を□める。

(12) 給食□□になる。

学習した日　月　日

名前

目ひょう時間　20分

とく点　／100点

解説↓180ページ

2346

らくらくマルつけ

① ——線の読みがなを書きましょう。 1つ4点【52点】

(1) 級友となかよくなる。
（　　）

(2) しょうらいに来てほしいと期待する。
（　　）

(3) りっぱな書道。
（　　）

(4) 他者の考えを知る。
（　　）

(5) 学校の表門が入る。
（　　）

(6) 申し分のないできばえ。
（　　）

(7) 魚を仕入れる。
（　　）

(8) 人数を調整する。
（　　）

(9) はんだんを人に委ねる。
（　　）

(10) フアンランプの係員になる。
（　　）

(11) 図表を使って説明する。
（　　）

(12) 全部をへだてない。
（　　）

(13) ケーキを全部食べる。
（　　）

② □に漢字を書きましょう。 1つ4点【48点】

(1) □さから泳ぎがとくいだ。

(2) 大会は雨天により□□だ。

(3) ちゃ物をべんにする。

(4) □く□せいする。

(5) ぜったいに勝てると□じている。

(6) 作家になることを□□する。

(7) □□に行動する。

(8) 物のねだんが安□する。

(9) 平□が世の中になる。

(10) ルールを□だめる。

(11) 目ひょうの数値を□める。

(12) 給食□がかりになる。

学習した日　月　日　名前

目ひょう時間 20分

／100点

とく点

解説↓180ページ
2347
らくらくマルつけ↓

① （　）に——線の読みがなを書きましょう。　1つ4点 [52点]

(1) 平野が広がる。
（　　　　）

(2) 社長が決定する。
（　　　　）

(3) こうが持続する。
（　　　　）

(4) ぼくには関係のないことだ。
（　　　　）

(5) 作家が対談する。
（　　　　）

(6) 車に注意する。
（　　　　）

(7) 係員の指示にしたがう。
（　　　　）

(8) ライバルと対決する。
（　　　　）

(9) 委員会で決める。
（　　　　）

(10) みんなで平等に分ける。
（　　　　）

(11) せ中を反らせる。
（　　　　）

(12) 地面を平らにする。
（　　　　）

(13) 定ぎで長さをはかる。

② □に漢字を書きましょう。　1つ4点 [48点]

(1) 三年に進□（きゅう）する。

(2) □□（よき）しないことが起きる。

(3) □（きみ）の考えにさんせいだ。

(4) その□（た）、何もこらない。

(5) 相手に□□（はんかん）をもつ。

(6) 入会を□（もう）しこむ。

(7) かぜで□（し）事を休む。

(8) 部屋がきれいに□（ととの）う。

(9) □（すく）この本を読み終える。

(10) 本の□□（ひょうし）をめくる。

(11) 家来が王様に□（つか）える。

(12) 人々の安□（ぜん）を守る。

名前

学習した日　月　日

①　——線の読みがなを書きましょう。　1つ4点[52点]

(1)　平野が広がる。（　　　）

(2)　社長が決定する。（　　　）

(3)　……が持続する。（　　　）

(4)　ぼくには関係のないことだ。（　　　）

(5)　作家が対談する。（　　　）

(6)　……事に注意する。（　　　）

(7)　係員の指示にしたがう。（　　　）

(8)　ライバルと対決する。（　　　）

(9)　委員会で決める。（　　　）

(10)　みんなで平等に分ける。（　　　）

(11)　せ中を反らせる。（　　　）

(12)　地面を平らにする。（　　　）

(13)　型で長さをはかる。（　　　）

②　□に漢字を書きましょう。　1つ4点[48点]

(1)　三年に□進する。（しんきゅう）

(2)　□□しないことがらが起きる。（よそく）

(3)　その□□の考えにまかせた。

(4)　相手のその□、何も言わなかった。

(5)　相手に□□をつく。

(6)　大会に□しこむ。

(7)　かぜで□事を休む。

(8)　部屋がきれいに□く。

(9)　すべての本を読み終える。

(10)　本の□□をへる。

(11)　家来が王様に□える。

(12)　人々の安□を守る。

BOOK

目ひょう時間　20分

とく点　／100点

解説↓180ページ　らくらくマルつけ　2347

学習した日　月　日　名前

めやす時間 ⏱20分

／100点

とく点

解説↓180ページ
2348

❶ 次の漢字の矢じるしの画は何画目に書きますか。漢数字で書きましょう。

1つ7点【21点】

(1) 申　　（　　　）画目

(2) 君　　（　　　）画目

(3) 他　　（　　　）画目

❷ 次の——線のカタカナにあてはまる漢字をあとからえらび、記号で書きましょう。

1つ7点【28点】

(1) たなをセイ理する。
ア 正　イ 生　ウ 整
（　　　）

(2) 所ジ品をかくにんする。
ア 自　イ 持　ウ 時
（　　　）

(3) 関ケイのない話をする。
ア 係　イ 計　ウ 形
（　　　）

(4) 学キュウ会で話し合う。
ア 究　イ 急　ウ 級
（　　　）

❸ ——線を漢字と送りがなで書きましょう。

1つ7点【35点】

(1) 気持ちを言葉にあらわす。
（　　　　　　　）

(2) スケジュールをきめる。
（　　　　　　　）

(3) まったく知らなかった。
（　　　　　　　）

(4) 家来が王様につかえる。
（　　　　　　　）

(5) むねをそらす。
（　　　　　　　）

❹ 矢じるしの方向に読むと二字の言葉ができるように、□に漢字を書きましょう。

1つ8点【16点】

(1) 公 → □ → 和（わ）　↑野

(2) 決（けっ） → □ → 食　子（よ）↑

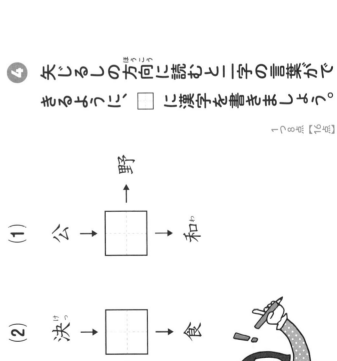

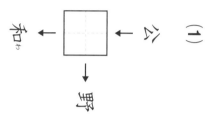

48 パズル・実せん ⑥

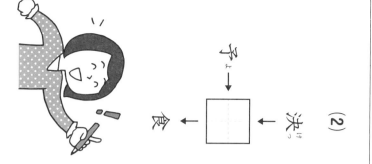

✎学習した日　月　日

名前

目ひょう時間　20分

とく点　／100点

解説↓180ページ

2348

---

❶ 次の漢字の矢じるしのところは、何画目に書きますか。漢数字で書きましょう。
【1つ7点 21点】

(1) 申　（　　　）画目

(2) 君　（　　　）画目

(3) 他　（　　　）画目

---

❷ 次の──線のひらがなを、あてはまる漢字をあとからえらび、記号で書きましょう。
【1つ7点 28点】

(1) たなをセイリする。
ア　正　イ　生　ウ　整
（　　　）

(2) ジ品をひかんする。
ア　所品を　イ　持　ウ　時
（　　　）

(3) 関ケイのない話をする。
ア　関　イ　係　ウ　形
（　　　）

(4) 学キュウ会で話し合う。
ア　究　イ　急　ウ　級
（　　　）

---

❸ ──線を漢字と送りがなで書きましょう。
【1つ7点 35点】

(1) 気持ちを言葉にあらわす。
（　　　　　）

(2) スケジュールをきめる。
（　　　　　）

(3) ともだちへ知らせた。
（　　　　　）

(4) 家来が王様につかえる。
（　　　　　）

(5) たねをうらなう。
（　　　　　）

---

❹ 矢じるしの方向に読むと、□のところに漢字の言葉ができるように、□にあてはまる漢字を書きましょう。
【1つ8点 16点】

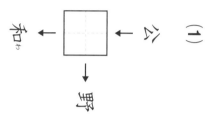

(1)
公 → □ → 野
和 → □

(2)
決 →
子 → □ ← 食
□ ← 和

98

目ひょう時間 ⏱20分　　／100点　とく点　／100点

らくらくマルつけ
解説↓181ページ
2349

✎学習した日　月　日　名前

悲

読み方
音 ヒ
訓 かなしい・かなしむ

使い方
悲運・悲鳴・悲しい・悲観・悲げき・悲しみ・悲願

練習 悲

12画　ノ ノ ナ ヲ ヲ 非 非 非 非 悲 悲 悲

相

読み方
音 ソウ・ショウ
訓 あい

使い方
首相・相談・相手・真相・相続・相手・相そう

練習 相

9画　一 十 才 木 杧 机 相 相 相

談

読み方
音 ダン

使い方
対談・会談・筆談・談話・相談・面談

練習 談

15画　丶 亠 言 言 言 言 言 言 訁 談 談 談 談 談 談

助

右上がりにはらう

読み方
音 ジョ
訓 たすける・たすかる・（すけ）

使い方
助力・助手・助走・助言・救助・手助け・助け

練習 助

7画　一 刀 月 且 且 助 助

---

① □に漢字を書きましょう。　1つ8点【80点】

(1) かな□しい出来事が起きる。

(2) 友人に□□する。

(3) 友だちを□ける。

(4) □□の気持ちを考える。

(5) 数人で□する。

(6) □□が役に立つ。

(7) □□が聞こえる。

(8) 事けんの□□。

(9) 先生と面□する。

(10) 友を□□ける。

② スパイラルコーナー　□に漢字を書きましょう。　1つ10点【20点】

(1) □□な時計を買う。

(2) 長い□□休む。

49　友だちに相談しよう

✎ 学習した日　月　日
名前
めひょう時間 ⓸20分
とく点 ／100点

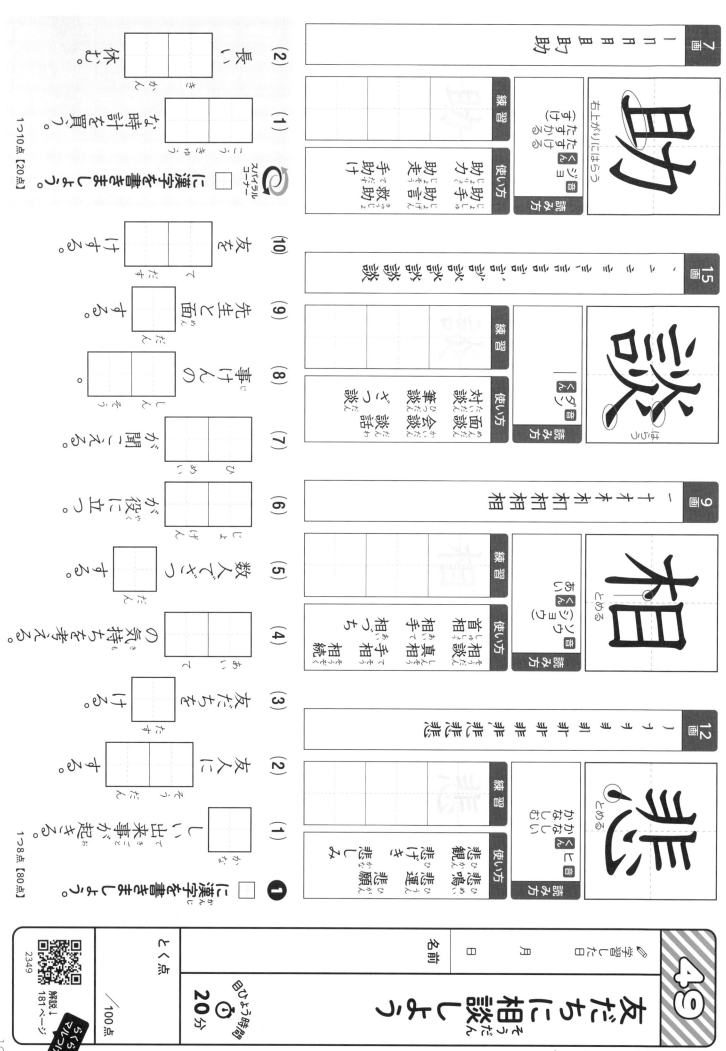

助　7画
読み方：ジョ　たす(ける)・たす(かる)・すけ
右上がりにはらう
練習
使い方：
助け合い
助言（じょげん）
助手（じょしゅ）
工夫して救う

談　15画
読み方：ダン
練習
使い方：
対面で談
筆談（ひつだん）
相談（そうだん）
ざつ談話

相　9画
読み方：ソウ・ショウ　あい
とめる
練習
使い方：
首相（しゅしょう）
相談（そうだん）
相手（あいて）
相づち
相続（そうぞく）

悲　12画
読み方：ヒ　かな(しい)・かな(しむ)
とめる
練習
使い方：
悲願（ひがん）
悲運（ひうん）
悲劇
悲しみ

① □に漢字を書きましょう。
1つ8点【80点】

(1) ____に出て来事が起きる。
(2) 友人に ____する。
(3) 友だちを ____ける。
(4) 友だちの気持ちを考える。
(5) 数人で ____だんする。
(6) ____やくが役に立つ。
(7) ____が聞こえる。
(8) 先生との ____け話。
(9) 先生と面____する。
(10) 友を ____ける。

スパイラルコーナー
□に漢字を書きましょう。
1つ10点【20点】
(1) ____な時計を買う。
(2) 長い ____休む。

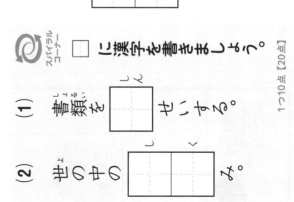

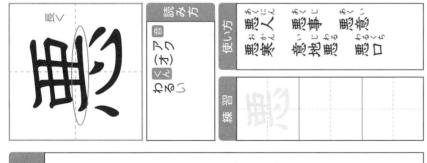

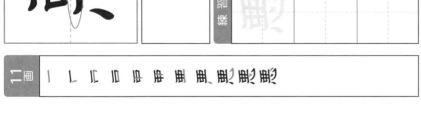

50 病気やけがをしたとき①

目ひょう時間 ⏱ 20分　／100点

とくてん

解説↓181ページ　2350　らくらくマルつけ

学習した日　月　日　名前

息（10画）

読み方　音 ソク　訓 いき

使い方：子息（しそく）・休息（きゅうそく）・生息（せいそく）・消息（しょうそく）・息（いき）つく・ため息（いき）

練習

筆順：丿 ノ ケ 白 自 自 息 息 息 息

苦（8画）

読み方　音 ク　訓 くるしい・くるしむ・くるしめる・にがい・にがる

使い方：苦（くる）しい・苦労（くろう）・苦戦（くせん）・四苦八苦（しくはっく）・苦心（くしん）・苦手（にがて）

練習

筆順：一 十 十 艹 艹 芢 苦 苦

悪（11画）

読み方　音 アク・オ　訓 わるい

使い方：悪人（あくにん）・悪事（あくじ）・悪意（あくい）・悪寒（おかん）・意地悪（いじわる）・悪口（わるくち）

練習

筆順：一 丆 丌 戸 戸 亜 亜 悪 悪 悪 悪

身（7画）

読み方　音 シン　訓 み

使い方：全身（ぜんしん）・身体（しんたい）・身長（しんちょう）・中身（なかみ）・親身（しんみ）・自身（じしん）

練習

筆順：丿 ⺆ 什 什 甪 身 身

---

① □に漢字を書きましょう。　1つ8点［80点］

(1) いきがくるしい。

(2) むねがくるしくなる。

(3) 朝から気分がわるい。

(4) ぜんしんがだるい。

(5) 十分なきゅうそくをとる。

(6) にがい薬を飲む。

(7) あく事がばれる。

(8) しんみになる。

(9) 人のわるくちを言わない。

(10) 箱のなかみを見る。

② スパイラルコーナー　□に漢字を書きましょう。　1つ10点［20点］

(1) 書類をしんせいする。

(2) 世の中のしくみ。

101

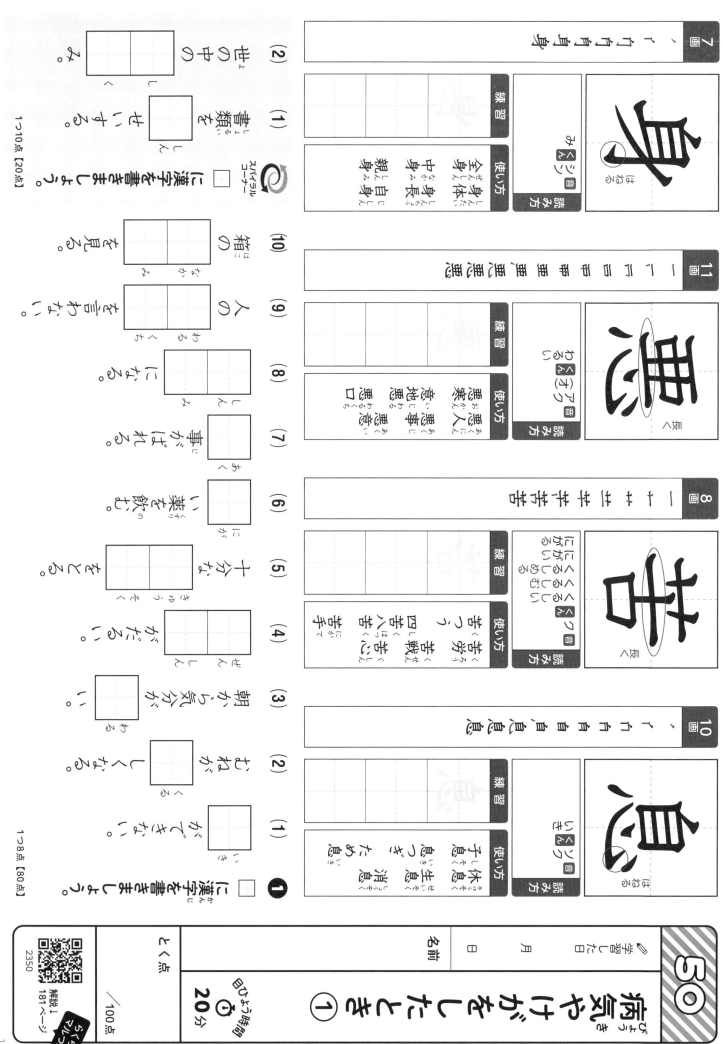

51 病気やけがをしたとき②

学習した日　月　日　名前

目ひょう時間 ⏱ 20分　　／100点　とく点

らくらくマルつけ
解説↓181ページ
2351

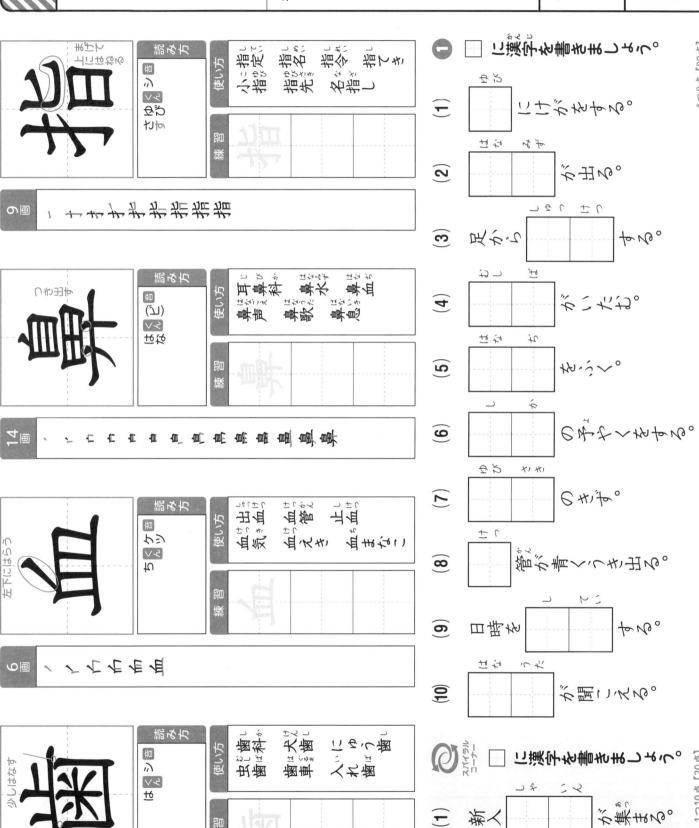

指 まげて上にはねる　読み方 音シ　訓ゆび・さす
使い方：指名（しめい）、指し（さし）合（あ）い、名指（なざ）し、指先（ゆびさき）、指定（してい）
9画　一　十　才　才　扩　折　指　指　指

鼻 つき出す　読み方 音（ビ）　訓はな
使い方：耳鼻科（じびか）、鼻声（はなごえ）、鼻歌（はなうた）、鼻水（はなみず）、鼻息（はないき）、鼻血（はなぢ）
14画　鼻

血 左下にはらう　読み方 音ケツ　訓ち
使い方：出血（しゅっけつ）、血気（けっき）、血管（けっかん）、止血（しけつ）、血まなこ（ちまなこ）
6画　ノ　ハ　ム　血　血

歯 少しはなす　読み方 音シ　訓は
使い方：虫歯（むしば）、歯科（しか）、犬歯（けんし）、歯車（はぐるま）、入れ歯（いれば）、歯科（しゅし）
12画　歯

❶ □に漢字を書きましょう。　1つ8点[80点]

(1) ゆび にけがをする。

(2) はな みず が出る。

(3) 足から しゅっけつ する。

(4) むし ば がいたむ。

(5) はな ち をつく。

(6) し か の手じゅつをする。

(7) ゆび さき のきず。

(8) けっ 管が青くすき出る。

(9) 日時を し こう する。

(10) はな うた が聞こえる。

❷ スパイラルコーナー □に漢字を書きましょう。　1つ10点[20点]

(1) 新入 しゃ いん が集まる。

(2) 気持ちを言葉で あらわ す。

学習した日　月　日

名前

目ひょう時間　20分

とく点　／100点

答え 181ページ

歯 12画
読み方　は（シ音）
少しはなす
書き順　一 ト ト 止 止 歩 歩 歩 歯 歯 歯 歯
練習
使い方
・虫歯
・歯科
・歯が大きい
・歯車
・入れ歯
・歯がゆい

血 6画
読み方　ち（ケツ音）
左下にはらう
書き順　ノ イ 竹 竹 血 血
練習
使い方
・血が出る
・気を止めて
・血えき
・血管
・止血
・出血
・鼻血

鼻 14画
読み方　はな（ビ音）
書き順　ノ イ 亻 亻 白 白 自 自 身 畠 島 畠 鼻 鼻
練習
使い方
・鼻声
・鼻科
・鼻歌
・鼻水
・鼻息
・鼻血
・耳鼻

指 9画
読み方　さす・ゆび（シ音）
止めてはねる
書き順　一 十 才 才 扌 扩 指 指 指
練習
使い方
・小指
・指先
・名指し
・指名
・指定
・指す
・指で

① 漢字を書きましょう。　1つ8点【80点】

(1) □<ruby>ゆび<rt></rt></ruby>を書きする。

(2) □<ruby>はな<rt></rt></ruby>が出る。

(3) □<ruby>あし<rt></rt></ruby>から□□<ruby>しゅっけつ<rt></rt></ruby>する。

(4) □<ruby>はな<rt></rt></ruby>がいたむ。

(5) □<ruby>はなぢ<rt></rt></ruby>を止める。

(6) □<ruby>むし<rt></rt></ruby>の子どもがふえる。

(7) □<ruby>ゆび<rt></rt></ruby>のぎ。

(8) □<ruby>けっかん<rt></rt></ruby>が青く出ている。

(9) □□<ruby>にってい<rt></rt></ruby>を日時をきめる。

(10) □□<ruby>はなうた<rt></rt></ruby>が聞こえる。

② 漢字を書きましょう。　1つ10点【20点】

(1) 新入□□<ruby>しゃいん<rt></rt></ruby>が集まる。

(2) 気持ちを□<ruby>あらわ<rt></rt></ruby>す言葉です。

スパイラルコーナー

104

病院へ行く①

目ひょう時間 ⏱ 20分　／100点

らくらくマルつけ　解説↓181ページ　2352

病（やまいだれ）

読み方：（音）ビョウ（ヘイ）／（訓）や（む）・やまい

使い方：重病・病気が病む・病院・病人・はやり病・急病

練習：病

10画：｀ 一 ナ 广 疒 疒 疒 病 病

院（こざとへん）

読み方：（音）イン

使い方：通院・入院・寺院・医院・美び院・院長・院

練習：院

10画：｀ ３ ３ ３ ３ ３ 阡 陀 陀 院

死

読み方：（音）シ／（訓）し（ぬ）　まげてはねる

使い方：急死・生死・必死・戦死・死体・死ぬ・死ぼう

練習：死

6画：一 ｢ ｢ 歹 歹 死

命

読み方：（音）メイ・ミョウ／（訓）いのち　はねる

使い方：天命・運命・命じる・命令・命中が・使命・命

練習：命

8画：｀ ｀ 人 人 合 合 命 命

---

① □に漢字を書きましょう。

1つ8点[80点]

(1) 重い□□にかかる。（おも／びょう／き）

(2) □□へ行く。（びょう／いん）

(3) □□の間をちぢめましょう。（せい／し）

(4) □□が助かる。（いのち）

(5) 長い間□□□する。（にゅう／いん）

(6) □ぬほどの苦しみ。（し）

(7) □□のうつくしさを感じる。（せい／めい）

(8) □□□の話を聞く。（いん／ちょう）

(9) □□でがんばる。（ひっ／し）

(10) 運□□を感じる。（めい）

🔁 スパイラルコーナー　□に漢字を書きましょう。

1つ10点[20点]

(1) □□□を出し切る。（ぜん／りょく）

(2) 寒くても□□□だ。（へ／き）

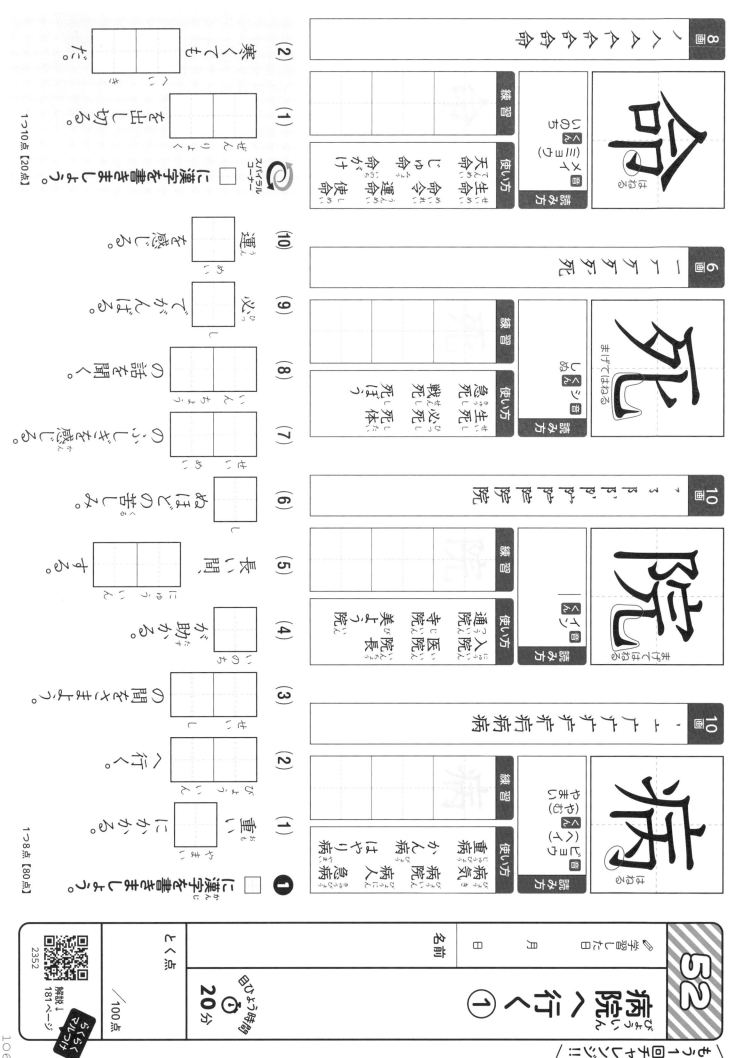

52

病院へ行く ①

\もう1回チャレンジ!!/

学習した日　月　日　名前

目ひょう時間 ⏱ 20分
とく点 ／100点

2352
解説↓ 181ページ

命　8画
読み方：い（のち）／メイ・ミョウ（音）　はねる
使い方：生命（せいめい）、運命（うんめい）、命令（めいれい）、命がけ（いのちがけ）、天命（てんめい）

練習

スパイラルコーナー　□に漢字を書きましょう。　1つ10点【20点】
(1) せいめいを立ち切る。
(2) 実（じつ）てきに□□だ。

死　6画
読み方：シ（音）／し（ぬ）　まげてはねる
使い方：死体（したい）、死ぬ（しぬ）、必死（ひっし）、急死（きゅうし）、生死（せいし）、戦死（せんし）

練習

院　10画
読み方：イン（音）　まげてはねる
使い方：入院（にゅういん）、通院（つういん）、医院（いいん）、寺院（じいん）、院長（いんちょう）、美容院（びよういん）

練習

病　10画
読み方：ビョウ・ヘイ（音）／やまい・や（む）　はねる
使い方：病気（びょうき）、病院（びょういん）、重病（じゅうびょう）、病人（びょうにん）、急病（きゅうびょう）、仮病（けびょう）

練習

1 □に漢字を書きましょう。　1つ8点【80点】

(1) 重（おも）い□にかかる。
(2) □びょういんへ行く。
(3) □の間をあけますよう。
(4) □のちが助かる。
(5) 長い間□□にゅういんする。
(6) □ぬほどの苦しみ。
(7) □□せいめいの感しゃを感じる。
(8) □□せんせいの話を聞く。
(9) □ひっしでがんばる。
(10) □うんめいを感じる。

目ひょう時間 ⏱ 20分

／100点
とく点

解説↓182ページ
2353
らくらくマルつけ

医

読み方
音 イ

使い方
名医
医者
医院
医学
外科医
医薬

7画 一 ナ ナ 三 チ 天 医

薬

読み方
音 ヤク
訓 くすり

点のむきにちゅうい

使い方
火薬
薬品
目薬
薬局
薬指
農薬

16画 一 ナ 十 サ 井 芦 苩 苩 苩 菏 滝 薄 薄 薬 薬 薬

皮

読み方
音 ヒ
訓 かわ

内がわにはねる

使い方
牛皮
皮ふ
皮肉
じゅ皮
表皮
毛皮
皮

5画 ） ） 皮 皮 皮

終

読み方
音 シュウ
訓 おわる・おえる

点のむきにちゅうい

使い方
終点
終日
最終
終業式
始終
終末

11画 ＜ ＜ 幺 糸 糸 糸 糸 紗 終 終 終

---

① □ に漢字を書きましょう。

(1) [い][しゃ]の話を聞く。

(2) かぜ[ぐすり]を飲む。

(3) [ひ]ふ科に通う。

(4) しんさつが[お]わる。

(5) 近所の[やっ][きょく]へ行く。

(6) [い][がく]の道に進む。

(7) 最[しゅう]のバスが出る。

(8) [くすり][ゆび]をけがする。

(9) [け][がわ]のコートを着る。

(10) 一学期の[しゅう][ぎょう][しき]。

🔄 スパイラルコーナー　□ に漢字を書きましょう。

(1) せなかを[そ][ら]せる。

(2) 言葉の[い]味を調べる。

学習した日 月 日

名前

目ひょう時間 20分

とく点 ／100点

解説↓182ページ 2353

11画 終

読み方 シュウ／おわる／おえる
点のむきにちゅうい

練習

使い方
終点
最終
終了
終業式
始終
終始

5画 皮

読み方 ヒ／かわ
内がわにはねる

練習

使い方
牛皮
皮肉
表皮
毛皮

16画 薬

読み方 ヤク／くすり
点のむきにちゅうい

練習

使い方
火薬
薬品
目薬
薬局
薬指
農薬

7画 医

読み方 イ
おる

練習

使い方
名医
医者
医院
医学
外科医
薬科

---

❶ □に漢字を書きましょう。 1つ8点【80点】

(1) ___の話を聞く。
(2) ___を飲む。
(3) ___科に通う。
(4) ___が出る。
(5) 近所の___へ行く。
(6) ___の道に進む。
(7) 最も___のバスが出る。
(8) ___のコートを着る。
(9) ___をかける。
(10) 一学期の___。

スパイラルコーナー

② □に漢字を書きましょう。 1つ10点【20点】

(1) せなかをそらす。
(2) 言葉は___の味を調べる。

まとめのテスト⑬

学習した日　　月　　日　名前

目ひょう時間 20分

／100点

とく点

らくらくマルつけ

解説↓182ページ

2354

❶ （　）に──線の読みがなを書きましょう。

1つ4点【52点】

(1) 悲願のゆう勝をなしとげる。
（　　　　）

(2) 土地と家を相続する。
（　　　　）

(3) 外国の君主と会談する。
（　　　　）

(4) けが人を救助する。
（　　　　）

(5) 北の方角を目指す。
（　　　　）

(6) 病が回ふくする。
（　　　　）

(7) 悪人がドラマに出てくる。
（　　　　）

(8) 身体のけんこうをたもつ。
（　　　　）

(9) 会長の指令にしたがう。
（　　　　）

(10) かぜで鼻声になる。
（　　　　）

(11) かばんの中身を見る。
（　　　　）

(12) にゅう歯がぬける。
（　　　　）

(13) 病人の世話をする。

❷ □に漢字を書きましょう。

1つ4点【48点】

(1) 強い相手に□戦する。

(2) □□でしょうじょうを受ける。

(3) □じんに手を合わせる。

(4) □を大切にする。

(5) 外科□が手じゅつをする。

(6) い□がきく。

(7) 本を読み□える。

(8) 大きなため□をつく。

(9) むねのいたみに□しむ。

(10) 地球上の□□。

(11) 森に□□する動物。

(12) □えきをけんさする。

学習した日　月　日　名前

目ひょう時間　20分
とく点　/100点
解説↓182ページ
2354

1 ――線の漢字の読みがなを書きましょう。 1つ4点【52点】

(1) 悲願のゆうしょうをとげる。
（　　　）

(2) 土地と家を相続する。
（　　　）

(3) 外国の君主と会談する。
（　　　）

(4) けが人を救助する。
（　　　）

(5) 北の方角を目指す。
（　　　）

(6) 病が回復に向かう。
（　　　）

(7) 悪人がバチに当たる。
（　　　）

(8) 身体のけついっをたしかめる。
（　　　）

(9) 会長の指令にしたがう。
（　　　）

(10) かぜで軽症になる。
（　　　）

(11) かばんの中身を見る。
（　　　）

(12) にゅう歯がぬける。
（　　　）

(13) 病人の世話をする。
（　　　）

2 □に漢字を書きましょう。 1つ4点【48点】

(1) 強い相手に
　せん
　戦する。

(2) 相手に
　したしく
　して受け入れる。

(3) ただ人に
　まけ
　合わせる。

(4)
　いのち
　を大切にする。

(5)
　げか
　外科手じゅつをする。

(6)
　くすり
　がきく。

(7) 本を読
　お
　える。

(8) 大きなたてもの
　き
　へ入る。

(9) むねのた
　くん
　にいたむ。

(10) 地球上の
　せいめい
　。

(11) 森に
　せい
　する動物。

(12)
　けつ
　えきをけんさする。

55 まとめのテスト⑭

⏱ 目ひょう時間 20分

／100点

とく点

解説↓
182ページ

2355

① ( )に——線の読みがなを書きましょう。

1つ4点【52点】

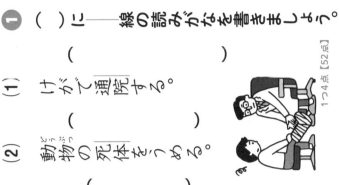

(1) けがで通院する。
（　　　　　）

(2) 動物の死体をうめる。
（　　　　　）

(3) 自分の使命をはたす。
（　　　　　）

(4) 医薬品をあつかう。
（　　　　　）

(5) 皮肉を言う。
（　　　　　）

(6) 終点の駅に着く。
（　　　　　）

(7) ぬのを当てて止血する。
（　　　　　）

(8) 息をとめて水にもぐる。
（　　　　　）

(9) わかれを悲しむ。
（　　　　　）

(10) 急病で会社を休む。
（　　　　　）

(11) 血まなこになってさがす。
（　　　　　）

(12) 入れ歯を作る。
（　　　　　）

(13) しょう来を悲観する。

② □に漢字を書きましょう。

1つ4点【48点】

(1) ［あく］［い］ のある言葉。

(2) ［あい］［て］ の話をよく聞く。

(3) ［だん］［わ］［しつ］でくつろぐ。

(4) 友人に［たす］けられる。

(5) まちがいを［し］てきする。

(6) ［に］が味のピーマン。

(7) ［い］［じ］がわるくない。

(8) ［しん］［ちょう］がのびる。

(9) ［こ］［ゆび］の先。

(10) 母の［はな］［うた］が聞こえる。

(11) ［じょ］［そう］をつけてとびこえる。

(12) 友人の［そう］［だん］に乗る。

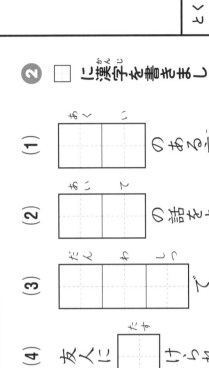

学習した日　月　日　名前

① ──線の読みがなを書きましょう。　1つ4点【52点】

(1) けがで通院する。（　　　）

(2) 動物の死体を調べる。（　　　）

(3) 自分の使命をはたす。（　　　）

(4) 医薬品の使い方をおぼえる。（　　　）

(5) 皮肉を言う。（　　　）

(6) 終点の駅に着く。（　　　）

(7) ぬのを当てて止血する。（　　　）

(8) 息をとめて水にもぐる。（　　　）

(9) わかれを悲しむ。（　　　）

(10) 急病で会社を休む。（　　　）

(11) 血がとまらないようにする。（　　　）

(12) 入れ歯を作る。（　　　）

(13) しょう来を悲観する。（　　　）

② □に漢字を書きましょう。　1つ4点【48点】

(1) □□のある言葉。（あい）

(2) □□の話を聞く。（あに）

(3) □□□でへいきだ。

(4) 友人に□□けられる。（たす）

(5) まちがいを□します。

(6) □味のコーヒー。（にが）

(7) □□はよごれない。

(8) □□がのびる。（しんちょう）

(9) □□の先ゆび。

(10) 母の□□がきこえる。（はな）

(11) □□をつくる。

(12) 友人の□□にのる。（そうだん）

とく点　／100点

目ひょう時間　⑳20分

解説↓182ページ

2355

112

56

パズル・実せん❼

学習した日　月　日　名前

目ひょう時間 ⏱ 20分

／100点

とく点

解説↓
182ページ

らくらく
マルつけ

2356

❶ 次の漢字の音読みとして正しいほうを〇でかこみましょう。　1つ5点【25点】

(1) 歯　〈　は　・　し　〉

(2) 皮　〈　ひ　・　かわ　〉

(3) 命　〈　めい　・　いのち　〉

(4) 薬　〈　くすり　・　やく　〉

(5) 血　〈　ち　・　けつ　〉

❷ 上と反対の意味の言葉をあとからえらび、漢字と送りがなに直して書きましょう。　1つ7点【21点】

(1) よこ　←→（　　　　　　）

(2) あまい　←→（　　　　　　）

(3) うれしい　←→（　　　　　　）

〈　かなしい　・　にがい　・　たて　〉

❸ 次の――線の漢字の読みがなをひらがなで書きましょう。　1つ5点【30点】

(1) ① 委員に指名する。
（　　　　　　　　）

② 指先でさわる。
（　　　　　　　　）

(2) ① ゆっくり休息する。
（　　　　　　　　）

② ため息をつく。
（　　　　　　　　）

(3) ① 先生が助言する。
（　　　　　　　　）

② けがをした犬を助ける。
（　　　　　　　　）

❹ ある漢字を〇に入れて矢じるしの方向に読むと、三つの言葉ができます。できた言葉を □□ に書いて、（　）に読みがなを書きましょう。　1つ4点【24点】

長　（　　　　　　　　）

↑

全　→　〇　（　　　　　　　　）

↑

中　（　　　　　　　　）

56 パズル・実せん ⑦

学習した日　月　日　名前

目ひょう時間　20分
とく点　／100点

解説↓182ページ
らくらくマルつけ
2356

① 次の漢字の音読みとして正しいほうを○でかこみましょう。　1つ5点【25点】

(1) 歯　〈　は　・　し　〉

(2) 皮　〈　かわ　・　ひ　〉

(3) 命　〈　いのち　・　めい　〉

(4) 薬　〈　やく　・　くすり　〉

(5) 血　〈　ち　・　けつ　〉

② 上と反対の意味をもつ言葉を、漢字と送りがなに直して書きましょう。　1つ7点【21点】

〈　なし・にがい・わける　〉

(1) でる　←→　（　　　　）

(2) あつい　←→　（　　　　）

(3) うしろ　←→　（　　　　）

③ 次の――線の漢字の読みがなを書きましょう。　1つ5点【30点】

(1) ① 委員に指名する。（　　　　）
　　② 指先でさわる。（　　　　）

(2) ① ゆっくり休息する。（　　　　）
　　② ため息をつく。（　　　　）

(3) ① 先生が助言する。（　　　　）
　　② けがをした犬を助ける。（　　　　）

④ ある漢字を □ に書いて、三つの言葉をつくります。□ に入れると○の言葉が矢じるしの方向に読みがたできるような言葉を書きましょう。　1つ4点【24点】

中 → ○ ← 長

全 → □

（　　　）（　　　）（　　　）

漢字練習

住（なめらに）
読み方　音 ジュウ　訓 すむ／すまう
使い方　定住所／衣食住／住宅／住まい
練習
7画　ノ　イ　亻　仲　仕　住　住

筆（はらう／とめる）
読み方　音 ヒツ　訓 ふで
使い方　筆順／万年筆／筆者／筆箱
練習
12画　ノ　ノ　ト　ケ　ヤ　ゲ　竺　等　笙　筆　筆

様（はねる）
読み方　音 ヨウ　訓 さま
使い方　多様／様子／神様／様式／王様／同様
練習
14画　一　十　才　木　村　杵　栏　样　栏　梼　栏　様　様

送（つき出さない）
読み方　音 ソウ　訓 おくる
使い方　回送／送信／発送／見送り／送り返す
練習
9画　ソ　ソ　半　关　关　兰　送　送

問題

① □に漢字を書きましょう。　1つ8点[80点]

(1) □所と名前を書く。

(2) えん□で下書きする。

(3) 小川□とおなまえを書く。

(4) メールを□る。

(5) さい近の□□。

(6) □箱にペンをしまう。

(7) 荷物を返□する。

(8) アパートに□む。

(9) □□用具をそろえる。

(10) ある国の□□のお話。

② スパイラルコーナー　□に漢字を書きましょう。　1つ10点[20点]

(1) □□らない。

(2) 先生の□□をつとめる。

37 手紙やメールを送る①

学習した日　月　日　名前

目ひょう時間　20分
目ひょう20点　とく点　／100点

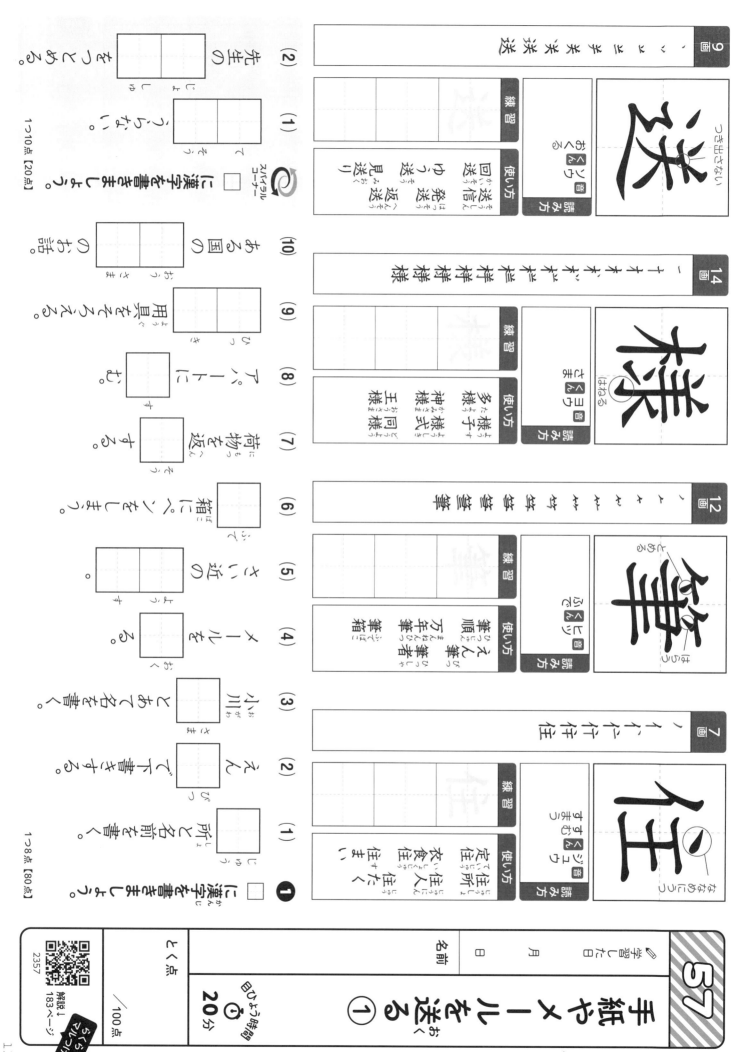

送　9画
音読み　ソウ
くんよみ　おくる
つき出さない
使い方：回送・送信／発送・返送／見送り
、ソ ハ ツ 关 关 关 送 送

様　14画
音読み　ヨウ
くんよみ　さま
はねる
使い方：多様・様子／神様・様式／王様・同様

筆　12画
音読み　ヒツ
くんよみ　ふで
使い方：筆順・筆／万年筆・筆者／筆箱

住　7画
音読み　ジュウ
くんよみ　すむ・すまう
とめる・はねる
使い方：住所・住む／衣食住・住人／住宅
ノ イ イ 住 住 住 住

❶　□に漢字を書きましょう。（1つ8点〔80点〕）

(1)　じゅう しょ と名前を書く。

(2)　えんぴつ で名前を書きます。

(3)　小川 おがわ とあてなを書く。

(4)　メール をおくる。

(5)　さ　きんじょ の　近 。

(6)　箱 はこ に近づく。……しまいました。

(7)　荷物 にもつ を返 かえ す。

(8)　パソコン にアドレス……む。

(9)　用具 ようぐ をそろえる。

(10)　ある国 くに のお話 はなし 。

スパイラルコーナー
□に漢字を書きましょう。

(1)　……っこ に……。

(2)　先生の じゅうしょ をたしかめる。
1つ10点〔20点〕

1つ8点〔80点〕

2357　解説↓183ページ

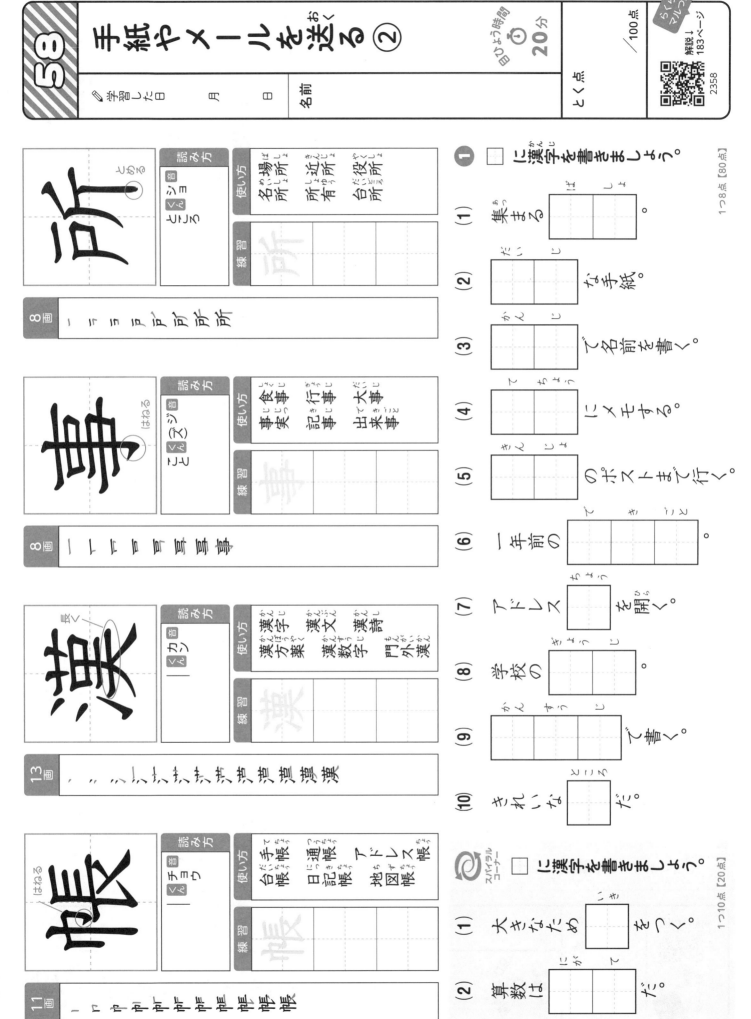

学習した日　　月　　日　名前

目ひょう時間 ⓞ20分　　／100点　とく点

解説↓183ページ

らくらくマルつけ　2358

所　とめる

読み方　音 ショ　訓 ところ

使い方　名所　場所　近所　有名所　役所　台所

練習　所

8画　一　ｒ　戸　戸　戸　所　所　所

事　はねる

読み方　音 ジ（ズ）　訓 こと

使い方　食事　行事　記事　出来事　大事

練習　事

8画　一　ｒ　ｒ　亘　写　写　写　事

漢　長く

読み方　音 カン

使い方　漢方薬　漢字　漢数字　漢文　門外漢　漢詩

練習　漢

13画　丶　氵　氵　汁　汁　泔　洴　浩　渖　渖　漢

帳　はねる

読み方　音 チョウ

使い方　台帳　手帳　日記帳　通帳　アドレス帳　地図帳

練習　帳

11画　一　ｒ　巾　巾　帆　帆　帳　帳　帳　帳　帳

---

❶ □に漢字を書きましょう。　1つ8点【80点】

(1) 集まる　□□（ば　しょ）。

(2) □□（だい　じ）な手紙。

(3) □□（か　て）で名前を書く。

(4) □□（て　ちょう）にメモする。

(5) □□（きん　じょ）のポストまで行く。

(6) 一年前の □□□（で　き　ごと）。

(7) アドレス□（ちょう）を開く。

(8) 学校の □□（ぎょう　じ）。

(9) □□□（かん　すう　じ）で書く。

(10) きれいな□（ところ）だ。

---

❷ スパイラルコーナー　□に漢字を書きましょう。　1つ10点【20点】

(1) 大きなだ□（こき）をつく。

(2) 算数は□□（に　が　て）だ。

117

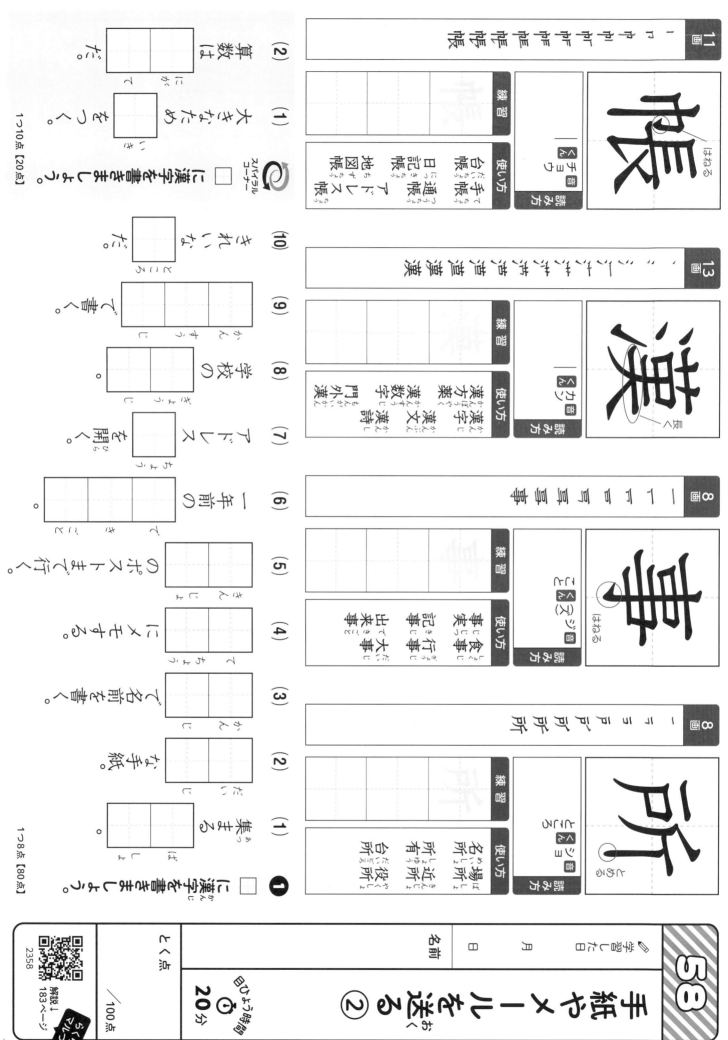

59 荷物を送る ①

目ひょう時間 20分

/100点 とく点

解説↓183ページ

2359

らくらくマルつけ

✍ 学習した日　月　日　名前

左カラム（漢字練習）

荷（出す）
読み方：[音]カ　[訓]に
使い方：荷台（にだい）・出荷（しゅっか）／荷車（にぐるま）・入荷（にゅうか）／荷くり（にくり）・荷物（にもつ）
練習：荷
10画　一ナオオオ芹芹芹荷荷

物（とめる）
読み方：[音]ブツ・モツ　[訓]もの
使い方：食べ物（たべもの）・動物（どうぶつ）／物語（ものがたり）・人物（じんぶつ）／品物（しなもの）・物体（ぶったい）
練習：物
8画　ノ 一 十 牛 牛 牜 物 物

運（はねる）
読み方：[音]ウン　[訓]はこぶ
使い方：運転（うんてん）・運動（うんどう）／運行（うんこう）・運送（うんそう）／持ち運び（もちはこび）・運命（うんめい）
練習：運
12画　一 厂 冃 冒 冒 宣 軍 軍 軍 運 運

配（［配］ではない）
読み方：[音]ハイ　[訓]くばる
使い方：手配（てはい）・配れ（くばれ）／配れつ（はいれつ）・配送（はいそう）／気配り（きくばり）・配送（はいそう）
練習：配
10画　一 一 一 一 一 西 西 西 酉 配

右カラム（問題）

❶ □に漢字を書きましょう。

1つ8点【80点】

(1) □□（にもつ）がとどく。

(2) 重い（おもい）箱を（はこ）□（はこ）ぶ。

(3) □□（うんそう）会社のトラック。

(4) 小づつみを□（はこ）達する（たっする）。

(5) □（に）づくりをする。

(6) 引っこしの□□（にもつ）をする。

(7) にもつ□（もの）をはこぶ。

(8) □□（にぐるま）をおす。

(9) 大きな□□（にぶつ）。

(10) □□（にくば）りのできる人。

❷ スパイラルコーナー　□に漢字を書きましょう。

1つ10点【20点】

(1) 委員に□□（しめ）される。

(2) □□（はいくば）がわれる。

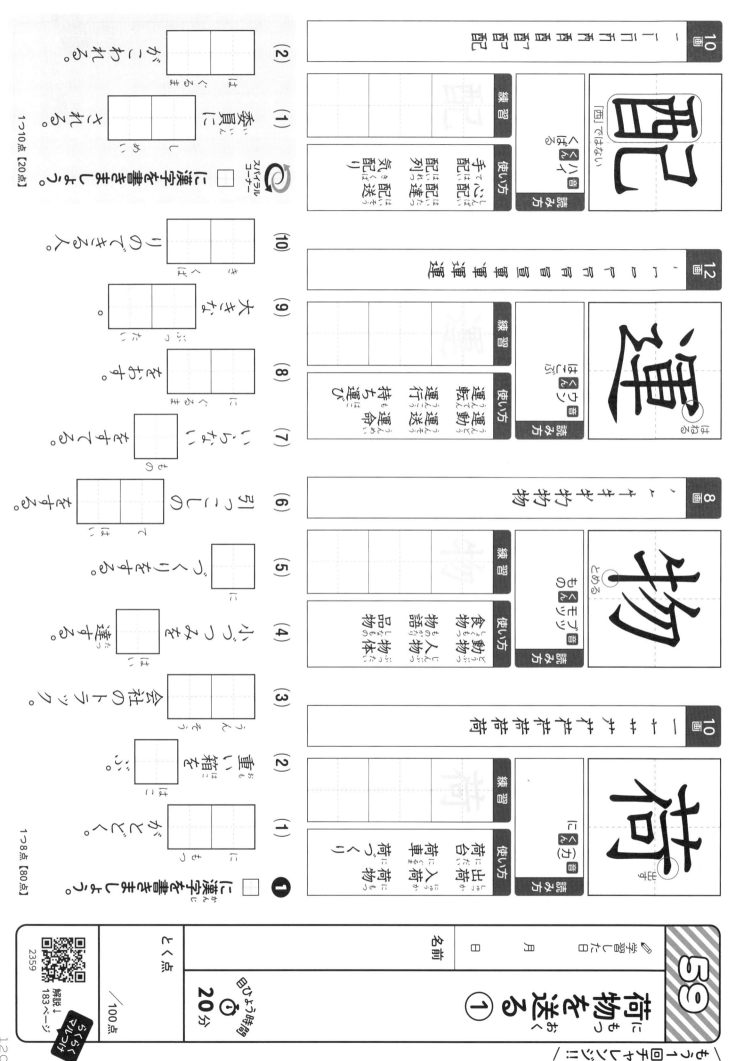

学習した日　月　日
名前

目ひょう時間 ⏱ 20分
とく点 ／100点

解説↓ 183ページ
2359

＼もう一回チャレンジ!!／

【配】10画　音ハイ　訓くばる［ではない］
練習
使い方
手くばし
配る
列を配る
気を配り
配送

【運】12画　音ウン　訓はこぶ
練習
使い方
運動
運てんする
行運送
持ち運び
運命

【物】8画　音ブツ・モツ　訓もの
練習
使い方
食べ物
動物
物語
品物
物体

【荷】10画　音カ　訓に
練習
使い方
出荷
荷台
荷だい入れ
荷事
荷物
荷つくり

❶ □に漢字を書きましょう。
1つ8点 [80点]

(1) 　　　に（もつ）が（とどく）。
(2) 　　　（おもい）箱を（はこぶ）。
(3) 会社の（とらっく）。
(4) 小づつみを（はいたつ）する。
(5) 　　　（に）をつむ。
(6) 引っこしの（にもつ）をはこぶ。
(7) 　　　（もの）をたいせつにする。
(8) 　　　（どうぶつ）をかう。
(9) 大きな（たてもの）。
(10) 　　　（はいりょ）のできる人。

スパイラルコーナー 🔄
□に漢字を書きましょう。
1つ10点 [20点]
(1) 委員に（くばる）。
(2) 　　　（にもつ）がはこばれる。

120

荷物を送る ②

学習した日　月　日　名前

目ひょう時間 ⏱ 20分

とく点 ／100点

らくらく
マルつけ

解説↓
183ページ

2360

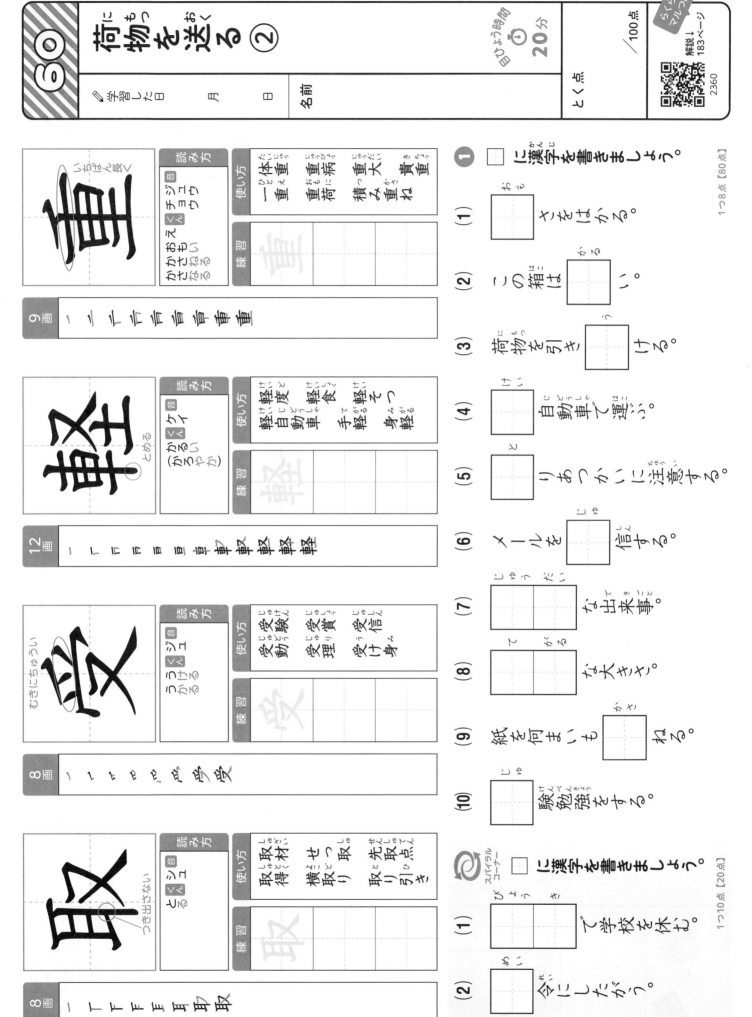

	読み方	使い方	練習
重 いちばん長く	音 ジュウ チョウ 訓 おも(い) かさ(ねる) え	一重（ひとえ）／体重（たいじゅう）／重ね（かさね）／重病（じゅうびょう）／積み重ね（つみかさね）／重荷（おもに）／大重（だいじゅう）／貴重（きちょう）	重
9画	一 一 一 一 一 一 一 一 一 重		
軽 とめる	音 ケイ 訓 かる(い) (かろ)(やか)	軽度（けいど）／軽い（かるい）／自動車（じどうしゃ）／軽食（けいしょく）／手軽（てがる）／身軽（みがる）	軽
12画	一 一 一 一 一 一 一 一 一 軽 軽 軽		
受 むすびちゅうい	音 ジュ 訓 う(ける) (う)(かる)	受動（じゅどう）／受験（じゅけん）／受理（じゅり）／受賞（じゅしょう）／受う（うけ）／受信（じゅしん）／受け身（うけみ）	受
8画	一 一 一 一 一 一 一 受		
取 つき出さない	音 シュ 訓 と(る)	取材（しゅざい）／取得（しゅとく）／横取り（よこどり）／取っ手（とって）／取り引き（とりひき）／先取点（せんしゅてん）	取
8画	一 一 一 一 一 一 一 取		

1 □に漢字を書きましょう。

1つ8点【80点】

(1) おも さをはかる。

(2) この箱は かる い。

(3) 荷物を引き う ける。

(4) け い自動車で運ぶ。

(5) と りあつかいに注意する。

(6) メールを じゅ 信する。

(7) じゅう だいな出来事。

(8) と っ か がな大きさ。

(9) 紙を何まいも かさ ねる。

(10) じゅ 験勉強をする。

⟳ スパイラル コーナー □に漢字を書きましょう。

1つ10点【20点】

(1) び ょう き で学校を休む。

(2) め い 令にしたがう。

取 8画
音シュ　訓とる
読み方
つき出さない

練習

使い方
取材（しゅざい）
取得（しゅとく）
横取り（よこどり）
取り先（とりせん）
引き取り（ひきとり）

受 8画
音ジュ　訓うける
読み方
むさにちゅうい

練習

使い方
受験（じゅけん）
受動（じゅどう）
受理（じゅり）
受賞（じゅしょう）
受け身（うけみ）

軽 12画
音ケイ　訓かるい・かろやか
読み方
とめる

練習

使い方
軽度（けいど）
軽食（けいしょく）
手軽（てがる）
身軽（みがる）

重 9画
音ジュウ・チョウ　訓おもい・かさねる・え
読み方
はらう　長く

練習

使い方
一重（ひとえ）
体重（たいじゅう）
重病（じゅうびょう）
積み重ね（つみかさね）
貴重（きちょう）
重大（じゅうだい）

① □に漢字を書きましょう。　1つ8点【80点】

(1) □さをはかる。
(2) この箱は□い。
(3) 荷物を引き□ける。
(4) 自動車は□い。
(5) とりあ□かいに注意する。
(6) メールを□信する。
(7) □な出来事。
(8) □な大きさ。
(9) 紙を何まいも□ねる。
(10) 試験の□強をする。

スパイラルコーナー
(2) □に漢字を書きましょう。　1つ10点【20点】
(1) □がで学校を休む。
(2) □で学校を休む。

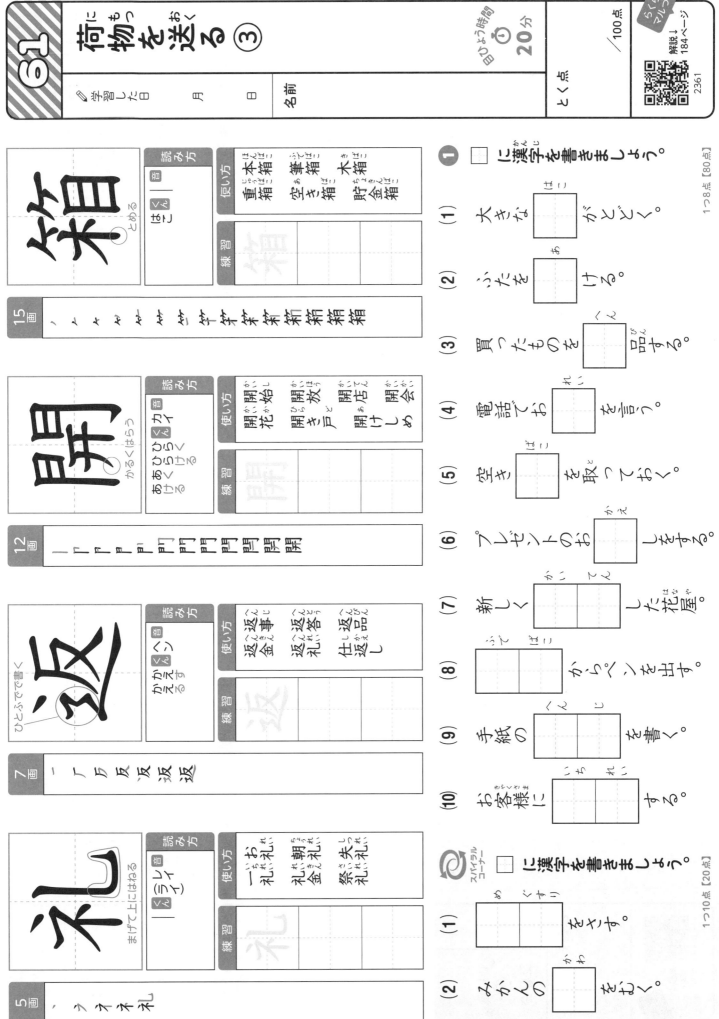

61 荷物を送る ③

目ひょう時間 20分

／100点

とく点

解説↓184ページ

2361

箱
とめる

読み方
音 はこ

使い方
重箱（じゅうばこ）
本箱（ほんばこ）
空き箱（あきばこ）
筆箱（ふでばこ）
貯金箱（ちょきんばこ）
木箱（きばこ）

練習 箱

15画 ′ ′ ′′ ′′′ ′′′′ ′′′′′ ′′′′′′ 笻 笻 笻 竻 箱 箱 箱

開
あく（ひらく）
ひらく
あける

読み方
音 カイ
かるく（はらう）

使い方
開花（かいか）
開始（かいし）
開放（かいほう）
開店（かいてん）
開会（かいかい）
開き戸（ひきど）
開ける（あける）

練習 開

12画 ― 冂 冂 冂 冂 門 門 門 門 閂 開 開

返
かえす
かえる

読み方
音 ヘン
ひとふでで書く

使い方
返金（へんきん）
返事（へんじ）
返礼（へんれい）
返答（へんとう）
仕返し（しかえし）
返品（へんぴん）

練習 返

7画 ― 丆 反 反 返 返 返

礼
まげて上にはねる

読み方
音 レイ（ライ）

使い方
一礼（いちれい）
お礼（おれい）
朝礼（ちょうれい）
礼金（れいきん）
失礼（しつれい）
祭礼（さいれい）

練習 礼

5画 ′ ラ ネ ネ 礼

---

❶ □に漢字を書きましょう。

1つ8点【80点】

(1) 大きな □はこ（箱）が とどく。

(2) ふたを □あ（開）ける。

(3) 買ったものを □へん（返）品する。

(4) 電話で お□れい（礼）を言う。

(5) 空き□はこ（箱）を取っておく。

(6) プレゼントのお□かえ（返）しをする。

(7) 新しく □かい（開）□てん（店）した花屋。

(8) □で（出）□はこ（箱）からペンを出す。

(9) 手紙の □へん（返）□じ（事）を書く。

(10) お客様に □いち（一）□れい（礼）する。

□に漢字を書きましょう。

1つ10点【20点】

(1) □め（目）□ぐすり（薬）をさす。

(2) みかんの □かわ（皮）をむく。

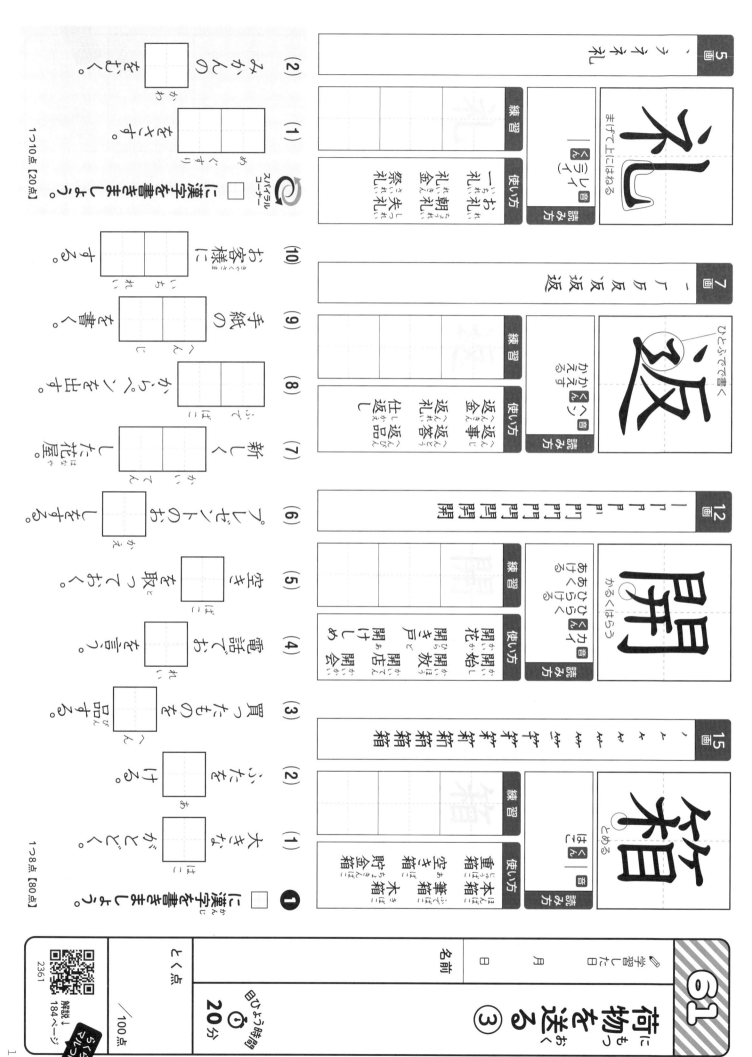

5画

ネ 礻 礼

`、ラオネ礼`

礼

音 レイ・ライ
まげて上にはねる

読み方

使い方

一礼（いちれい）
朝礼（ちょうれい）
礼金（れいきん）
失礼（しつれい）
礼（れい）
お礼（おれい）
祭礼（さいれい）

練習

7画

反 返

`一厂厂反返返返`

返

音 ヘン
訓 かえす・かえる
ひとふででを書く

読み方

使い方

返事（へんじ）
返金（へんきん）
返送（へんそう）
返答（へんとう）
返す（かえす）
仕返し（しかえし）
礼（れい）をする

練習

12画

開

`1門門門門門門開開開`

開

音 カイ
訓 ひらく・ひらける・あく・あける
かるくはらう

読み方

使い方

開く（ひらく）
開始（かいし）
開花（かいか）
開会（かいかい）
開け放す（あけはなす）
開き戸（ひらきど）
開店（かいてん）
開める（あける）

練習

15画

箱

`，ケケタ竹竹竹竿筥筥節節節箱箱`

箱

音 ―
訓 はこ
とめる

読み方

使い方

本箱（ほんばこ）
重箱（じゅうばこ）
空き箱（あきばこ）
筆箱（ふでばこ）
貯金箱（ちょきんばこ）
木箱（きばこ）

練習

スパイラルコーナー 🔁

1つ10点【20点】

(1) □□に漢字を書きましょう。

めす と、へんじがくる。

(2) みかんのかわを □□く。

1つ8点【80点】

① □に漢字を書きましょう。

(1) 大きな はこ が、おどろく。

(2) ふたを あ ける。

(3) 買ったものを はこ にいれる。くわしく しょう品する。

(4) 電話で おれい を言う。

(5) 空きかんを はこ で取ってあつめる。

(6) プレゼントの おくりもの をあける。

(7) 新しく かいてん した花屋や。

(8) かばんから かえ し出す。

(9) 手紙の へんじ を書く。

(10) お客様に いちれい する。

目ひょう時間 ⏱ 20分 ／100点

とく点 ／100点

解説↓184ページ 2362 らくらくマルつけ

学習した日 月 日 名前

---

❶ （ ）に──線の読みがなを書きましょう。 1つ4点[52点]

(1) 二階だての住たく。 （ ）

(2) 筆者の考えを読みとる。 （ ）

(3) 古い様式の城。 （ ）

(4) 木村様あての手紙。 （ ）

(5) 市役所ではたらく。 （ ）

(6) 新聞記事を読む。 （ ）

(7) 漢文を読む。 （ ）

(8) 台帳に記入する。 （ ）

(9) 重荷をせおう。 （ ）

(10) 多くの品物がならぶ。 （ ）

(11) 車を運転する。 （ ）

(12) サクラの名所をたずねる。 （ ）

(13) 貴重な化石が見つかる。

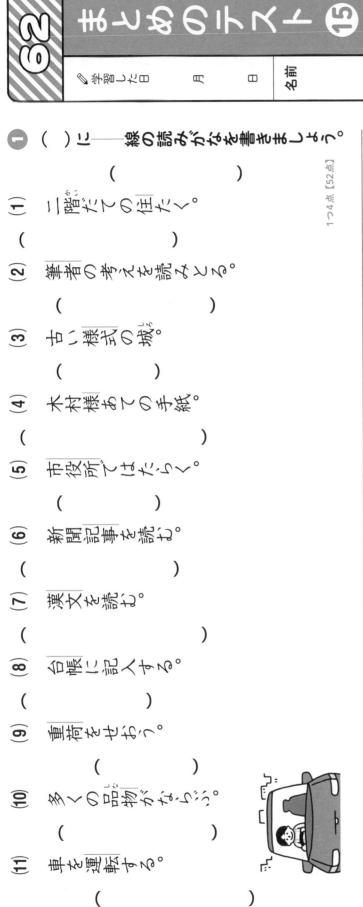

---

❷ □に漢字を書きましょう。 1つ4点[48点]

(1) プリントを□る。

(2) □□に動く。

(3) □□列車が通る。

(4) しけんに□かる。

(5) 手がらを□□りする。

(6) □□をかたづける。

(7) とびらが□く。

(8) 書るこを□□する。

(9) 失□な□た一度をとる。

(10) テストを□□する。

(11) トラックで□□する。

(12) われに□る。

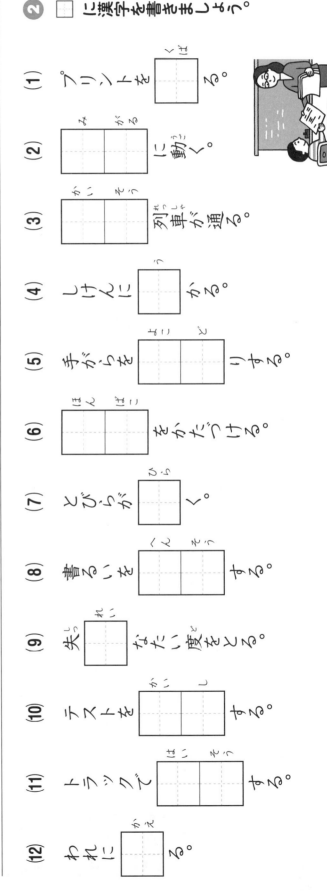

学習した日　月　日

名前

目ひょう時間 20分

とく点 ／100点

らくらく マルつけ
解説↓ 184ページ
2362

---

① ──線の読みがなを書きましょう。 1つ4点【52点】

(1) 二階だての住たく。
（　　　）

(2) 筆者の考えを読みとる。
（　　　）

(3) 古い様式の城。
（　　　）

(4) 木村様あての手紙。
（　　　）

(5) 市役所ではたらく。
（　　　）

(6) 新聞記事を読む。
（　　　）

(7) 漢文を読む。
（　　　）

(8) 台帳に記入する。
（　　　）

(9) 重荷をせおう。
（　　　）

(10) 多くの品物がならぶ。
（　　　）

(11) 車を運転する。
（　　　）

(12) サクラの名所をたずねる。
（　　　）

(13) 貴重な化石が見つかる。
（　　　）

---

② □に漢字を書きましょう。 1つ4点【48点】

(1) プリントを□る。（はい）

(2) □に動く。（に）（うご）

(3) □□が通る。（れっ）（しゃ）

(4) □にしける。（し）（け）

(5) 手がら□をする。（しょ）（り）

(6) □をかたづける。（に）（もつ）

(7) □びから□く。（とび）

(8) 書□を□する。（へん）（しゅう）

(9) 失□した度をとる。（れい）

(10) テストを□する。（さい）（てん）

(11) サラダ□で□する。（は）（に）

(12) □われる。（かえ）

目ひょう時間 ⏱ 20分

／100点

らくらく
マルつけ

解説↓
184ページ

2363

✏学習した日　　月　　日　　名前

とく点

① （　）に——線の読みがなを書きましょう。

1つ4点【52点】

(1) 漢方薬を飲む。
（　　　　　　　）

(2) お昼に軽食をとる。
（　　　　　　　）

(3) 金賞を受賞する。
（　　　　　　　）

(4) めんきょを取得する。
（　　　　　　　）

(5) 重箱にりょう理をつめる。
（　　　　　　　）

(6) ヒマワリが開花する。
（　　　　　　　）

(7) よびかけに返答する。
（　　　　　　　）

(8) 紙を二まいに重ねる。
（　　　　　　　）

(9) 神社の祭礼。
（　　　　　　　）

(10) 漢数字で書く。
（　　　　　　　）

(11) 先取点を取る。
（　　　　　　　）

(12) 早めに食事をする。
（　　　　　　　）

(13) まどを開ける。

② □に漢字を書きましょう。

1つ4点【48点】

(1) 新しい □(す) まに引っこす。

(2) 太い □(ふで) で書く。

(3) 神が □(やま) にのる。

(4) 駅(えき)で人を □(み) □(おく) る。

(5) □(だい) □(どころ) でりょう理をする。

(6) 正しい □(ひ) 順(じゅん)をおぼえる。

(7) 大きな家(か)具(ぐ)を □(はこ) ぶ。

(8) □(ち) □(ず) □(ちょう) を見る。

(9) 大きな □(に) □(もつ)。

(10) □(うん) □(どう) □(かい) でリレーに出る。

(11) 新しい □(じゅう) □(しょ) を教える。

(12) □(どう) □(ぶつ) □(えん) へ行く。

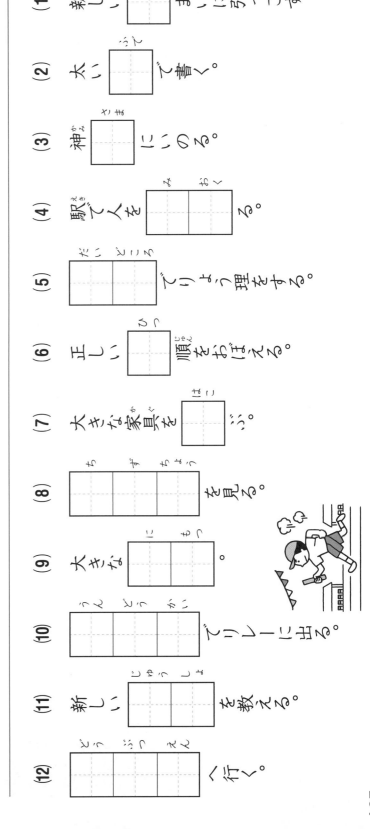

127

63 まとめのテスト 16

/ もうすぐ4回／ /

学習した日　月　日
名前

目ひょう時間 20分

とく点　／100点

解説↓184ページ

2363

らくらく
マルつけ

128

1 ──線の読みがなを書きましょう。

1つ4点[52点]

(1) 漢方薬の粉を飲む。
（　　　　）

(2) お昼に軽食をとる。
（　　　　）

(3) 金賞を受賞する。
（　　　　）

(4) 人気を取得する。
（　　　　）

(5) 重箱にりょう理をつめる。
（　　　　）

(6) ヒマワリが開花する。
（　　　　）

(7) よびかけに返答する。
（　　　　）

(8) 紙を二まいに重ねる。
（　　　　）

(9) 神社の祭礼
（　　　　）

(10) 数字を漢数字で書く。
（　　　　）

(11) 先取点を取る。
（　　　　）

(12) 早めに食事をする。
（　　　　）

(13) まどを開ける。
（　　　　）

2 □に漢字を書きましょう。

1つ4点[48点]

(1) 新しい　| | まどに引っこす。
　　　　　あたら

(2) 大　| | で書く。
　　　　ふで

(3) 神　| | にまつる。
　　　さま

(4) 駅で人を　| | | る。
　　　　　　おみおく

(5) 正しい　| | | で理解する。
　　　　　じゅんじょ

(6) 順を　| | えて説明する。
　　　　おぼ

(7) 大きな家具を　| | ぶ。
　　　　　　　はこ

(8) 大きな　| | | | を見る。
　　　　　ちずちょう

(9) 大きな　| | 。
　　　　おと

(10) コートに　| | | | に出る。
　　　　　　せんしゅ

(11) 新しい　| | | を数える。
　　　　　じょうしき

(12) 　| | | | へ行く。
　　　とうきょうと

❶ （れい）のように、矢じるしの向きに読むと二つの言葉ができるように、□に入る漢字をあとからえらんで書きましょう。また（ ）に読みがなを書きましょう。

1つ6点【36点】

（れい）　有 → 名 → 前
（ ゆうめい ）（ なまえ ）

(1)　毛 → □ → 箱
（　　　　　）（　　　　　　　　）

(2)　仕 → □ → 実
（　　　　　）（　　　　　　　　）

〈 住 様 筆 所 事 〉

❷ ——線を漢字と送りがなで書きましょう。

1つ8点【24点】

(1) おみやげを<u>くばる</u>。
（　　　　　　　）

(2) 病人を車で<u>はこぶ</u>。
（　　　　　　　）

(3) 羽のように<u>かるい</u>。
（　　　　　　　）

❸ 次は、あゆみさんがおばあさんに書いた手紙です。——線①〜⑤のひらがなを漢字で書きましょう。

1つ8点【40点】

> おばあちゃんく
>
> 　お元気ですか。わたしは元気です。この間は、りんごをたくさんありがとう。大きな①<u>にもつ</u>がとどいて、わくわくしながら②<u>はこ</u>を③<u>あけ</u>ました。りんごはさわやかなおりで、おいしかったです。お④<u>れい</u>に、わたしがかいた絵をこのしゅにお⑤<u>おく</u>ります。
>
> 　これから寒くなりますが、かぜをひかないように気をつけてください ね。
>
> 　　　　　　　　あゆみより

① （　　　　　　　）

② （　　　　　　　）

③ （　　　　　　　）

④ （　　　　　　　）

⑤ （　　　　　　　）

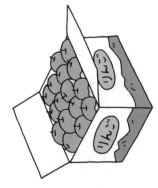

64 パズル・実せん ⑧

✏ 学習した日　月　日　名前

目ひょう時間 ⏱ 20分　とく点 ／100点

① つぎの□に読みがあう言葉が矢じるしの向きに読めるように、□に入る漢字のよみと、あてはまる漢字を書きましょう。【1つ6点 36点】

（1）
有 ← **名** → 前
（こゆう）（ゆうめい）（なまえ）

（2）
仕 ← □ → 箱
毛 ← □ → 実
（　　　）（　　　）

〈　住　様　筆　所　事　〉

② ──線を漢字と送りがなで書きましょう。【1つ8点 24点】

（1）おみやげを**はへる**。
（　　　　　）

（2）病人を車で**はこぶ**。
（　　　　　）

（3）羽のように**かるい**。
（　　　　　）

③ 次は、あゆみさんがおばあさんへ書いた手紙です。──線の①〜⑤のひらがなを漢字と送りがなで書きましょう。【1つ8点 40点】

おばあさんへ

ねがいします。
なつやすみにはおばあちゃんの元気な
かおを見られることをたのしみにしています。
おからだに気をつけて、お元気で
いてください。
たしは、このあいだおばあさんにおしえてもらった絵をかいて②はっぴょうしました。大しょうをもらってとてもうれしかったです。
わたしは元気です。おばあちゃんも
①おげんきですか。

あゆみ

①（　　　）②（　　　）③（　　　）④（　　　）⑤（　　　）

買い物をしよう

らくらくマルつけ
解説↓185ページ
2365

学習した日　月　日　名前

目ひょう時間 ⏱ 20分　／100点　とく点

商

つけないようにとめる　つけないようにはらう

読み方
〈音〉ショウ
〈くん〉（あきな-う）

使い方
商業　商店
商社　商売
商人　商い

練習 商

11画　一 ー ナ 十 亡 产 产 产 商 商 商

品

少し大きめに

読み方
〈音〉ヒン
〈くん〉しな

使い方
部品　商品
品物　食品
手作品　品

練習 品

9画　ー 丨 口 口 叩 吊 品 品 品

客

立てる

読み方
〈音〉キャク カク
〈くん〉

使い方
客室　乗客
客船　来客
観客　客席

練習 客

9画　一 丶 宀 宁 宏 安 客 客 客

安

少し出す

読み方
〈音〉アン
〈くん〉やす-い

使い方
不安　安全
安物　安心
目安　安定

練習 安

6画　一 丶 宀 宁 安 安

---

① □に漢字を書きましょう。

1つ8点【80点】

(1) しょうひん がならぶ。

(2) よい しなもの をえらぶ。

(3) お きゃく さんにきかれる。

(4) ねだんが やす い。

(5) しょうてん で野さいを買う。

(6) 朝から らいきゃく がある。

(7) 食の あんぜん を守る。

(8) しょうばい を始める。

(9) ホテルの きゃくしつ に入る。

(10) 不 あん な気持ちになる。

---

② スパイラルコーナー □に漢字を書きましょう。

1つ10点【20点】

(1) 大きな家に す む。

(2) 駅で人を み おく る。

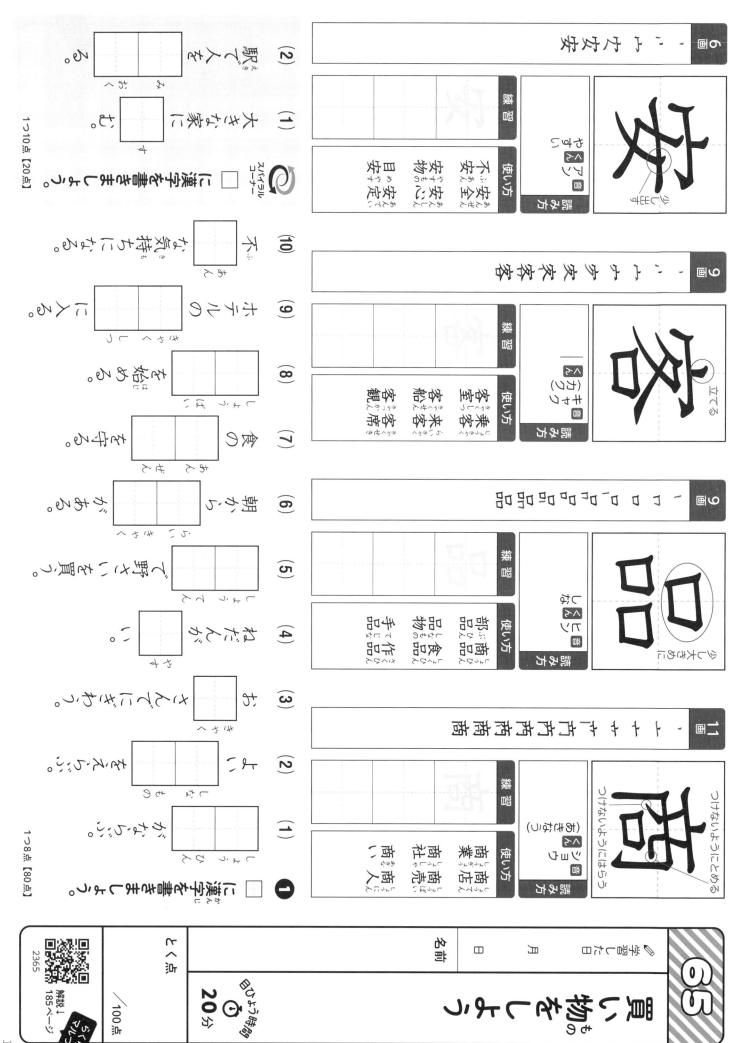

2365　解説↓185ページ

65 買い物をしよう

学習した日　月　日　名前

目ひょう時間 ⏱20分　とく点 ／100点

安 6画
読み方：〔音〕アン　〔訓〕やすい　少しだす「立てる」
使い方：安全に／不あん／安物だ／目やす
練習

客 9画
読み方：〔音〕カク・キャク　立てる
使い方：乗客／来客/客船/客席/客観/客間
練習

品 9画
読み方：〔音〕ヒン　〔訓〕しな
使い方：部品/食品/品物/手作りの品
練習

商 11画
読み方：〔音〕ショウ　〔訓〕あきなう
使い方：商業/商店/商社/商人/商売
つけないようにとめる
練習

---

❶ □に漢字を書きましょう。1つ8点【80点】

(1) □がやすい。
(2) □ものをしない。
(3) おきゃくさんをむかえる。
(4) ねだんがやすい。
(5) しょうてんで野さいを買う。
(6) 朝からきゃくがある。
(7) 食のあんぜんを守る。
(8) 始はきゃくが集まる。
(9) ホテルのきゃくしつに入る。
(10) 不あんな気持ちになる。

❷ □に漢字を書きましょう。1つ10点【20点】

(1) 大きな家にすむ。
(2) 駅でみゃくを買う。

スパイラルコーナー

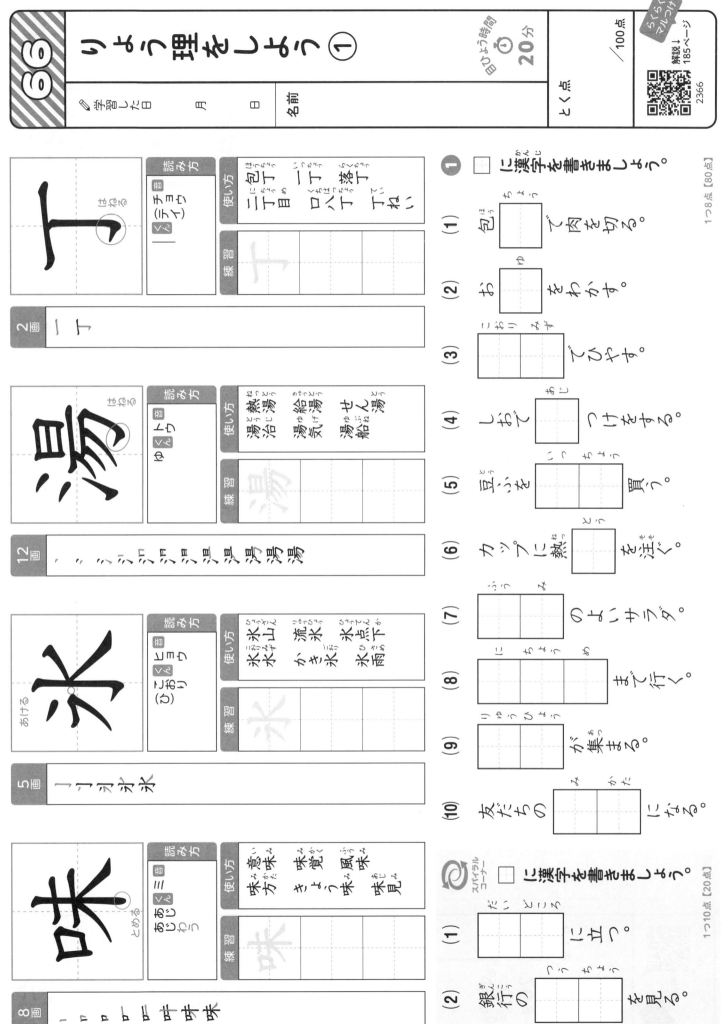

丁

読み方
音 チョウ（テイ）

使い方
二丁目
包丁で
一丁
八丁
丁ねい
落丁

2画 一丁

湯

読み方
音 トウ
訓 ゆ

使い方
熱湯
給湯き
せん湯
湯治
湯気
湯船

12画 氵氵氵氵氵氵湯湯湯湯湯湯

氷

読み方
音 ヒョウ
訓 こおり（ひ）

使い方
氷山
氷水
流氷
かき氷
氷点下
氷雨

5画 丨刁汋氷

味

読み方
音 ミ
訓 あじ（あじわう）

使い方
意味
味方
き味
ちょう味
味見
ふう味

8画 丨口口口叶味味味

1 □ に漢字を書きましょう。 1つ8点【80点】

(1) 包丁 で肉を切る。

(2) お湯 をわかす。

(3) 氷水 でひやす。

(4) しお湯 でしけをする。

(5) 豆ふを一丁 買う。

(6) カップに熱湯 を注ぐ。

(7) 氷 のようにサラダ。

(8) 湯 まで行く。

(9) 流氷 が集まる。

(10) 友だちの味方 になる。

2 □ に漢字を書きましょう。 1つ10点【20点】

(1) 台所 に立つ。

(2) 銀行の 通ちょう を見る。

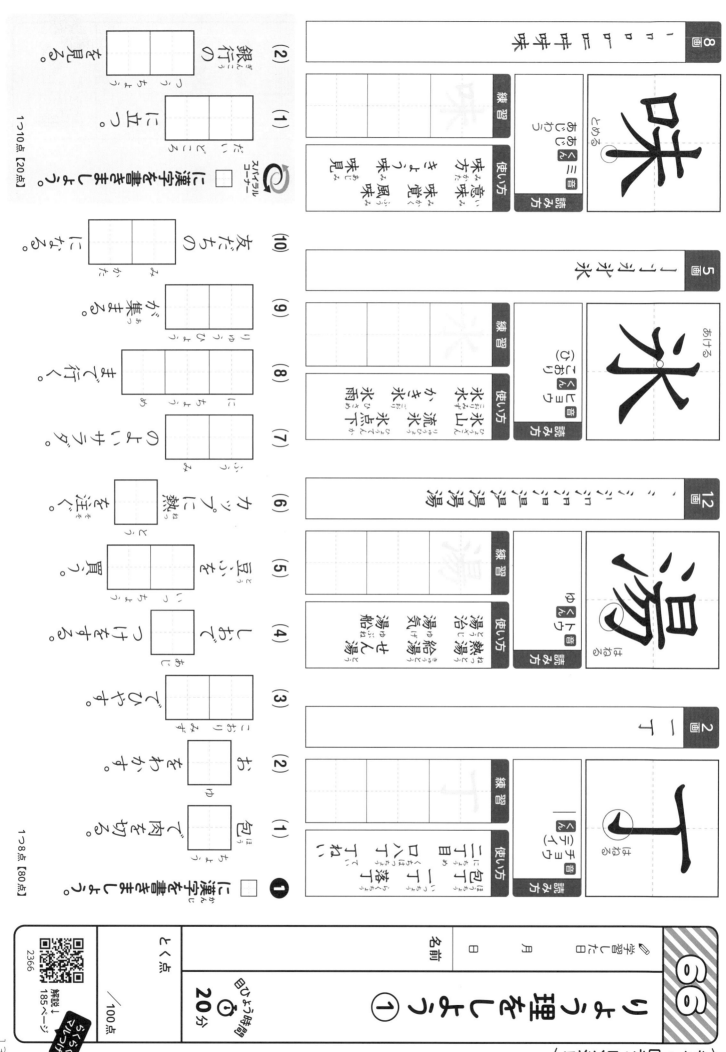

66 りょう理をしよう ①

目ひょう時間 ⏱ 20分　とく点 ／100点

味 8画

読み方　ミ（音）　あじ　あじわう

使い方
意味　味覚　味わう　味方　風味　味見

〈練習〉

氷 5画

読み方　ヒョウ（音）　こおり　（ひ）

使い方
氷山　氷水　流氷　氷点下　氷雨

〈練習〉

湯 12画

読み方　トウ（音）　ゆ　はねる

使い方
湯治　熱湯　湯気　湯船　絵湯

〈練習〉

丁 2画

読み方　チョウ・テイ（音）　はねる

使い方
一丁目　包丁　丁目　落丁　丁ねい

〈練習〉

---

❶ □に漢字を書きましょう。

(1) 包ほうちょう□で肉を切る。
(2) お□ゆをわかす。
(3) お□にぎりです。
(4) おでしで□けする。
(5) 豆とう□ふを買う。
(6) カップに熱ねつ□湯とうを注そそぐ。
(7) みそのようなタレ。
(8) □みちで行く。
(9) り□ょうひんが集あつまる。
(10) 友だちの□みかたになる。

⟳ スパイラルコーナー

□に漢字を書きましょう。

(1) □だいとに□立つ。
(2) 銀ぎん□行こうの□ちょうに見る。

1つ10点【20点】

1つ8点【80点】

解説↓185ページ
2366

りょうり理をしよう②

✐ 学習した日　月　日　名前

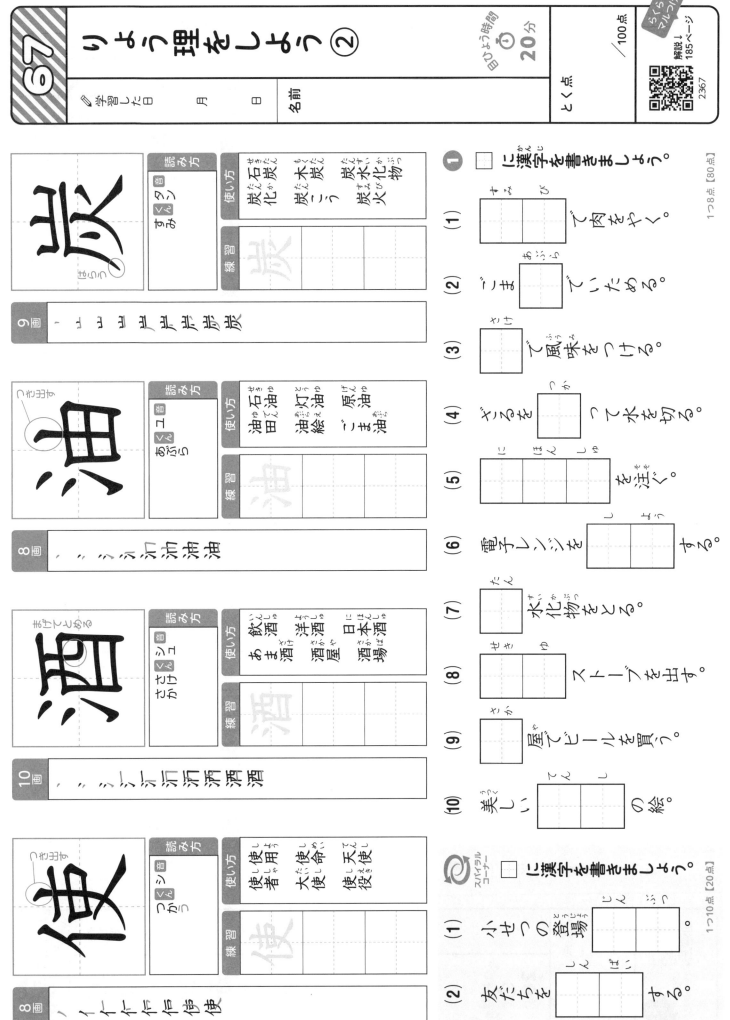

炭
読み方　音 タン　訓 すみ
9画　一　ナ　ナ　半　半　芹　芹　炭　炭
使い方　炭化　石炭　炭　木炭　炭火　炭水化物

油
読み方　音 ユ　訓 あぶら
8画　丶　氵　沪　油　油
使い方　石油　油田　灯油　絵の具の油　原油　ごま油

酒
読み方　音 シュ　訓 さけ・さか
10画　丶　氵　汀　汀　沂　沔　洒　泗　酒
使い方　飲酒　洋酒　お酒　酒屋　酒場　日本酒

使
読み方　音 シ　訓 つかう
8画　丶　亻　仁　仁　仁　信　使　使
使い方　使用　使者　大使　使命　天使　使役

❶ □に漢字を書きましょう。 1つ8点[80点]

(1) □□ で肉を焼く。

(2) ゴマ□であげる。

(3) □で風味をつける。

(4) ざるを□で水を切る。

(5) □□□を注ぐ。

(6) 電子レンジを□□する。

(7) □水化物をとる。

(8) □□スープを出す。

(9) 屋□でビールを買う。

(10) 美しい□□の絵。

❷ スパイラルコーナー □に漢字を書きましょう。 1つ10点[20点]

(1) 小せつの登場□□。

(2) 友だちを□□する。

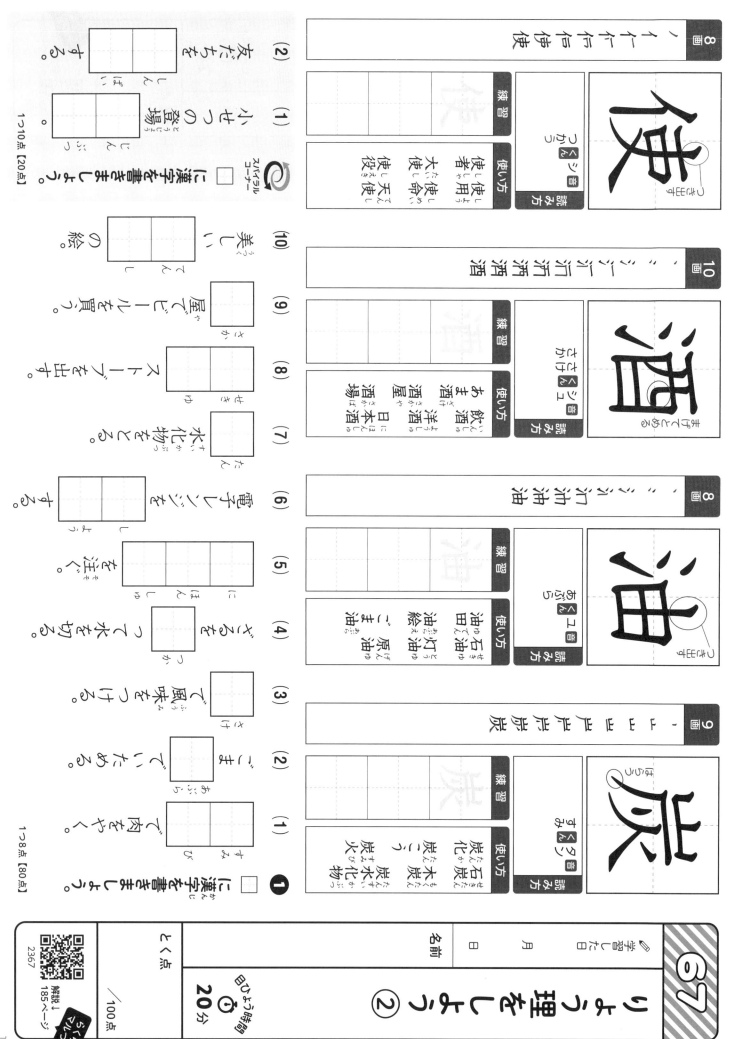

〈小学三年生〉

67
べんきょうした日

学習した日
月　日

名前

りょう理をしよう ②

目ひょう時間
⏱ 20分

とく点
／100点

らくらくマルつけ

解説↓ 185ページ

2367

136

8画

使

音 シ
読み方 つかう

使い方
使者・使用
大使・使命
使役・天使

練習 使

10画

酒

音 シュ
読み方 さけ・さか

使い方
あま酒・飲み酒
酒屋・洋酒
日本酒・酒場

練習 酒

8画

油

音 ユ
読み方 あぶら

使い方
油石・田で油
消灯・絵の油
原油・ごま油

練習 油

9画

炭

音 タン
読み方 すみ

使い方
炭化石・木炭
炭こう・炭水
炭火・化ぶつ

練習 炭

❶ □に漢字を書きましょう。 1つ8点【80点】

(1) □□（すみび）で肉をやく。

(2) □□（あぶら）であげる。

(3) □（はい）で風味をつける。

(4) □（ゆ）で水を切る。

(5) □□□（しょうゆ）を注ぐ。

(6) 電子□□□（レンジ）する。

(7) □□（たんすい）化物をとる。

(8) □□（せきゆ）ストーブを出す。

(9) □□（はいざら）でビールを買う。

(10) 美□□□（しくてん）の絵。

🌀 スパイラルコーナー

□に漢字を書きましょう。 1つ10点【20点】

(1) □□（しんじん）の登場。

(2) 友だちを□□（しんじ）る。
です。

もくひょう時間 ⓘ 20分

学習した日　月　日　名前

とく点　／100点

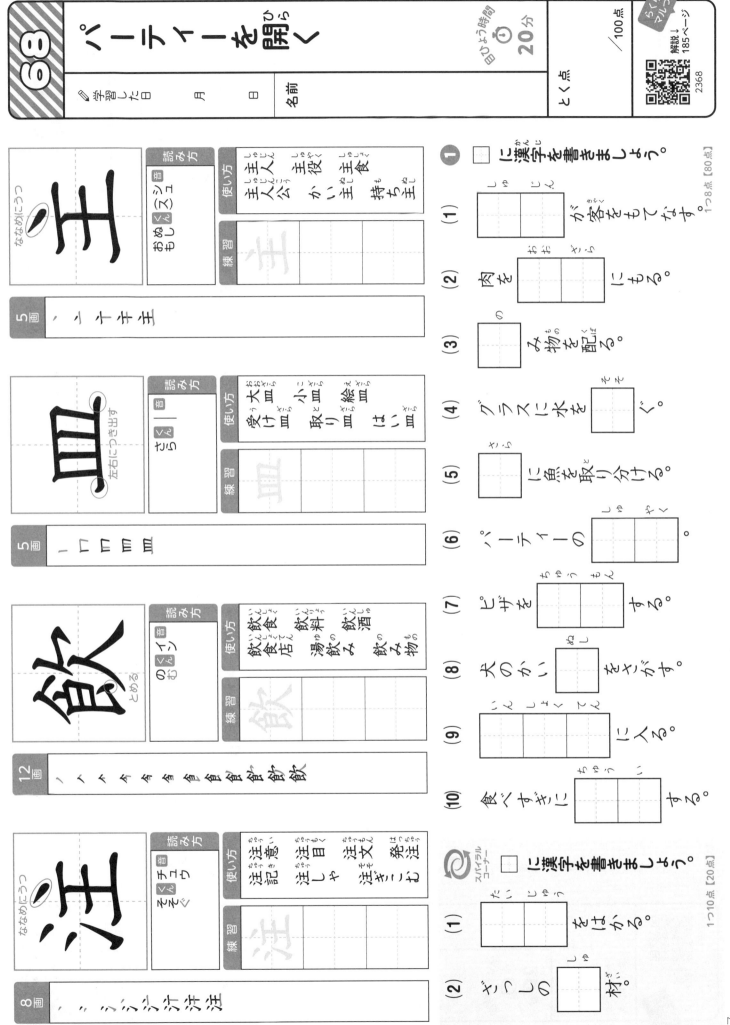

主

ななめにうつ

読み方
音 シュ・ス
訓 おも・ぬし

使い方
主人公
主じんこう
主じんかい
主役 主やく
主食 主しょく
食もちぬし 持ち主
〜が主だ

練習 主

5画　' ㇒ 二 宇 主

皿

左右にできを出す

読み方
音 │
訓 さら

使い方
大皿 おおざら
小皿 こざら
絵皿 えざら
受け皿 うけざら
取り皿 とりざら
皿はこ 皿

練習 皿

5画　丿 𠃌 Ⅲ Ⅲ 皿

飲

読み方
音 イン
訓 のむ・とめる

使い方
飲食 いんしょく
飲食店 いんしょくてん
飲料 いんりょう
飲酒 いんしゅ
湯飲み ゆのみ
飲み物 のみもの

練習 飲

12画　' ㇒ ㇒ 今 今 今 食 食 食 飣 飲 飲

注

ななめにうつ

読み方
音 チュウ
訓 そそぐ

使い方
注意 ちゅうい
注記 ちゅうき
注目 ちゅうもく
注や 注文 ちゅうもん
発注 はっちゅう
注ぐ そそぐ

練習 注

8画　' 丶 氵 汁 汁 汴 注 注

---

1 ☐ に漢字を書きましょう。

1つ8点〔80点〕

(1) ［しゅ じん］ が 客をもてなす。

(2) 肉を ［おお ざら］ にもる。

(3) ［の］ み物を配くばる。

(4) グラスに水を ［そそ］ ぐ。

(5) ［さら］ に魚を取り分ける。

(6) パーティーの ［しゅ やく］。

(7) ピザを ［ちゅう もん］ する。

(8) 犬のかい ［ぬし］ をさがす。

(9) ［いん しょく てん］ に入る。

(10) 食べすぎに ［ちゅう い］ する。

---

2 スパイラルコーナー ☐ に漢字を書きましょう。

1つ10点〔20点〕

(1) ［だい じ］ をはかる。

(2) さいしの ［しゅ］ 村。

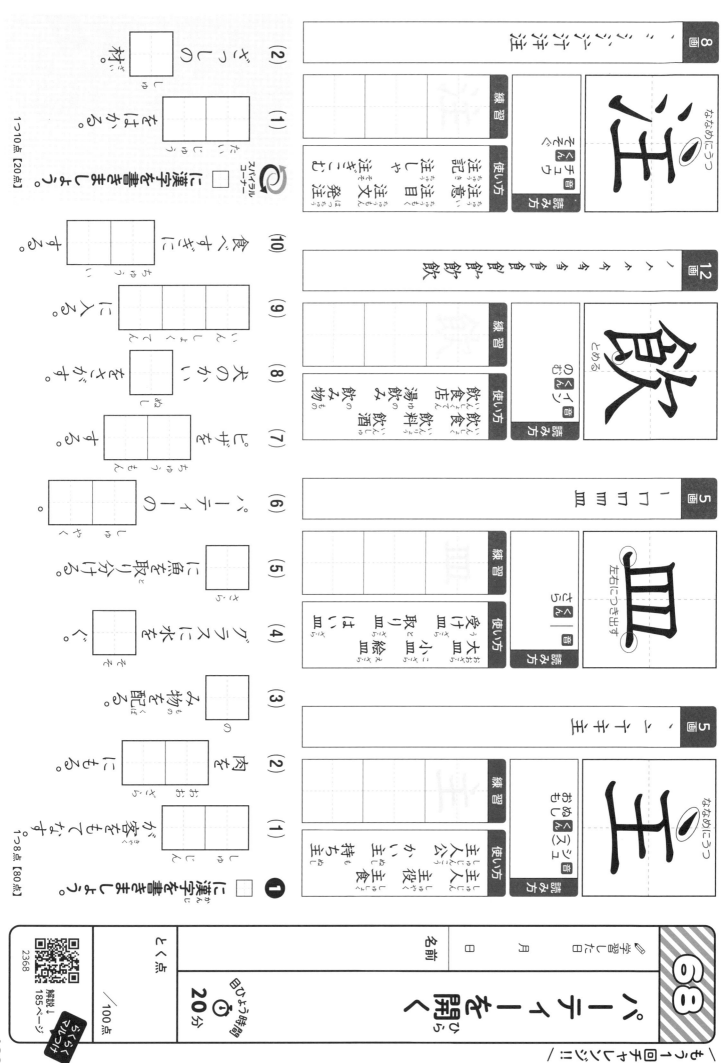

✎ 学習した日　月　日
名前
目ひょう時間 ⏱ 20分
とく点 ／100点
⓪ 20分
2368
解説↓185ページ
らくらく マルつけ

なかめにコラッ

注　8画
音 チュウ
訓 そそ(ぐ)

使い方
注意
注目
注文
発注
注ぐ
記す

練習

、ソ氵汁汁注注

飲　12画
音 イン
訓 の(む)
とめる

使い方
飲食
飲食店
飲料
飲酒
飲み物
湯の飲み物

練習

ノ人ト今今今今貪貪食食飲

皿　5画
音 ─
訓 さら
左右につき出す

使い方
受け皿
大皿
取り皿
小皿
総皿
はい皿

練習

1 冂 冂 皿 皿

主　5画
音 シュ(ス)
訓 おも、ぬし

使い方
主食
主人
主役
持ち主
主

練習

、 一 千 キ 主

---

❶ □に漢字を書きましょう。　1つ8点【80点】

(1) □ が答えをなべてます。

(2) 肉を □□ にもる。

(3) み物を配る □ 大皿。

(4) ブラスに水を □ そそぐ。

(5) □ に魚を取り分ける。

(6) テーブルの □□ へんじょう。

(7) ビールを □□ ちゅうもん する。

(8) 犬の □ えさ がなくなる。

(9) □□□ にてんいんさんがいる。

(10) 食べすぎに □□ ちゅうい する。

---

(2) ─ に漢字を書きましょう。　1つ10点【20点】

(1) □□ ただしょを はかる。

(2) □ しゅ の材さい。

スパイラルコーナー 🔁

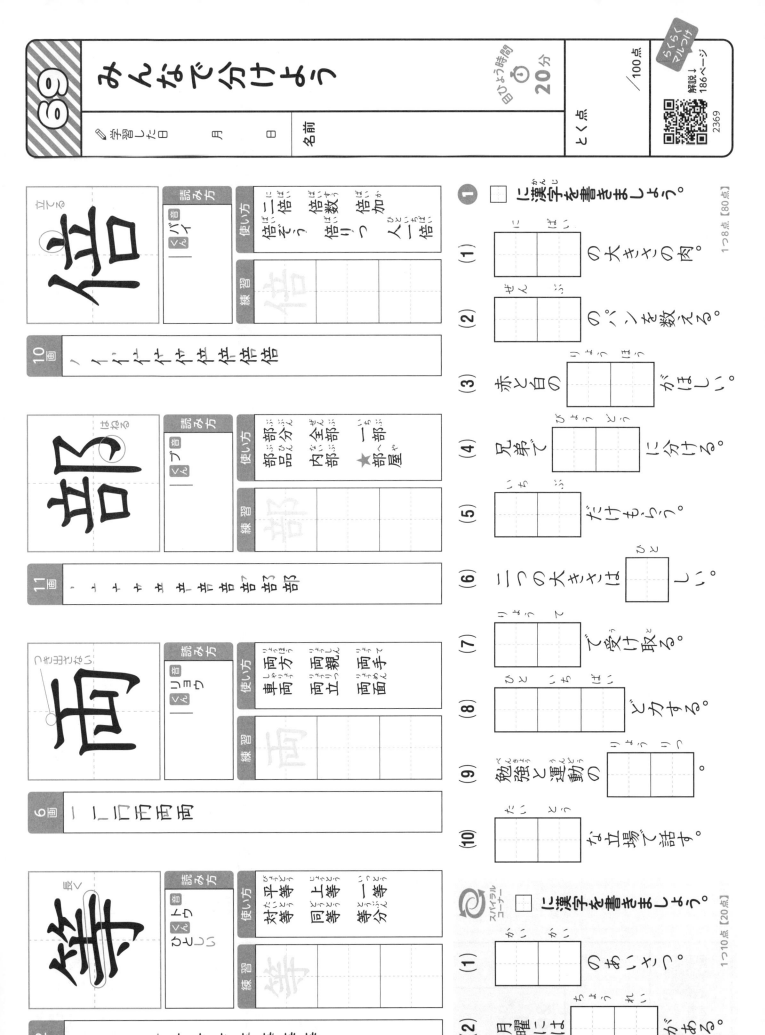

69 みんなで分けよう

目ひょう時間 20分
/100点
とく点
解説↓186ページ
2369
らくらくマルつけ

学習した日　月　日　名前

倍

読み方
音 バイ
訓

使い方
二倍
倍数
倍加
数倍
一倍
人一倍

練習 倍

10画 ノ イ イ' 佖 佖 佖 倍 倍 倍 倍

部

読み方
音 ブ
訓

使い方
部品
部分
全部
内部
★部屋
一部

練習 部

11画 ' ー + + 立 立 音 音 音 部 部

両

読み方
音 リョウ
訓

使い方
車両
両方
両立
両親
両手
両面

練習 両

6画 一 一 戸 両 両 両

等

読み方
音 トウ
訓 ひと(しい)

使い方
対等
平等
同等
上等
等分
一等

練習 等

12画 ノ ' ト ト 竹 竹 竹 笁 笁 竿 等 等

---

1 □に漢字を書きましょう。

1つ8点【80点】

(1) ┌─┬─┐ の大キャの肉。
　　│に│ば│
　　└─┴─┘

(2) ┌─┬─┐ のペンを数える。
　　│ぜん│ぶ│
　　└─┴─┘

(3) 赤と白の ┌─┬─┐ がほしい。
　　　　　　│りょう│ほう│
　　　　　　└─┴─┘

(4) 兄弟で ┌─┬─┐ に分ける。
　　　　　│びょう│どう│
　　　　　└─┴─┘

(5) ┌─┬─┐ だけもらう。
　　│いち│ぶ│
　　└─┴─┘

(6) 二つの大キャは ┌─┐ しい。
　　　　　　　　　│ひと│
　　　　　　　　　└─┘

(7) ┌─┬─┐ で受け取る。
　　│りょう│て│
　　└─┴─┘

(8) ┌─┬─┬─┐ ど力する。
　　│ひと│いち│ばい│
　　└─┴─┴─┘

(9) 勉強と運動の ┌─┬─┐ 。
　　　　　　　　│りょう│りつ│
　　　　　　　　└─┴─┘

(10) ┌─┬─┐ な立場で話す。
　　 │たい│とう│
　　 └─┴─┘

---

2 スパイラルコーナー □に漢字を書きましょう。

1つ10点【20点】

(1) ┌─┬─┐ のおこさん。
　　│か│か│
　　└─┴─┘

(2) 月曜には ┌─┬─┐ がある。
　　　　　　│ちょう│れい│
　　　　　　└─┴─┘

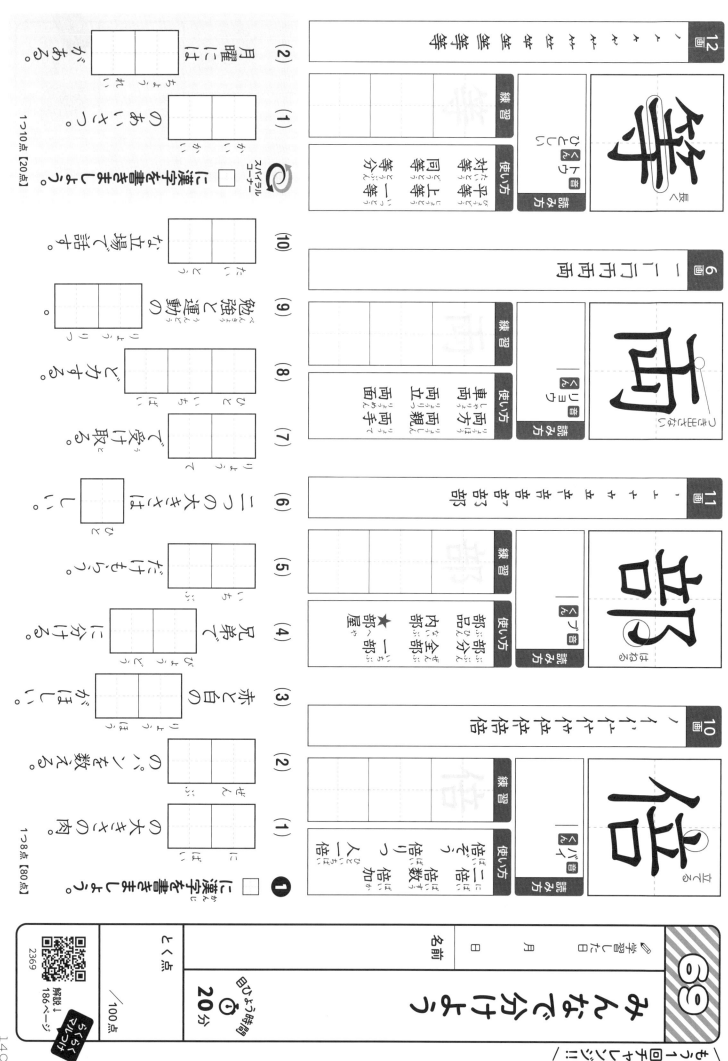

69 みんなで分けよう

学しゅうした日　月　日　名前

目ひょう時間 ⏱ 20分　とく点 ／100点

/ 一回チャレンジ！！ /

等　12画
丶　一　ナ　ヰ　ナ　ナ　ゲ　笃　竿　竿　竿　等

音 トウ
訓 ひとしい

練習

使い方
対等（たいとう）
同等（どうとう）
上等（じょうとう）
一等（いっとう）
等分（とうぶん）

両　6画
一　厂　厂　両　両　両

音 リョウ

練習

使い方
両方（りょうほう）
両手（りょうて）
両親（りょうしん）
両立（りょうりつ）
両面（りょうめん）

部　11画
丶　一　ナ　立　产　音　音　咅　部　部　部

音 ブ
訓 （へ）

練習

使い方
部分（ぶぶん）
全部（ぜんぶ）
内部（ないぶ）
部内（ぶない）
★一部（いちぶ）
部屋（へや）

倍　10画
ノ　イ　亻　亻　仁　什　侊　侊　倍　倍

音 バイ

練習

使い方
二倍（にばい）
倍数（ばいすう）
一倍
人一倍（ひといちばい）
倍加（ばいか）

---

① □に漢字を書きましょう。

1つ8点【80点】

(1) ◯◯の大きさの肉。
(2) 赤と白の◯◯を数える。
(3) ◯◯が等しい。
(4) 兄弟で◯◯に分ける。
(5) ◯◯だけのことも。
(6) この川の大きさは◯にくらべて…。
(7) …で受け取る。
(8) 勉強と運動の◯◯がある。
(9) 勉強と運動の…
(10) …な立場で話す。

---

② □に漢字を書きましょう。

1つ10点【20点】

(1) …のおかげで…。
(2) 月曜日には…がある。

スパイラルコーナー ♻

2369　解説↓186ページ　らくらくマルつけ

目ひょう時間 20分

学習した日 　月　　日　名前

／100点　とく点

解説↓186ページ
2370

❶ （　）に──線の読みがなを書きましょう。　1つ4点【52点】

(1) 大きな商社につとめる。
（　　　　　）

(2) 油でいためる。
（　　　　　）

(3) 客船で旅をする。
（　　　　　）

(4) 安物の服を買う。
（　　　　　）

(5) 落丁の本を取りかえる。
（　　　　　）

(6) せん湯のえんとつ。
（　　　　　）

(7) 流氷を見に行く。
（　　　　　）

(8) しお味のポテトチップス。
（　　　　　）

(9) 炭こうではたらく。
（　　　　　）

(10) 原油をゆ入する。
（　　　　　）

(11) 音楽にきょう味がある。
（　　　　　）

(12) 外国の大使をむかえる。
（　　　　　）

(13) 氷がとける。

❷ □に漢字を書きましょう。　1つ4点【48点】

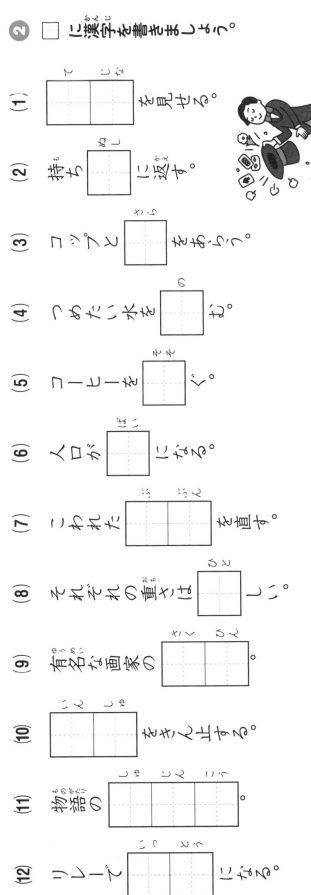

(1) ［て じな］を見せる。

(2) 持ち［ぬし］に返す。

(3) コップと［さら］をあらう。

(4) つめたい水を［の］む。

(5) コーヒーを［そそ］ぐ。

(6) 人口が［ばい］になる。

(7) こわれた［ぶぶん］を直す。

(8) それぞれの重さは［ひと］しい。

(9) 有名な画家の［さくひん］。

(10) ［こうしゅう］をきん止する。

(11) 物語の［しゅじんこう］。

(12) リレーで［いっとう］になる。

70 まとめのテスト ⑰

学習した日　月　日
名前

目ひょう時間 20分
とく点 ／100点
解説↓186ページ
2370
らくらくマルつけ／
142

① ──線の読みがなを書きましょう。1つ4点[52点]

(1) 大きな商社につとめる。（　　）
(2) 油でいためる商社にある。（　　）
(3) 客船で旅をする。（　　）
(4) 安物の服を買う。（　　）
(5) 落丁の本を取りかえる。（　　）
(6) せん湯のえんとつ。（　　）
(7) 流氷を見に行く。（　　）
(8) しお味のポテトチップス。（　　）
(9) 炭ってはたらく。（　　）
(10) 原油をゆにゅうする。（　　）
(11) 音楽にきょうという味がある。（　　）
(12) 外国の大使をむかえる。（　　）
(13) 氷がとけて水になる。（　　）

② □に漢字を書きましょう。1つ4点[48点]

(1) □本（て・ほん）を見せる。
(2) 持ち□（ぬし）に返す（かえ）。
(3) コップに□（みず）をあらう。
(4) □（つめ）たい水をのむ。
(5) コーヒーを□（そそ）ぐ。
(6) 人口が□□（はん・ぶん）になる。
(7) こわれた□□（ぶ・ひん）を直す（なお）。
(8) それぞれの重さは□（ひと）しい。
(9) 有名な画家の□□（さく・ひん）。
(10) じしんを□止（きん・し）する。
(11) 物語の□□□（しゅ・じん・こう）。
(12) リレーで□□（に・しょう）になる。

まとめのテスト⑱

目ひょう時間 ⓢ 20分

/100点

らくらくマルつけ 解説↓186ページ 2371

学習した日 月 日　名前　とく点

❶ （　）に――線の読みがなを書きましょう。

1つ4点［52点］

(1) 炭火がもえている。（　　　　　）

(2) 主食の米を買う。（　　　　　）

(3) 小皿に取り分ける。（　　　　　）

(4) 飲料水をひやす。（　　　　　）

(5) 文ぼう具を発注する。（　　　　　）

(6) 倍りつが高い。（　　　　　）

(7) ビルの内部に入る。（　　　　　）

(8) 新しい車両ができる。（　　　　　）

(9) 木炭で火をおこす。（　　　　　）

(10) スーパーで食品を買う。（　　　　　）

(11) 主な原いんを考える。（　　　　　）

(12) 上等なワインをいただく。（　　　　　）

(13) 病院で注しゃを打つ。

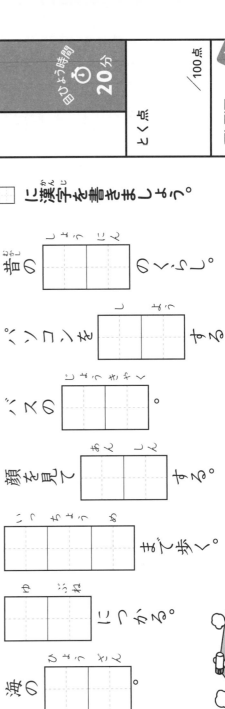

❷ □に漢字を書きましょう。

1つ4点［48点］

(1) 昔の ┌しょう┬にん┐ のくらし。

(2) パソコンを ┌し┬よう┐ する。

(3) バスの ┌じょうきゃく┐。

(4) 顔を見て ┌あん┬しん┐ する。

(5) ┌こ┬ちょう┬め┐ まで歩く。

(6) ┌ゆ┬ぶね┐ につかる。

(7) 海の ┌ひょう┬めん┐。

(8) 言葉の ┌い┬み┐ を調べる。

(9) 予算の ┌め┬やす┐ を立てる。

(10) ┌ゆ┬でん┐ のある地いき。

(11) あま ┌ざけ┐ を作る。

(12) はさみを ┌つか┐ う。

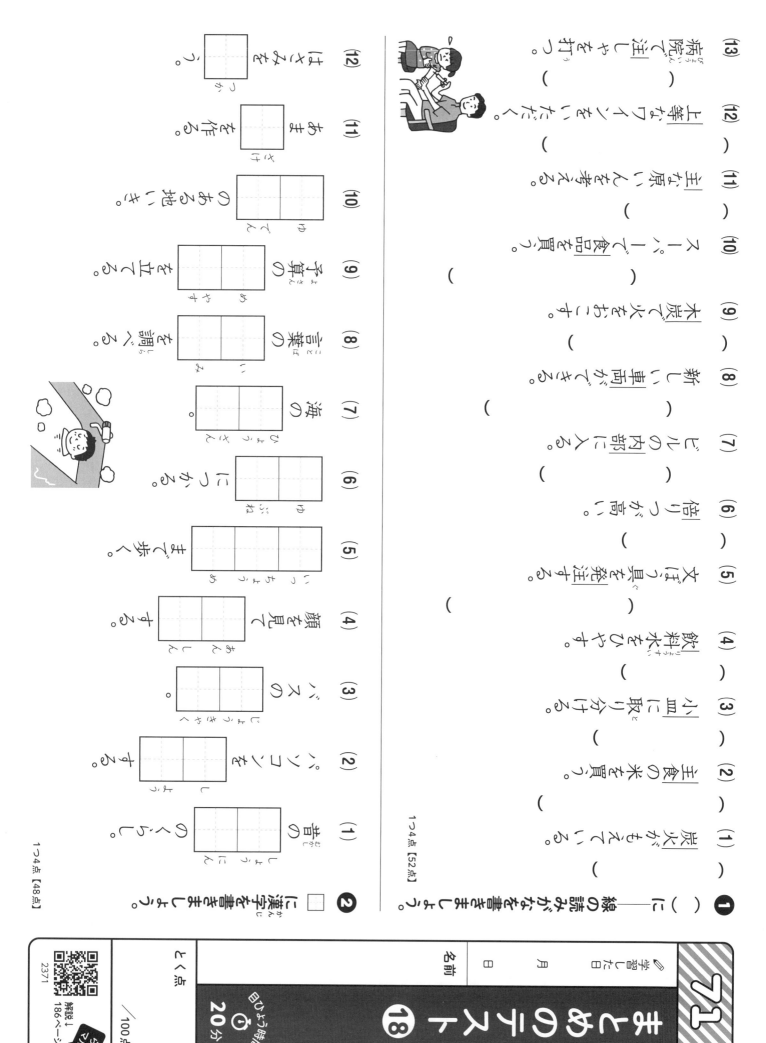

1 ——線の読みがなを書きましょう。

1つ4点【52点】

(1) 炭火がもえている。
（　　　）

(2) 主食の米を買う。
（　　　）

(3) 主食の米を買う。
（　　　）

(4) 飲料水をひやす。
（　　　）

(5) 文ぼう具を発注する。
（　　　）

(6) 借りた具を発注する。
（　　　）

(7) ビルの内部に入る。
（　　　）

(8) 新しい車両ができる。
（　　　）

(9) 木炭で火をおこす。
（　　　）

(10) スーパーで食品を買う。
（　　　）

(11) 主な原いんを考える。
（　　　）

(12) 上等なワインをかたむける。
（　　　）

(13) 病院で注しゃを打つ。
（　　　）

2 □に漢字を書きましょう。

1つ4点【48点】

(1) 昔の
□□の
むかし　じん
くらし。

(2) ピソコンを
□□する。
そう　さ

(3) ジュースの
□□。
はんばい

(4) 顔を見て
□□する。
あん　しん

(5) まっすぐ
□□□歩く。
め　ざ　し　て

(6) □□にかつ。
ゆ　ね

(7) 海の
□□。
ひょう　めん

(8) 言葉の
□□を調べる。
い　み

(9) 予算の
□□を立てる。
け　さん

(10) □□のある地に。
ゆ　えん

(11) おまもりを作る。
まよ　け

(12) はじみをかう。
（　　）

とく点
／100点
目ひょう時間
20分
解説↓186ページ
2371

学習した日　月　日　名前

目ひょう時間 ⑳分　／100点　とく点

解説↓186ページ　2372

❶ 次の文の──線のカタカナに合う漢字を〈　〉からえらび、○でかこみましょう。
1つ7点【21点】

(1) 店にショウ品がならぶ。
〈　商　・　消　〉

(2) 豆ふを一チョウ買う。
〈　町　・　丁　〉

(3) 石ユをゆ入する。
〈　湯　・　油　〉

❷ 二字のじゅく語のしりとりになるように□に入る漢字をあとの〈　〉からえらんで書きましょう。（同じ漢字は一度しか使えません。）
1つ7点【28点】

(1) □ → 食 → □ → 物

(2) 目 → □ → 全 → □ → 分

〈　安　品　使　飲　部　客　〉

❸ 次の──線の漢字の読みがなをひらがなで書きましょう。
1つ5点【30点】

(1) ① 店の主人にたずねる。
（　　　　　）

② 犬のかい主と話す。
（　　　　　）

(2) ① 風味のよいせんべい。
（　　　　　）

② スープの味見をする。
（　　　　　）

(3) ① かけっこで一等になる。
（　　　　　）

② 二本の線の長さは等しい。
（　　　　　）

❹ 次の漢字の画数を漢数字で書きましょう。
1つ7点【21点】

(1) 氷　（　　　）画

(2) 両　（　　　）画

(3) 炭　（　　　）画

学習した日　月　日
名前
目ひょう時間　20分
とく点　／100点
解説↓186ページ
2372

1 次の——線のカタカナに合う漢字を〈 〉からえらび、○の中に合うように書きましょう。
【1つ7点】【21点】

(1) 店にショウ品がならぶ。〈 消　商 〉

(2) 豆をチョウ理して買う。〈 丁　町 〉

(3) 石けんをゆ入する。〈 湯　油 〉

2 □の中に入る漢字をあとの〈 〉からえらんで、二字のじゅく語をつくりましょう。(同じ漢字は一度しか使えません。)
【1つ7点】【28点】

〈 安　品　使　飲　部　客 〉

(1) 目 → □ ← 全 ← □ ← 分

(2) 物 ← □ ← 食 ← □

3 次の——線の漢字の読みがなを書きましょう。
【1つ5点】【30点】

(1) ① 店の主人にたずねる。（　　　）
　　② 犬の主人と話す。（　　　）

(2) ① 風味のよいにおい。（　　　）
　　② スープの味見をする。（　　　）

(3) ① かけっこで一等になる。（　　　）
　　② 二本の線の長さは同じ。（　　　）

4 次の漢字の画数を漢数字で書きましょう。
【1つ7点】【21点】

(1) 氷　　画（　　　）

(2) 両　　画（　　　）

(3) 炭　　画（　　　）

目ひょう時間 ⏱ 20分

／100点

解説↓ 187ページ
2373

らくらく マルつけ

📝学習した日　月　日　名前

とく点

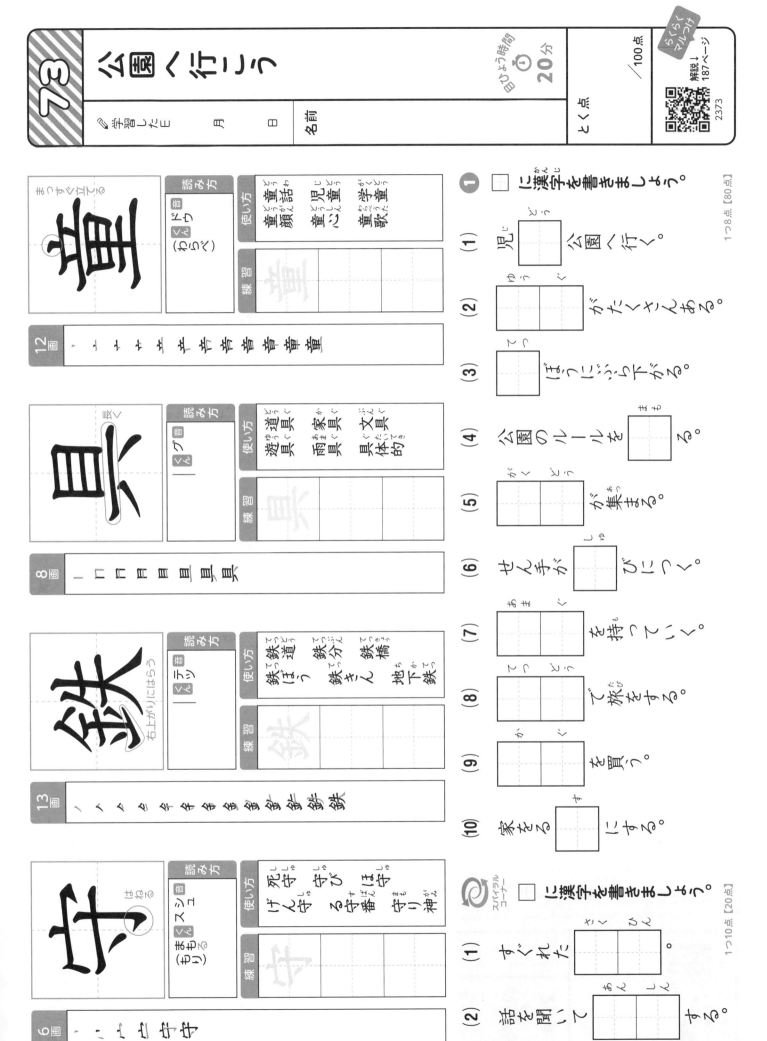

童
まっすぐ立てる

読み方
[音] ドウ
(わらべ)

使い方
童話
童心
童顔が童話
話が児童
童歌を学ぶ

練習　童

12画 ` 一 ナ ヰ 立 竒 咅 咅 咅 音 童 童

具
長く

読み方
[音] グ
[くん]

使い方
遊び道具
雨具・家具
文具・具体的

練習　具

8画 ` 一 口 日 目 貝 貝 具

鉄
右上がりにはらう

読み方
[音] テツ
[くん]

使い方
鉄道・鉄道
鉄ぼう・鉄分
地下鉄・鉄橋

練習　鉄

13画 ` ノ ト ヒ 年 年 牟 金 金 針 釺 鉄 鉄

守
はねる

読み方
[音] シュ・ス
[くん] まもる
(もり)

使い方
死守・守る
けん守・守番
る守・ほ守神

練習　守

6画 ` 一 宀 宁 守 守

① □に漢字を書きましょう。

1つ8点【80点】

(1) 児□が公園へ行く。

(2) □□がたくさんある。

(3) □がぶらんこに下がる。

(4) 公園のルールを□る。

(5) □□が集まる。

(6) せん手が□び二しく。

(7) □□を持っていく。

(8) □□で旅をする。

(9) □□を買う。

(10) 家を□すにする。

② □に漢字を書きましょう。

1つ10点【20点】

(1) すぐれた□□。

(2) 話を聞いて□□する。

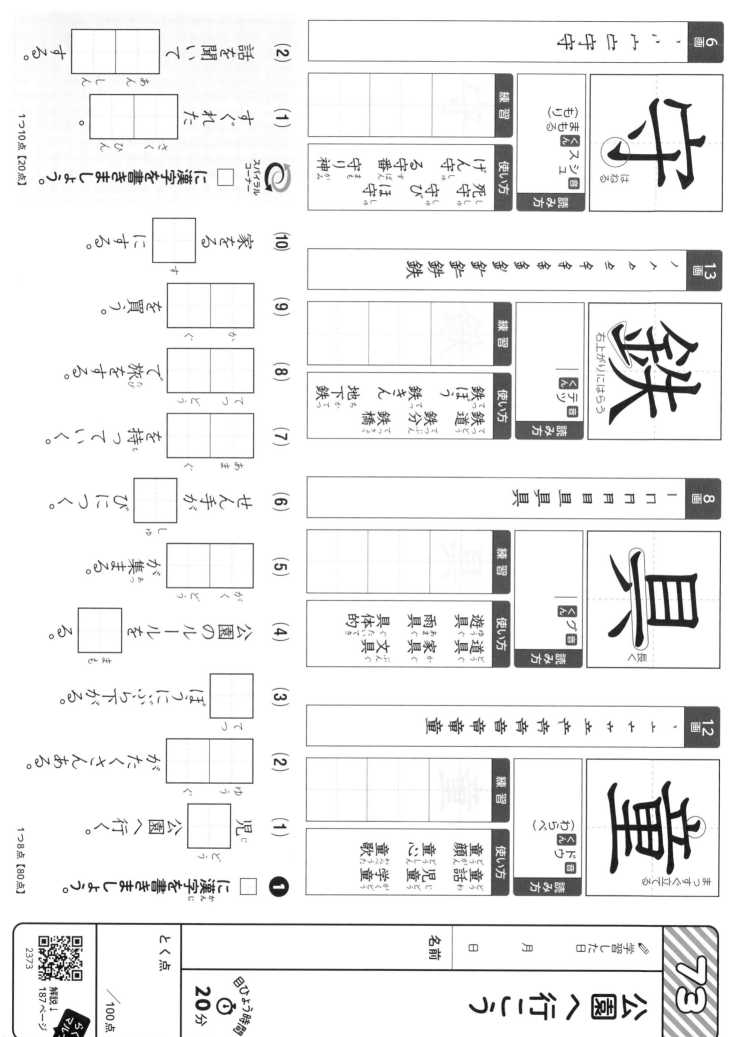

公園へ行く

学習した日　月　日

名前

目ひょう時間 ⏰ 20分

とく点　／100点

合かく 80点

2373
解説↓187ページ

らくらくマルつけ

守 ［6画］

読み方 シュ ス まもる もり

使い方
死守
守り
番人が守る
遊びを守る
守り神

練習

鉄 ［13画］

読み方 テツ
右上がりにはらう

使い方
鉄道
鉄ぼう
鉄を分ける
鉄橋
地下鉄

練習

具 ［8画］

読み方 グ
長く

使い方
遊び道具
家具
雨具
文具
具体的
道具

練習

童 ［12画］

読み方 ドウ わらべ

使い方
童話
童顔
学童
児童
童心
駅童

練習

① □に漢字を書きましょう。

(1) 児ど公園へ行く。

(2) ほどうのしんごうがあおになる。

(3) てつぼうでさかあがりをする。

(4) 公園のルールをまもる。

(5) せんがくどうがあつまる。

(6) しゅげいがくしゅうをあつめる。

(7) あまぐを持って出かける。

(8) でんてつで旅をする。

(9) かぐを買う。

(10) 家をるすにする。

1つ8点【80点】

② □に漢字を書きましょう。
スパイラルコーナー 🔄

(1) すぐにあんしんした。

(2) 話を聞いてあんしんする。

1つ10点【20点】

148

目ひょう時間 20分　／100点　とく点

✐学習した日　月　日　名前

神
読み方　音 シン・ジン　訓 かみ（こう）（こうん）
使い方　神社・神様・女神・神話・神父
9画　` ` ラ ㇈ ネ 礻 祁 衵 袙 神

祭
読み方　音 サイ　訓 まつる・まつり
「夕」ではない
使い方　祭日・祭典・夏祭り・文化祭・後の祭り
11画　` ノ ㇗ ㇗ ㇗ 癶 終 终 祭 祭 祭

笛
読み方　音 テキ　訓 ふえ
使い方　汽笛・横笛・草笛・口笛・たて笛
11画　` ` ㇒ ㇏ ㇏ ㇒ ㇒ 竺 管 笛 笛

面
読み方　音 メン　訓 おも・おもて・つら
左下にはらう
使い方　面会・場面・方面・画面・一面・表面
9画　一 ㇒ ㇏ ㇏ 而 而 而 面 面

① □に漢字を書きましょう。　1つ8点[80点]

(1) 近くに□□がある。

(2) □□りが楽しみだ。

(3) □の音が聞こえる。

(4) きつねのお□を買う。

(5) □□に手を合わせる。

(6) あたり□□の星。

(7) □□に出かける。

(8) ギリシャ□□を読む。

(9) 船が□□を鳴らす。

(10) パソコンの□□を見る。

② スパイラルコーナー　□に漢字を書きましょう。　1つ10点[20点]

(1) □□が立つ。

(2) □□□になる。

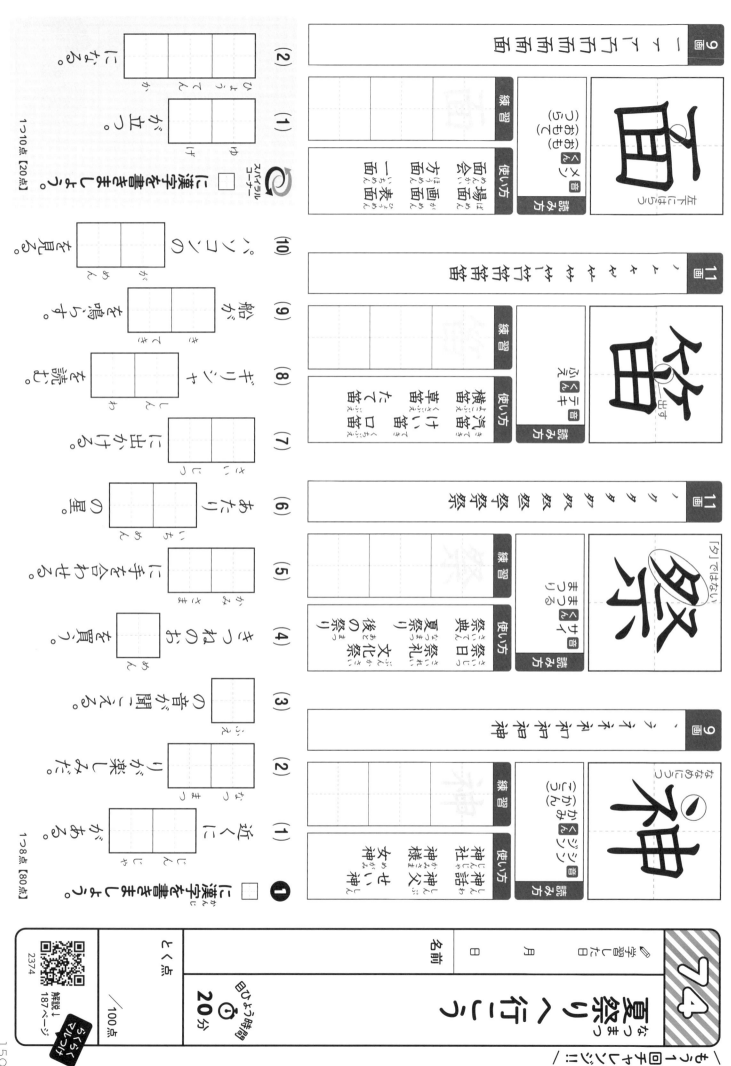

74 夏(なつ)祭(まつ)りへ行(い)こう
学(がく)習(しゅう)した日 月 日
名前
ひょう時間 20分
とく点 /100点
目ひょう時間 20分
解説↓187ページ
2374

面 9画 左にはらう
読み方 音 メン／おもて・おも・つら
使い方 場面／面会／方面／一面／表面

練習

笛 11画 出す
読み方 音 テキ／ふえ
使い方 汽笛／横笛／草笛／口笛

練習

祭 11画 「ワ」ではない
読み方 音 サイ／まつる・まつり
使い方 祭日／祭典／夏祭り／文化祭／後の祭り

練習

神 9画 長いつつみ
読み方 音 シン・ジン／かみ・かん・こう
使い方 神社／神話／神父／神様／女神

練習

❶ □に漢字を書きましょう。 1つ8点［80点］

(1) 近(ちか)くに じんじゃ がある。
(2) なつまつ りが楽しみだ。
(3) ふえ の音が聞こえる。
(4) きつ ねの おめん を買う。
(5) かみ に手を合わせる。
(6) あた りの 星。
(7) かいじょう に出かける。
(8) きじ しんぶん を読む。
(9) 船が きてき を鳴らす。
(10) パソコンの がめん を見る。

スパイラルコーナー
□に漢字を書きましょう。 1つ10点［20点］

(1) ゆけ が立つ。
(2) ひょうてん になる。

昔のことを知ろう

学習した日　月　日　名前

昭

はねる

読み方

音　ショウ

使い方
昭和
昭然

練習　昭

9画　一 冂 日 日 日⁷ 日ワ 昭 昭 昭

和

とめる

読み方

音　ワ（オ）
（やわらぐ）
（やわらげる）
（なごむ）
（なごやか）

使い方
平和
和室
和服
調和
和風
温和
和食

練習　和

8画　ノ 二 千 禾 禾 和 和 和

昔

上より長く

読み方

音　セキ（シャク）
訓　むかし

使い方
昔話
昔風
大昔
昔日
今昔
一昔

練習　昔

8画　一 十 土 サ 卝 芦 昔 昔

着

かいせつ

読み方

音　チャク（ジャク）
訓　きる・きせる
　　つく・つける

使い方
着物
着用
上着
着実
船着き場
着地
定着

練習　着

12画　丶 ⸝ ⸜ ⸝ 羊 兰 羊 差 着 着 着 着

---

1 □ に漢字を書きましょう。

1つ8点【80点】

(1) ［しょう｜わ］ 時代の出来事。

(2) そ父に ［むかし］ のことを聞く。

(3) そ母の ［き｜もの］ 。

(4) ［へい｜わ］ な時代になる。

(5) ［おお｜むかし］ に起きたこと。

(6) ［わ｜しょく］ の作り方を教わる。

(7) エプロンを ［ちゃく｜よう］ する。

(8) ［わ｜しつ］ でくつろぐ。

(9) ［むかし｜ばなし］ の本をかりる。

(10) ふるさとにたどり ［つ］ く。

---

2 スパイラルコーナー □ に漢字を書きましょう。

1つ10点【20点】

(1) ［せき｜たん］ をゆ入する。

(2) ［あぶら｜え］ をかく。

75 昔のくらしを知ろう

名前

学習した日　月　日

目ひょう時間 ⏱ 20分

とく点 ／100点

解説↓187ページ

2375

らくらくマルつけ

着 かくにん　12画
コツ きちんと音を読み方
よくきれいにつける

読み方 チャク

練習

使い方
・着物を着る
・上着を着る
・船着き場に着く
・着ち地で着ちゃく

昔 8画
上より長く

読み方 セキ・シャク（音）
むかし（訓）

練習

使い方
・昔話
・昔風
・昔々・大昔
・昔日
・今昔

和 8画

読み方 ワ・オ（音）
やわらぐ・やわらげる・なごむ・なごやか（訓）

練習

使い方
・平和
・和室
・調和・和風
・温和
・和食

昭 9画
はねる

読み方 ショウ（音）

練習

使い方
・昭和
・昭然

□ に漢字を書きましょう。

1つ8点 [80点]

(1) そ□（ふ）に（むかし）の□代（じだい）の出来事（できごと）を聞く。

(2) そ□（ふ）□（むかし）のいいつたえ。

(3) □母（そぼ）の□（もの）□（しき）。

(4) □（やわ）□（いく）な時代（じだい）になる。

(5) □（おだ）□（やか）に起（お）きたいとねがう。

(6) □（わ）□（しょく）の作（つく）り方（かた）を教（おそ）わる。

(7) エプロンを□（ちゃく）□（よう）する。

(8) □（わ）□（しつ）でくつろぐ。

(9) □（むかし）□（ばなし）の本をかりる。

(10) いつのま□（昭）にかねむっていた。

スパイラルコーナー 🔄

□ に漢字を書きましょう。

1つ10点 [20点]

(1) □（せい）□（ふく）をきゆ□（入）る。

(2) □（あぶ）□（ら）をへらす。

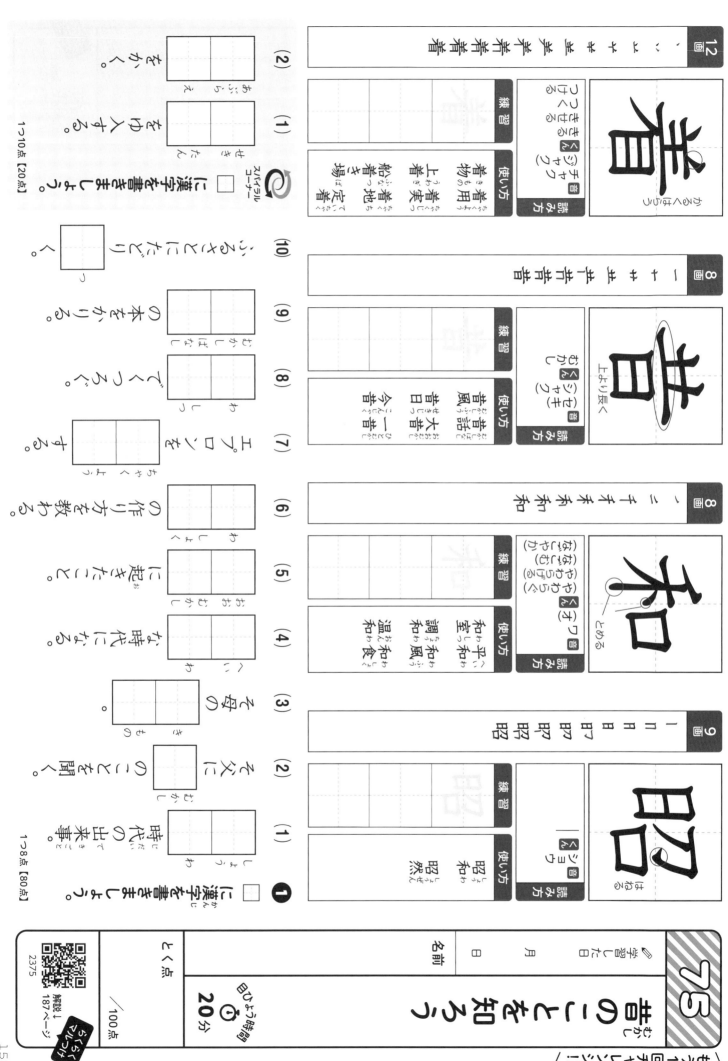

76 新しい時代

目ひょう時間 ⏱ 20分

／100点

らくらくマルつけ
解説↓ 187ページ
2376

📝 学習した日　月　日　名前

とく点

進

左にはらう

読み方
音 シン
訓 すす(む)・すす(める)

使い方
進化・進歩
発進・前進
勝ち進む・行進
進む・進学

練習 進

11画　ノ　イ　イ　イ　イ　件　件　隹　准　准　進　進

化

まげて[はねる]

読み方
音 カ・(ケ)
訓 ば(ける)・ば(かす)

使い方
化石・変化
自由化・化学
文化
お化け

練習 化

4画　ノ　イ　化　化

向

左にはらう

読み方
音 コウ
訓 む(く)・む(ける)・む(かう)・む(こう)

使い方
転校・方向
横向き・向上
向く・向学心
向かい風

練習 向

6画　ノ　ノ　ｎ　ｎ　向　向

次

はねる

読み方
音 ジ・(シ)
訓 つ(ぐ)・つぎ

使い方
次回・次期
次目・次世代
次・次第
次男

練習 次

6画　ソ　ゾ　ゾ　沙　次　次

---

① □に漢字を書きましょう。　1つ8点【80点】

(1) ぎじゅつが［　｜　］する。

(2) 生活が［　｜　］する。

(3) ［　｜　｜　］をになう。

(4) 未来へとす［　］む。

(5) 新しいお店へむ［　］かう。

(6) つぎ［　］の目ひょうを立てる。

(7) ゆたかな［　｜　］を育む。

(8) 高校に［　｜　］する。

(9) お［　］け屋しきへ行く。

(10) 電話を取りつ［　］ぐ。

---

e スパイラルコーナー

□に漢字を書きましょう。　1つ10点【20点】

(1) お［　］もな登場人物。

(2) 話し手に［　｜　］する。

153

76 新しい時代

次 6画
読み方　音ジ・シ　訓つぐ・つぎ（はねる）
書き順：丶　ン　ソ　ゾ　次
使い方：次に　次回　次期　目次　世代　次代　次男　次第に
練習

向 6画
読み方　音コウ　訓むく・むかう・むける・むこう（左はらい・右はらい）
書き順：丿　ノ　门　向　向　向
使い方：転てる方向　向上　横向き　向学心　向かい風
練習

化 4画
読み方　音カ・ケ　訓ばける・ばかす（まげてはねる）
書き順：丿　亻　化
使い方：化が変化　右に化石　自由化　文化　お化け
練習

進 11画
読み方　音シン　訓すすむ・すすめる（左はらい）
書き順：丿　亻　亻　什　什　什　隹　隹　淮　進　進
使い方：進化　進化　前進　発展進　歩進　勝ち進む　進学
練習

---

① □に漢字を書きましょう

(1) 生活が□□する
(2) 生活が□□する
(3) □□□になる
(4) 未来へ来す□□
(5) 新しいお店へ□く
(6) □□の目立つ
(7) ゆたかな□□を育む
(8) 高校に□□する
(9) お部屋□けへ行く
(10) 電話を取り□ぐ

1つ8点【80点】

スペシャルコーナー

(1) □な登場人物
(2) 話し手に□□する

□に漢字を書きましょう。

1つ10点【20点】

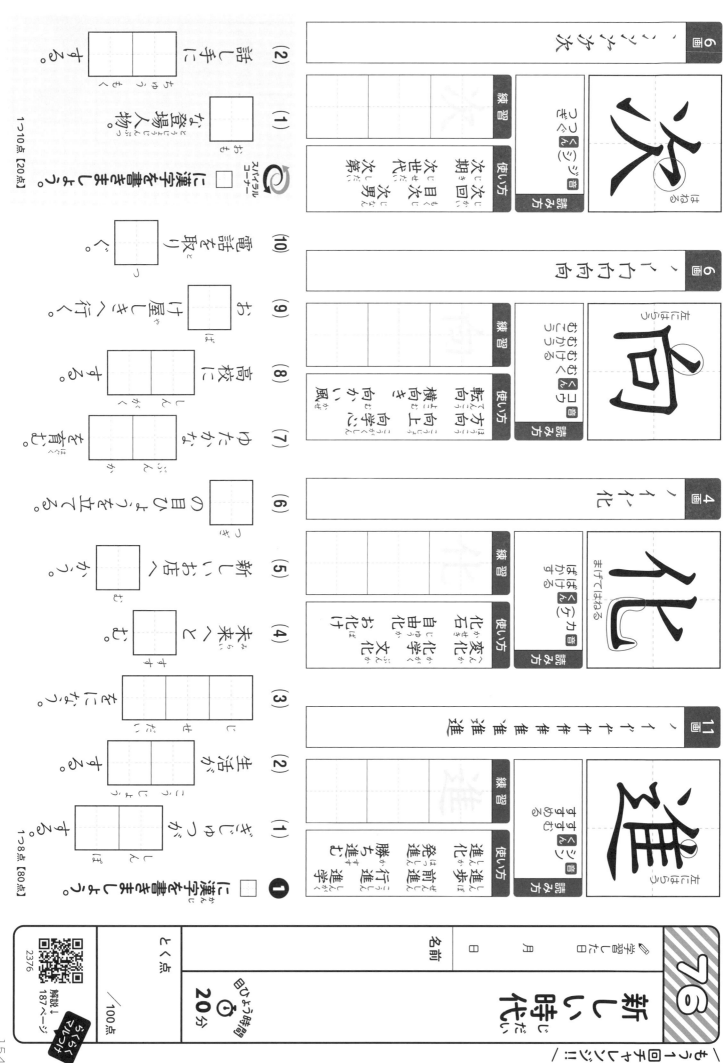

学習した日　月　日
名前
目ひょう時間 ⏱20分
とく点　／100点
解説↓187ページ
2376

目ひょう時間 ⏱ 20分

／100点

学習した日　月　日　名前

とく点　／100点

らくらくマルつけ
解説↓188ページ
2377

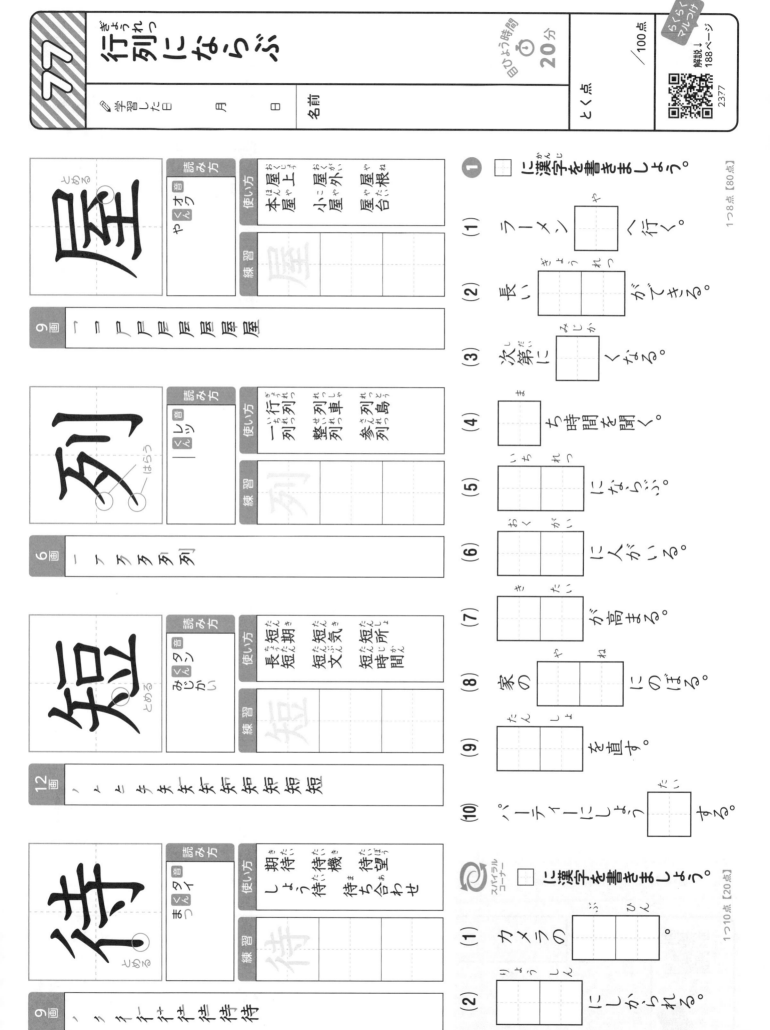

屋
読み方　音 オク　訓 や
使い方　本屋・屋上／小屋・屋外／屋根・屋台
練習　屋
9画　一 ニ ア 尸 尸 尼 层 层 屋

列
読み方　音 レツ　訓 ―（はらう）
使い方　一行列／整列・列車／参列・列島
練習　列
6画　一 ア 歹 歹 列 列

短
読み方　音 タン　訓 みじかい（とめる）
使い方　長短・短期／短文・短気／短所・短時間
練習　短
12画　′ ― ― ― ― ― ― ― ― ― ― 短

待
読み方　音 タイ　訓 まつ（とめる）
使い方　期待・待つ／待機・待ち合わせ／待望
練習　待
9画　′ ― ― ― ― ― ― ― 待

---

① □に漢字を書きましょう。　1つ8点[80点]

(1) ラーメン□へ行く。

(2) 長い□□（ぎょうれつ）ができる。

(3) 次第に□（みじか）くなる。

(4) □（ま）ち時間を聞く。

(5) □□（いち・れつ）にならぶ。

(6) □□（おく・がい）に人がいる。

(7) □□（き・たい）が高まる。

(8) 家の□□（や・ね）にのぼる。

(9) □□（たん・しょ）を直す。

(10) パーティーにしょう□（たい）する。

② スパイラルコーナー　□に漢字を書きましょう。　1つ10点[20点]

(1) カメラの□□（ぶ・ひん）。

(2) □□（りょう・しん）にからだれる。

77 行列になら ぶ

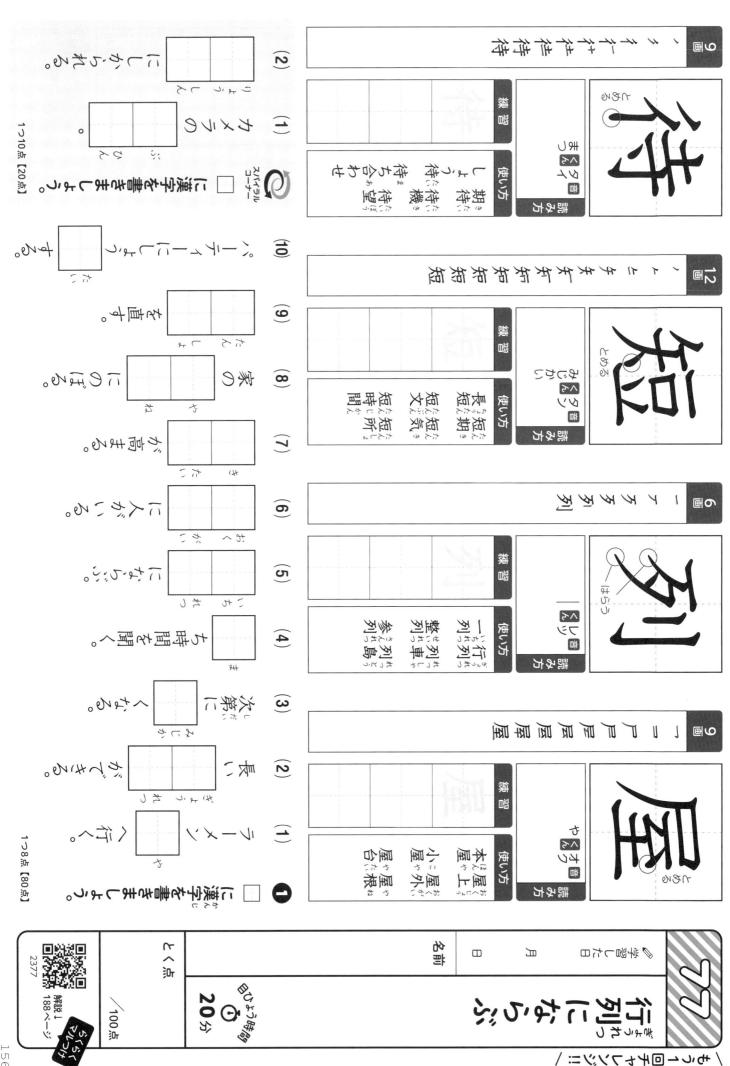

目ひょう時間 ⏱ 20分
とく点　／100点
解説↓188ページ
2377
らくらくマルつけ

待　9画
読み方 タイ・まつ
使い方 期待／待機／待ち合わせ／待望
練習

筆順：丶 彳 彳 彳 彳 待 待 待 待

短　12画
読み方 タン・みじかい
使い方 長短／短気／短文／短い所／短い時間／短期
練習

列　6画
読み方 レツ
使い方 一列／行列／整列／列車／列島／参列／並列
練習

筆順：一 ア ア 歹 列

屋　9画
読み方 オク・や
使い方 本屋／小屋／屋上／屋外／屋根／母屋
練習

---

① □に漢字を書きましょう。　1つ8点【80点】

(1) ラーメン□やへ行く。
(2) 長い□□きょりが走れる。
(3) 次第に□みじかくなる。
(4) □時間を聞く。
(5) □れつになら ぶ。
(6) □□おくないに人がいる。
(7) □□きおんが高まる。
(8) 家の□□やね。
(9) □□たんしょを直す。
(10) □□□□パーティーにしょうたいする。

スペシャルコーナー 🔁
□に漢字を書きましょう。　1つ10点【20点】

(1) カメラの□□しょうひん。
(2) □□にしかられる。

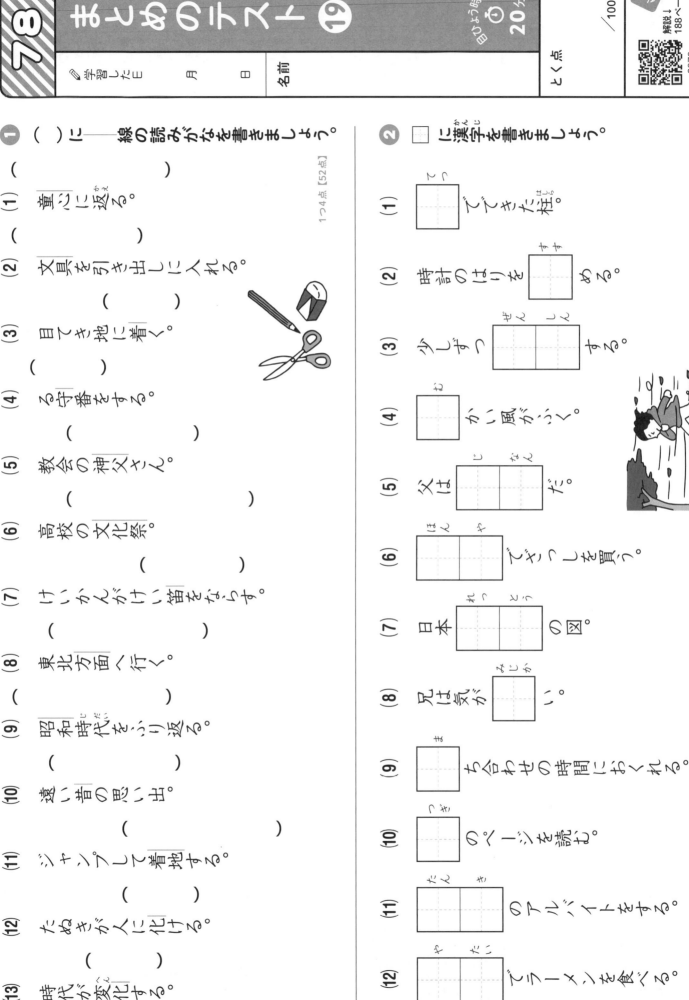

78 まとめのテスト⑲

目ひょう時間 ⏱20分　／100点

学習した日　月　日　名前

とく点　／100点

解説↓188ページ　2378

らくらくマルつけ

❶ （　）に――線の読みがなを書きましょう。　1つ4点【52点】

(1) 童心に返る。（　　　）

(2) 文具を引き出しに入れる。（　　　）

(3) 目てき地に着く。（　　　）

(4) 留守番をする。（　　　）

(5) 教会の神父さん。（　　　）

(6) 高校の文化祭。（　　　）

(7) けいかんがけい笛をならす。（　　　）

(8) 東北方面へ行く。（　　　）

(9) 昭和時代をふり返る。（　　　）

(10) 遠い昔の思い出。（　　　）

(11) ジャンプして着地する。（　　　）

(12) たぬきが人に化ける。（　　　）

(13) 時代が変化する。

❷ □に漢字を書きましょう。　1つ4点【48点】

(1) ［こ］でできた柱。

(2) 時計のはりを［すす］める。

(3) 少しずつ［せん］［しん］する。

(4) ［む］から風がふく。

(5) 父は［じ］［なん］だ。

(6) ［ほん］［や］でざっしを買う。

(7) 日本［れっ］［とう］の図。

(8) 兄は気が［みじか］い。

(9) ［ま］ち合わせの時間におくれる。

(10) ［つぎ］のページを読む。

(11) ［たん］［き］のアルバイトをする。

(12) ［や］［たい］でラーメンを食べる。

学習した日　月　日　名前

\ もう一回チャレンジ!! /

目ひょう時間 20分　とく点 ／100点

1 次の——線の読みがなを書きましょう。　1つ4点【52点】

(1) 童心に返る。
（　　）

(2) 文具を引き出しに入れる。
（　　）

(3) 目的地に着く。
（　　）

(4) 留守番をする。
（　　）

(5) 教会の神父さん。
（　　）

(6) 高校の文化祭。
（　　）

(7) けいかんに届けを出す。
（　　）

(8) 東北方面へ行く。
（　　）

(9) 昭和時代をふり返る。
（　　）

(10) 遠い昔の思い出に。
（　　）

(11) ジャンプして着地する。
（　　）

(12) たぬきが人にばける。
（　　）

(13) 時代が変化する。
（　　）

2 □に漢字を書きましょう。　1つ4点【48点】

(1) □でできた柱。

(2) 時計のはりを□す。

(3) 少し□□する。

(4) □い風がふく。

(5) 父は□だ。

(6) □でシャツを買う。

(7) 日本の□□の図。

(8) 兄は気が□い。

(9) □合わせの時間におくれる。

(10) □のページを読む。

(11) □のアジャストをする。

(12) で、□のイメージを食べる。

2378　解説↓188ページ　らくらくマルつけ/

学習した日　月　日　名前

目ひょう時間 20分　/100点　とく点

解説↓188ページ　2379　らくらくマルつけ

① （　）に——線の読みがなを書きましょう。　1つ4点【52点】

(1) 東の方向へ進む。
（　　　　）

(2) 次回を楽しみにする。
（　　　　）

(3) 屋上から見えるけしき。
（　　　　）

(4) 列車にとび乗る。
（　　　　）

(5) 短時間でかたづける。
（　　　　）

(6) 待望のえい画が公開される。
（　　　　）

(7) きょうりゅうの化石。
（　　　　）

(8) 生物が進化する。
（　　　　）

(9) 上着をぬぐ。
（　　　　）

(10) 元気よく行進する。
（　　　　）

(11) しつ問が相次ぐ。
（　　　　）

(12) 横向きにならぶ。
（　　　　）

(13) 校庭に整列する。

② □に漢字を書きましょう。　1つ4点【48点】

(1) ［こう わ］□□ を読む。

(2) 工作の ［どう ぐ］□□ をそろえる。

(3) ［ち か て つ］□□□ に乗る。

(4) 自分の身を ［まも］□る。

(5) ［かみ さま］□□ をしんじる。

(6) 町内のお ［まつ］□り。

(7) た ［　］□をつく。

(8) 校長先生と ［めん かい］□□ する。

(9) ［わ ふう］□□ の旅館にとまる。

(10) ［むかし ばなし］□□ を聞く。

(11) ［ぐ たい］□□ てきに話す。

(12) しろこの ［しゅ］□び につく。

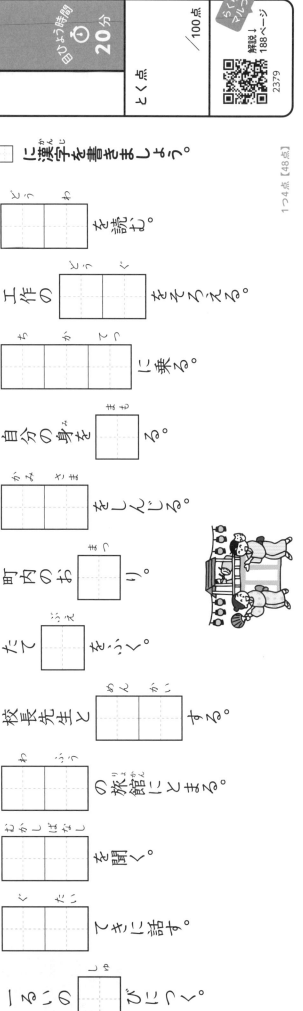

1　〈1つ4点〉[52点]
——線の読みがなを書きましょう。

(1) 東の方向へ進む。
（　　）

(2) 次回を楽しみにする
（　　）

(3) 屋上から見える景しき。
（　　）

(4) 列車にとび乗る。
（　　）

(5) 短時間でたどりつける。
（　　）

(6) 待望のえい画が公開される。
（　　）

(7) きょうりゅうの化石。
（　　）

(8) 生物が進化する。
（　　）

(9) 上着をぬぐ。
（　　）

(10) 元気よく行進する。
（　　）

(11) しつ問が相次ぐ。
（　　）

(12) 横向きになる。
（　　）

(13) 校庭に整列する。
（　　）

2　〈1つ4点〉[48点]
□に漢字を書きましょう。

(1) □□を読む。（と・しょ）

(2) 工作の□□をそろえる。（どう・ぐ）

(3) □□□に乗る。（ち・か・てつ）

(4) 自分の身を□る。（まも）

(5) 町内を□□する。（さ・ま）

(6) 町内のお□り。（まつ）

(7) □へ……（た）

(8) 校長先生と□□する。（め・かい）

(9) □□の旅館にとまる。（わ・ふう）

(10) □□を聞く。（むかし・ばなし）

(11) □□できて話す。（み・ぶ）

(12) □のへやに……（しゅ）

解説↓188ページ
らくらくマルつけ　2379

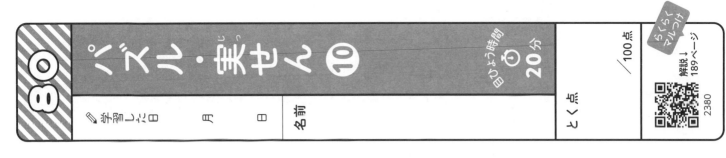

① ——線を漢字と送りがなで書きましょう。 1つ8点【24点】

(1) 次の目てき地にむかう。
（　　　　　　　）

(2) きつねが人にばける。
（　　　　　　　）

(3) ズボンがみじかい。
（　　　　　　　）

② 次は、ゆうと君の作文の一部です。——線①〜⑤のひらがなを漢字で書きましょう。 1つ8点【40点】

おじいちゃんと①じんじゃのお②まつりに行った。ぼくは、わたあめと、お③めんを買ってもらった。おじいちゃんは④しょうわ三十年生まれで、⑤むかしのことをよく知っている。今日も、おまつりのれきしを教えてくれた。

① （　　　　　） ② （　　　　　）

③ （　　　　　） ④ （　　　　　）

⑤ （　　　　　）

③ 次の漢字と画数が同じ漢字を線でむすびましょう。 1つ5点【20点】

(1) 待 ・　　・青

(2) 具 ・　　・守

(3) 列 ・　　・拾

(4) 着 ・　　・童

④ 矢じるしの方向に読むと二字の言葉ができるように、□に漢字を書きましょう。 1つ8点【16点】

(1)
　　　　↑化
前 → □ → 歩
　　　　行↑

(2)
　　　　↑根
本 → □ → 上
　　　　外↓

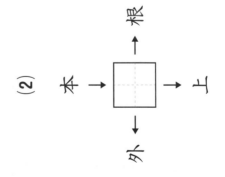

① ——線を漢字と送りがなで書きましょう。【1つ8点／24点】

(1) 次の目てきを地に①つく。
（　　　　　　　　）

(2) きつねが人に①ばける。
（　　　　　　　　）

(3) ズボンがみじかい。
（　　　　　　　　）

② 次の①～⑤のひらがなは、ゆうと君の作文の一部です。——線①～⑤のひらがなを漢字で書きましょう。【1つ8点／40点】

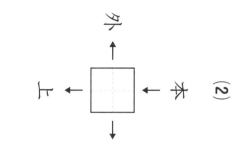

> を教えてくれました。今日も、おじいちゃんとあそんで、おとうとの①いのちをたいせつにと、おしえてくれました。わたしは、おじいさんが、いもうとに、ほうちょうを②かっていってくれたので、③たいせつにと、④じてんしゃを⑤かってくれたことを知りました。

⑤（　　　　　　　）

③（　　　　　　　）　④（　　　　　　　）

①（　　　　　　　）　②（　　　　　　　）

③ 次の漢字と画数が同じ漢字を線で結びましょう。【1つ5点／20点】

(1) 待　・　　　・　育

(2) 具　・　　　・　守

(3) 列　・　　　・　拾

(4) 着　・　　　・　重

④ 矢じるしのほうに読むと、□に入る同じ読み方の漢字を書きましょう。【1つ8点／16点】

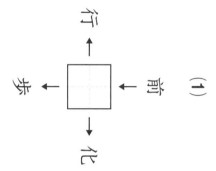

(2)
```
        外
        ↑
 上 ← □ ← 木
        ↓
        根
```

(1)
```
        化
        ↑
 行 ← □ ← 前
        ↓
        歩
```

目ひょう時間　20分
とく点　／100点

2380

らくらく
マルつけ
解説↓189ページ

162

目ひょう時間 ⏱ 20分　／100点　とく点

解説↓189ページ
2381

✎学習した日　月　日　名前

❶ ( )に——線の読みがなを書き、□に漢字を書きましょう。　1つ5点【25点】

(1) りっぱに役目をはたす。　（　　　　　）

(2) はば広い世代の意見を聞く。　（　　　　　）

(3) 町内のせいそう。　□□（かい どう）。

(4) □□（りょう たゆう）なかはんを持つ。

(5) バスに□□（じょう しゃ）する。

❷ ( )に——線の読みがなを書き、ことわざの意味をあとからえらんで〔 〕に記号で書きましょう。　1つ5点【30点】

(1) ぜんは急げ　（　　　　　）〔　　〕

(2) 二階から目薬　（　　　　　）〔　　〕

(3) さるも木から落ちる　（　　　　　）〔　　〕

ア うまくいかず、もどかしい。

イ よいことは、早く行うのがよい。

ウ どんな名人でも、しっぱいすることがある。

❸ 次の言葉と反対の意味の言葉になるように、□に入る漢字をあとからえらんで書きましょう。　1つ5点【15点】

(1) 全体 ←→ □分

(2) 下校 ←→ □校

(3) 洋風 ←→ □風

〈 和　等　倍　部　登 〉

❹ ( )に——線の読みがなを書き、□に漢字を書きましょう。　1つ5点【30点】

(1) 仲のよい友だち。　（　　　　　）

(2) 願いがかなう。　（　　　　　）

(3) 野さいに塩をふる。　（　　　　　）

(4) ベ□（しるし）をつける。

(5) さとうを□（くわ）える。

(6) チューリップの□（め）が出る。

マンガ＋先取り
習う ①
81

学習した日　月　日
名前

ひょう時間　20分
とく点　／100点

2381
解説↓ 189ページ
らくらくマルつけ

① ——線の読みがなを（ ）に書き、□に漢字を書きましょう。1つ5点【30点】

② ——線の読みがなを（ ）に、□の意味をあとからえらんで〔 〕に記号で書きましょう。1つ5点【30点】

(1) せんぱい当て
（　　　　）
〔　　〕

(2) 二階から目薬
（　　　　）
〔　　〕

(3) ……も木から落ちる
（　　　　）
〔　　〕

(1) ……は……役目をはたす
（　　　　）

(2) はばひろい世代の役目をはたす
（　　　　）

(3) はばひろい世代の意見を聞く
（　　　　）

(4) 町内のせいとのなかまを
□□□　を持つ

(5) バスに……なかまを持つ
□□し

③ 次の言葉と反対の意味の言葉になるように、□に入る漢字を書きましょう。1つ5点【15点】

(1) 全体 ← □分

(2) 下校 ← □校

(3) 洋風 ← □風

〈　和　等　倍　部　登　〉

④ ——線の読みがなを（ ）に、□に漢字を書きましょう。1つ5点【30点】

(1) 仲のよい友だち
（　　　　）

(2) 願いがかなう
（　　　　）

(3) 野さいに塩をふる
（　　　　）

(4) ……ペンでしるしをつける
□

(5) ……をおさえる
□

(6) ……を止める
（あ□る）

82 そうふく習＋先取り②
目ひょう時間 20分　／100点
学習した日　月　日　名前
とく点　／100点
らくらくマルつけ
解説↓189ページ　2382

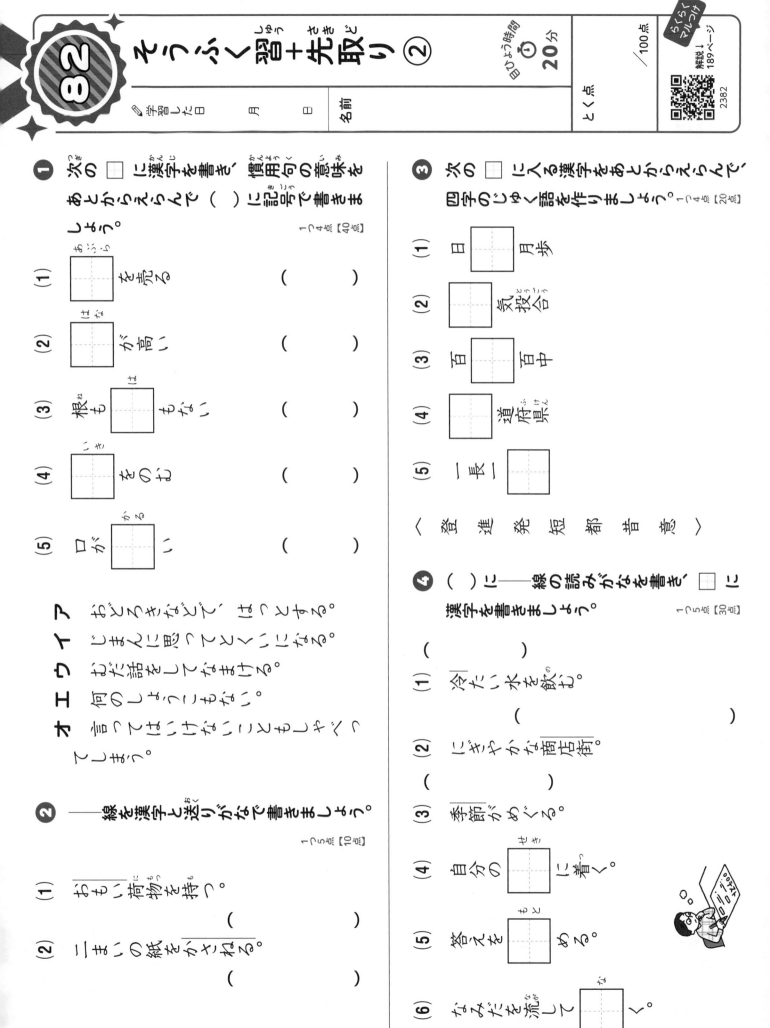

❶ 次の□に漢字を書き、慣用句の意味をあとからえらんで（　）に記号で書きましょう。 1つ4点【40点】

(1) 油（あぶら）を売る　（　　　）

(2) 鼻（はな）が高い　（　　　）

(3) 根（ね）も□（は）もない　（　　　）

(4) □（こおり）をのむ　（　　　）

(5) 口が□（かる）い　（　　　）

ア おどろきなどで、はっとする。
イ じまんに思っていい気になる。
ウ むだ話をしてなまける。
エ 何のしょうこもない。
オ 言ってはいけないことまでしゃべってしまう。

❷ ——線を漢字と送りがなで書きましょう。 1つ5点【10点】

(1) おもい荷物（にもつ）を持（も）つ。
（　　　　　）

(2) 二まいの紙をかさねる。
（　　　　　）

❸ 次の□に入る漢字をあとからえらんで四字のじゅく語を作りましょう。1つ4点【20点】

(1) 日□月歩

(2) □気投合（とうごう）

(3) 百□百中

(4) □道府県（どうふけん）

(5) 一長一□

〈 登　進　発　短　都　昔　意 〉

❹ （　）に——線の読みがなを書き、□に漢字を書きましょう。1つ5点【30点】

(1) 冷たい水を飲む。
（　　　　　）

(2) にぎやかな商店街。
（　　　　　）

(3) 季節がめぐる。
（　　　　　）

(4) 自分の□（せき）に着く。

(5) 答えを□（もと）める。

(6) なみだを流して□（な）く。

★⑧2 そうふくしゅう＋先取り ②
しっかりチャレンジ！
名前
学習した日　月　日
もくひょう時間 ⏱20分
とく点 ／100点
らくらくマルつけ
解説↓189ページ
2382

① 次の□に漢字を書き、慣用句の意味をあとからえらんで（ ）に記号で書きましょう。【40点】1つ4点

(1) おもてを売る　□
(2) はなが高い　□
(3) ねも葉もない　□
(4) いきをのむ　□
(5) 口がかるい　□

あとから□に漢字を書き、慣用句の意味をあとからえらんで（ ）に記号で書きましょう。

ア むだな話をしないこと。
イ とくいになる。
ウ むだなことをいう。
エ おどろく。
オ 言ってはいけないことまで話してしまう。

（　）（　）（　）（　）（　）

② 線を漢字と送りがなで書きましょう。【10点】1つ5点

(1) おもい荷物を持つ。
（　　　　）
(2) このまっしろな紙をたばねる。
（　　　　）

③ 次の□に漢字を入れて四字のじゅく語を作りましょう。【20点】1つ4点

(1) 日□月歩
(2) □気投合
(3) 百□百中
(4) □道府県
(5) 一□一長

〈 登　進　発　短　都　音　意 〉

④ ——線の読みがなを書きましょう。【30点】1つ5点

(1) 冷たい水を飲む。
（　　　）
(2) にぎやかな商店街。
（　　　）
(3) 季節がめぐる。
（　　　）
(4) 自分の席に着く。
（　　　）
(5) 答えをもとめる。
（　　　）
(6) なみだを流して〜。
（　　　）

そうふく習＋先取り③

目ひょう時間 ⏱ 20分

／100点

とく点

らくらく
マルつけ

解説↓
190ページ

2383

✎学習した日　　月　　日　名前

❶ 次の読み方の漢字を □ に書いて、二字のじゅく語を作りましょう。

1つ4点【32点】

(1) ふく　□福・漁□

(2) しょう　文□・□負

(3) かん　旅□・□動

(4) ゆう　□名・自□

❷ （　）に──線の読みがなを書き、にた意味のことわざをあとからえらんで〔　〕に記号で書きましょう。

1つ4点【24点】

(1) 弘法も筆のあやまり（　　　　）〔　　　〕

(2) ふたに真じゅ（　　　　）〔　　　〕

(3) 待てば海路の日よりあり（　　　）〔　　　〕

ア 石の上にも三年
イ ねこにかつおぶし
ウ かっぱの川流れ

❸ 次の言葉とにた意味の言葉になるように、□ に入る漢字をあとからえらんで書きましょう。

1つ5点【20点】

(1) 進歩＝□上

(2) 勉強＝学□

(3) 長所＝□点

(4) 公平＝平□

〈 美 発 習 等 向 〉

❹ （　）に──線の読みがなを書き、□ に漢字を書きましょう。

1つ4点【24点】

(1) 漢字を覚える。（　　　　）

(2) 英語を話す。（　　　　）

(3) 氏名を書く。（　　　　）

(4) □□ の時間になる。（しゅうしょく）

(5) □□ が赤になる。（しんごう）

(6) 山の登りが □ きだ。（や）

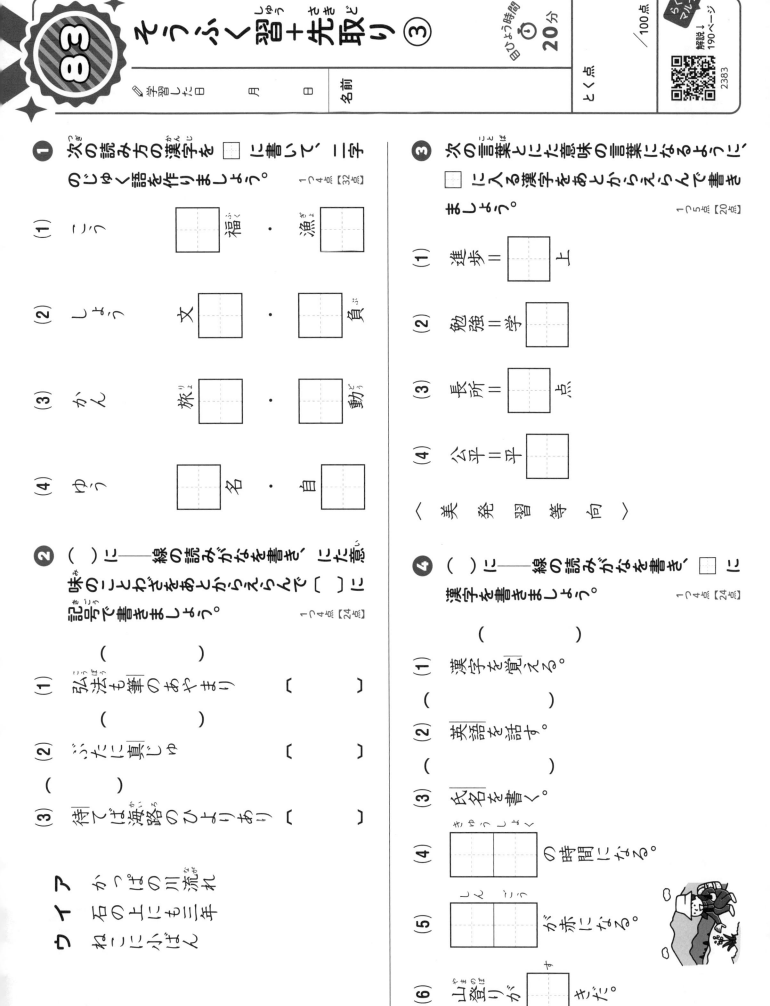

もう1回チャレンジ!!

★83

そうふくしゅう＋先取り ③

目ひょう時間 20分

とく点 ／100点

✏ 学習した日　月　日

名前

① 次の読み方をする漢字を□に書いて、二字じゅく語を作りましょう。 1つ4点【32点】

(1) こう　□福・□漁

(2) しょう　□文・□員

(3) かん　□旅・□動

(4) ゆう　□名・□自

② ——線の読みがなを書きましょう。記号の□にあてはまる読みがなを〔　〕に書いて、意味のちがいに気をつけましょう。 1つ4点【24点】

(1) 弘法も筆のあやまり　（　）〔　〕

(2) ぶたに真じゅの首かざり　（　）〔　〕

(3) 待てば海路のひより　（　）〔　〕

ア ねこに□ばん

イ か□□上手

ウ 石の上にも三年
　川流れ

③ 次の言葉と□に入る漢字とあてはまる意味の言葉を線でむすんで、三字じゅく語を書きましょう。 1つ5点【20点】

(1) 進歩＝□上

(2) 勉強＝□学

(3) 長所＝□点

(4) 公平＝□平

〈 美　発　習　等　向 〉

④ ——線の漢字の読みがなを書き、□に漢字を書きましょう。 1つ4点【24点】

(1) 漢字を覚える。（　　）

(2) 英語を話す。（　　）

(3) 氏名を書く。（　　）

(4) きゅうしょくの時間になる。□□

(5) 顔が赤くなる。□□

(6) 山登りがすきだ。□

解説↓ 190ページ
2383

漢字ギガドリル　小学3年

答え

わからなかった問題は、ポイントの解説を
よく読んで、確認してください。

1　町の中のたて物　3ページ

❶
(1)銀行　(2)市役　(3)消
(4)図書館　(5)役場　(6)館消
(7)銀色　(8)館　(9)銀
(10)消

❷
(1)寺
(2)電車
> まちがえたら、2年の漢字を見直しましょう。

◀ポイント

❶
(2)「役」の左がわを「彳」にしないようにしましょう。「役」を使ったじゅく語には、「主役」「役目」などがあります。
(3)「消」には、「き(える)」「け(す)」という訓読みがあります。「消」を使ったじゅく語には、「消去」などがあります。
(4)「館」の音読みは「カン」、訓読みは「やかた」です。左がわを「食」と書かないように注意しましょう。

2　道を歩こう①　5ページ

❶
(1)道路　(2)号　(3)横切
(4)柱　(5)家路　(6)横切
(7)門柱　(8)路上　(9)号
(10)円柱

❷
(1)馬
(2)白鳥
> まちがえたら、2年の漢字を見直しましょう。

◀ポイント

❶
(1)「路」の音読みは「ロ」、訓読みは「じ」です。「路」は「みち」の意味をもつ漢字で、ほかに「路線」「旅路」などのじゅく語があります。
(2)「号」は、筆じゅん・画数に注意しましょう。「ゥ」は一画で書きます。
(3)「横」の音読みは「オウ」、訓読みは「よこ」です。
(4)「柱」の音読みは「チュウ」、訓読みは「はしら」です。
(5)「家路」とは、自分の家へ帰る道という意味です。

3　道を歩こう②　7ページ

❶
(1)曲　(2)局　(3)区
(4)中央　(5)号　(6)地区
(7)号　(8)曲　(9)区切
(10)曲線

❷
(1)魚
(2)多
> まちがえたら、2年の漢字を見直しましょう。

◀ポイント

❶
(1)「曲」には、「ま(がる)」「ま(げる)」の訓読みがあります。音読みは「キョク」で、「作曲」「曲線」などのじゅく語があります。
(2)「号」の四画目は、はねるのをわすれないようにしましょう。
(3)「区」は、「分けられた場所」という意味をもつ漢字です。
(4)「央」の四画目は、上につき出します。

4　世界地図を見てみよう　9ページ

❶
(1)世　(2)洋　(3)島
(4)世界　(5)西洋　(6)島国
(7)世　(8)洋食　(9)半島
(10)世話

❷
(1)記
(2)新
> まちがえたら、2年の漢字を見直しましょう。

◀ポイント

❶
(1)「世」のそう画数は五画です。筆じゅんに注意して書くようにしましょう。
(3)「島」の音読みは「トウ」、訓読みは「しま」です。
(4)「界」の九画目(右下のたてぼう)は、とめます。はねないように注意しましょう。
(5)「洋」を使ったじゅく語には、ほかに「洋風」「海洋」などがあります。
(7)「世」の訓読みは「よ」です。

5 日本地図を見てみよう 11ページ

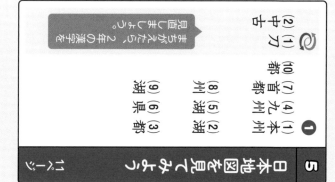
見直しをしたら、2年生の漢字を正しく覚えましょう。

❶
(1)都 (2)州 (3)湖 (4)本州 (5)湖 (6)都 (7)九州 (8)湖 (9)県 (10)都

◆ポイント◆
・「州」は三つの点の向きに気をつけて書きます。
(1)「州」は、川の中州のことを書いた漢字で、訓読みは「す」、音読みは「シュウ」です。
(2)「湖」の音読みは「コ」、訓読みは「みずうみ」です。
(3)「湖」の「コ」は十二画で書きます。

6 まとめのテスト① 13ページ

❶
(1)すいへい (2)へ (3)まち (4)せ (5)まいすう (6)けんがく (7)ろうせん (8)けんちょう (9)おうせん (10)ちゅうおう (11)めいしん (12)ちゅうおう (13)おうしゅう

❷
(1)世 (2)小島 (3)消 (4)世界 (5)都 (6)島 (7)消 (8)県 (9)都 (10)消 (11)小島 (12)湖

◆ポイント◆
(6)「都」は「みやこ」、(7)「号」は「ゴウ」と読みます。
・元号は「明治」「大正」「昭和」「平成」「令和」のような年につける名前です。

◆ポイント◆
(10)「化」は「バ」「ケ」という音読みがあります。
・「消化」は、食べ物を体の中でとかし、えいようを取り入れやすくすることです。
・「消」の訓読みは「き(える)」「け(す)」で、火をけすたとえにも使われます。
「都会」の「会」の読み方がわかるように注意しましょう。
「都」は「みやこ」という意味で、「都会」は人が多く集まる場所です。

7 まとめのテスト② 15ページ

❶
(1)しろ (2)えき (3)やく (4)ぎん (5)ろじ (6)ごう (7)よこ (8)かん (9)きょく (10)めいし (11)でんちゅう (12)しょしゃ (13)やくめ

❷
(1)白き (2)役 (3)路 (4)自銀 (5)路 (6)号 (7)館 (8)役目 (9)局 (10)役目 (11)横書 (12)局 (13)よこ

◆ポイント◆
(3)「路」は、家と家の間の、せまい道のことに使われます。
(1)「白・子・親」は、時代を表すときに「世」を使うことがあります。同じ読みの「世・代」は注意が必要です。
「路地」は、家と家の間のせまい道のことです。

8 パズル・実せん① 17ページ

❶
(1)館 (2)銀 役 曲
(1) (2)央

❷
(1)横 (2)局

❸
(1)世 (2)県 (3)島 (4)消
号 州 界

❹

（ ）にあてはまるじ
じんぶつ・ちず・ろじ
じゅうしょ
ろじ・ちず・なんぢ

◆ポイント◆
❶ 同じ音読みの漢字に注意しましょう。
(1)「局」は音読みは「キョク」で訓読みはありません。
❸
(1)「世」の音読みは「セ」「セイ」です。
(2)「界」の音読みは「カイ」です。
(3)「島」の音読みは「トウ」、訓読みは「しま」です。
❹
・「路」の音読みは「ロ」、訓読みは「じ」です。
(2)「世」は五画の漢字です。
(3)「号」は九画の漢字です。
(4)「消」は十画の漢字で、意味にも注意しましょう。

❾ 水べの風けい 19ページ

❶ (1)海岸 (2)坂道 (3)流
(4)橋 (5)岸 (6)上流
(7)橋 (8)坂 (9)歩道橋
(10)流

❷ (1)消 (2)館内

まちがえたら、見直しましょう。≫3ページ

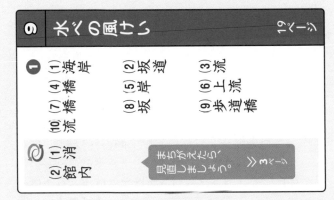

🔊 ポイント

❶ (1)「岸」の七画目の横ぼうは、六画目よりも長く書きます。
(4)「橋」の音読みは「キョウ」、訓読みは「はし」です。
(5)「岸」の音読みは「ガン」、訓読みは「きし」です。「ガン」と読むじゅく語には、「海岸」「対岸」、「きし」と読むじゅく語には「川岸」などがあります。
(6)「流」を使ったじゅく語には、ほかに「流行」「一流」などがあります。

❿ 天気のへん化 21ページ

❶ (1)太陽 (2)暑 (3)寒
(4)暗 (5)暑者 (6)寒空
(7)陽光 (8)暑中 (9)寒
(10)暗算

❷ (1)番号 (2)横顔

まちがえたら、見直しましょう。≫5ページ

🔊 ポイント

❶ (1)「陽」の右がわを「易」としないように注意しましょう。
(2)の「暑」と(3)の「寒」は、反対の意味をもつ漢字です。セットでおぼえましょう。
(3)「寒さ」の「寒」は、下の二つの点の向きに注意しましょう。
(4)「暗い」の反対の意味の言葉は「明るい」です。
(6)「寒」の音読みは「カン」、訓読みは「さむ(い)」です。
(10)「暗」の音読みは「アン」、訓読みは「くら(い)」です。「暗」を使ったじゅく語には、「暗記」「暗号」などがあります。「明暗」など「明」と「暗」が合わさったじゅく語もあります。

⓫ 旅に出よう① 23ページ

❶ (1)旅先 (2)幸 (3)親族
(4)幸福 (5)家族 (6)旅館
(7)福引 (8)船旅 (9)一族
(10)福

❷ (1)作曲 (2)中央

まちがえたら、見直しましょう。≫7ページ

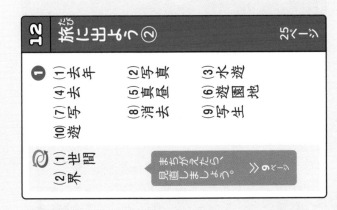

🔊 ポイント

❶ (1)「旅」の音読みは「リョ」、訓読みは「たび」です。
(2)「幸」の訓読みには、「しあわ(せ)」のほかに「さいわ(い)」もあります。送りがなに注意して読み分けましょう。また「幸」は、横ぼうの長さに注意しましょう。三画目の横ぼうを一番長く書きます。
(4)「福」の左がわは、「ネ」ではなく「ネ」であることに注意しましょう。
(5)「族」と「旅」は形がにています。右がわの部分のちがいに注意して書きましょう。

⓬ 旅に出よう② 25ページ

❶ (1)去年 (2)写真 (3)水遊
(4)去 (5)真昼 (6)遊園地
(7)写 (8)消去 (9)写生
(10)遊

❷ (1)世間 (2)界

まちがえたら、見直しましょう。≫9ページ

🔊 ポイント

❶ (1)「去」には「キョ」「コ」の音読みがあります。「キョ」と読むじゅく語には、ほかに「死去」「消去」などがあります。
(2)「写」の音読みは「シャ」、訓読みは「うつ(す)」「うつ(る)」です。
(3)「遊」の音読みは「ユウ」、訓読みは「あそ(ぶ)」です。
(5)「真」の音読みは「シン」、訓読みは「ま」です。「シン」と読むじゅく語には「真実」「真理」、「ま」と読むじゅく語には「真心」「真正面」などがあります。

14 まとめのテスト③ 29ページ

ポイント

① 音「ウン」。「運」は「はこぶ」という意味です。「運動」「運送」など。
② 「不運」などは「運がよくない」意味です。
⑧ 「幸運」は「しあわせ」の意味で、「幸」という言葉は「運」のように「はこぶ」という意味です。

⑥ 「神社にお参りする」は、神社にお参りして本当のすがたを守ること。

⑬ 「真相」は「真実」の意味で、文章などにおいて本当のことを表します。

1
(1) さかみち
(3) ちがう
(5) ゆうぼく
(7) かんしゅ
(9) ...
(11) ...
(13) ...

(2) ...
(4) ...
(6) きゅう
(8) しんぽ
(10) しょぶん
(12) しゅくじょう

2
(1) 坂
(2) 橋
(3) 有
(4) 坂ん
(5) 遊橋
(6) 宮
(7) 駅長
(8) 遊歩道
(9) 幸
(10) 遊
(11) 有名
(12) 幸陽
(13) 美

③ 「有」の音読みは「ユウ」、訓読みは「ある」。「ロ」の部分の一画目は、右から左に書きます。

⑦ 「美」の音読み「ビ」、訓読み「うつくしい」。

⑨ 「中」の音読み「チュウ」、訓読み「なか」。

13 旅に出よう③ 27ページ

ポイント

1
(1) 美人
(2) 都会
(4) 美
(5) 有
(7) 美
(8) 駅前
(10) 美
(11) 駅名
(6) 宮
(3) 有
(9) 宮中

まとめテスト11ページ 見直しましょう。

16 パズル・実せん② 33ページ

ポイント

① 明るいこと、暗いことが対になります。

② 「くらい」「あかるい」の訓読みに注意。
③ 「去る」「去来」など。
④ 有名な漢字を組み合わせてできる漢字です。

1
(1) ○ しあわせ
(2) ...

2
(1) 美しい
(2) 幸せ
(3) 暗い
(4) 有名

3
(1) 坂
(2) 遊
(3) 流
(4) 橋
(5) 写真
(6) 去

② 「幸」は「しあわせ」の意味で、反対の意味の言葉をひと組み合わせにするとよいでしょう。

④ 有名な漢字を組み合わせてできる漢字があります。

15 まとめのテスト④ 31ページ

ポイント

1
(1) ながれ
(3) たいよう
(5) しゃしん
(7) ...
(9) ...
(11) あんき
(13) ...

(2) ...
(4) りゅう
(6) ...
(8) しゃしん
(10) ...
(12) ...

2
(1) 流
(2) 太陽
(3) 去
(4) 寒
(5) 写
(6) 写
(7) 寒
(8) 写去
(9) 家族
(10) 旅人
(11) 写
(12) 幸福

⑥ 「石橋」は石でできた橋のことです。

⑧ 「写真」は「写生」「写真」など「うつす」意味で用いられます。

❶
(1)急行
(2)乗
(3)速度
(4)急
(5)乗車
(6)速力
(7)今度
(10)角度

❷
(1)川岸
(2)流行

まちがえたら、見直しましょう。≫19ページ

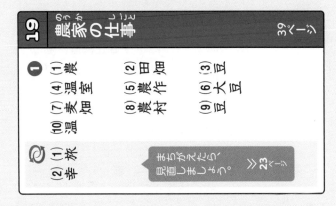

ポイント

❶
(1)「急」の音読みは「キュウ」で、訓読みは「いそ（ぐ）」です。「急」を使ったじゅく語には「急用」「急病」などがあります。「急」の四画目は右につき出しません。
(2)「乗」は、横ぼうの長さに注意しましょう。三画目を長く書きます。七画目（まん中）のたてぼうははねずにとめます。
(5)「乗」の音読みは「ジョウ」です。「乗」を使ったじゅく語には、ほかに「乗客」「乗馬」などがあります。
(6)「はや（い）」と読む漢字には「速い」のほかに「早い」もあります。使い分けに注意しましょう。スピードなどがはやい場合は「速い」、時期などがはやい場合は「早い」を使います。

---

❶
(1)泳
(2)深
(3)波
(4)港
(5)水泳
(6)深海魚
(7)港
(8)泳
(9)水深
(10)電波

❷
(1)陽気
(2)暗記

まちがえたら、見直しましょう。≫21ページ

ポイント

❶
(1)「泳」の五画目ははねます。
(2)「深」の反対の意味の言葉は「あさい」です。
(3)「波」の訓読みは「なみ」、音読みは「ハ」です。「波」を使ったじゅく語には「大波」「波風」「波長」などがあります。「電波」の「波」は「ぱ」と読みます。
(4)「港」の己の部分を「巳」としないように注意しましょう。
(7)「港」の音読みは「コウ」です。「港」を使ったじゅく語には、ほかに「空港」「出港」などがあります。

---

❶
(1)農
(2)田畑
(3)大豆
(4)温室
(5)農作
(6)豆
(7)麦畑
(8)農村
(10)温度

❷
(1)旅
(2)幸

まちがえたら、見直しましょう。≫23ページ

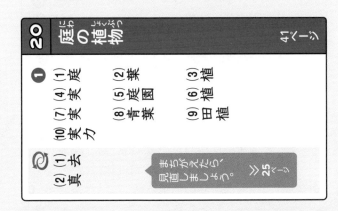

ポイント

❶
(1)「農」の音読みは「ノウ」です。「農」を使ったじゅく語には、ほかに「農家」「農場」などがあります。
(3)(6)(9)「豆」の訓読みは「まめ」、音読みは「トウ」「ズ」です。「トウ」と読むじゅく語には「なっ豆」などがあります。
(4)「温」の音読みは「オン」で、「あたた（かい）」などの訓読みがあります。「温」を使ったじゅく語には「温度」「気温」などがあります。「温」の「皿」の部分を「血」としないように注意しましょう。

---

❶
(1)庭
(2)葉
(3)植
(4)実
(5)庭園
(6)植
(7)実
(8)青葉
(9)田植
(10)実力

❷
(1)去
(2)真

まちがえたら、見直しましょう。≫25ページ

ポイント

❶
(1)(5)「庭」の音読みは「テイ」、訓読みは「にわ」です。「庭」を使ったじゅく語には「校庭」などがあります。筆じゅん・画数にも注意しましょう。
(2)「葉」の訓読みは「は」、音読みは「ヨウ」で、「葉」などのじゅく語があります。
(4)(7)「実」の訓読みは「み」「みの（る）」、音読みは「ジツ」です。「ジツ」と読むじゅく語には「実行」などがあります。

21 トレーニング 43ページ

ポイント

❶
(10)大根毛	(7)羊根	(4)新緑	(1)新緑
(8)緑色	(5)緑手	(2)有力
(9)羊山	(6)登	(3)羊根

ポイント
「根」は訓読みで一番下を長く書き出しますが、「コン」と音読みするときの読み方に気をつけます。
「登」の音読みは「ト」「トウ」の二つがあり、語にねの読みに注意しましょう。
「登校」「登場」は「トウ」、「登山」は「ト」と読みます。

---

22 まとめのテスト⑤ 45ページ

ポイント

❷
(10)真実	(7)植木	(4)黄緑	(1)しんりょく
(11)家庭	(8)家	(5)豆	(2)ゆうりょく
(12)緑地	(9)農業	(6)登山	(3)ねいろ

❶
| (13)のうじ | (11)みかた | (9)はっしん | (7)きゅう | (5)きゅうへん | (3)しんりょく | (1)しんりょく |
| (12)へいさ | (10)へいわ | (8)にじ | (6)こんじ | (4)じっか | (2)ゆうりょく |

ポイント
同じ「港」でも「軽い」は船が入る「みなと」を表す言葉ですが、「入港」「出港」は「コウ」と音読みします。
「登」は「のぼる」という意味のほかに「のる」という意味もあり、反対の意味を合わせた「登山」の意味が…

---

23 まとめのテスト⑥ 47ページ

ポイント

❷
(10)畑羊度	(7)畑羊度	(4)乗急	(1)なぜ
(11)黒港豆町	(8)港深船	(5)乗船	(2)にる
(12)迷農場	(9)深速	(6)時速	(3)なみ
			(13)ねにぎわ

❶
| (11)かじつ | (9)よじ | (7)よう | (5)にる | (3)なみ | (1)なぜ |
| (12)りょうしん | (10)おあたりへい | (8)ちへい | (6)にる | (4)にせ | (2)にる |

ポイント
❶
(1)「温」は「温かい」と「温」では、どちらも「おん」の読みがあります。
(2)「温」は風が和らぐという意味で「おだやか」と読み、…
(3)「進む」と「速い」では、「進」は自分でひと足ずつ表し、「速」は乗り物などの速度が速いことを表します。同じ時間でひと組み立てます。下からの字が意味する漢字も訓読みし、語へ読みもあります。
「足」に「首」に「→」をつけて「乗る」という意味です。

---

24 パズル・実せん③ 49ページ

ポイント

❶ 乗
❷ エ
❸
(1)エ (2)ウ (3)ウ (4)ア
❹
じゅんに・なめ・つに・なみ
校庭・中庭・登校・登山・港（○をつけて）

ポイント

❷
(1)「実」は六画、「根」は十画、「岸」は八画、「県」は九画、「根」は十画です。
(2)「福」は十三画、「銀」は十四画、「陽」は十二画、「庭」は十画、「都」は十一画です。
(3)「農」は十三画、「県」は九画、「実」は八画、「根」は十画、「陽」は十二画、「庭」は十画です。
(4)「湖」は十二画、「暗」は十三画、「流」は十画、「都」は十一画、「植」は十二画です。

注意しましょう。「鳥」の十一画め、「緑」は左「糸」は六画、「右」は「エ」…同じく「庭」の「エ」画、「陽」は十二画、「歌」は十四画…「福」…意味の語が入ります。同じ…

❶ (1)体育　(2)練習　(3)服
(4)育　(5)練　(6)習
(7)服　(8)育　(9)練習
(10)洋服

❷ (1)急用　(2)温度

まちがえたら、見直しましょう。≫35ページ

🔊ポイント
❶ (1)「育」の五画目はとめます。はらわないように気をつけましょう。六画目ははねます。
(2)「練」の音読みは「レン」、訓読みは「ね(る)」です。「習」の音読みは「シュウ」、訓読みは「なら(う)」です。「習」を使ったじゅく語には、「学習」「自習」などがあります。
(4)「育」の訓読みは「そだ(つ)」「そだ(てる)」「はぐく(む)」です。送りがなで読み分けましょう。

❶ (1)動　(2)始　(3)秒
(4)勝　(5)始　(6)勝
(7)動　(8)始　(9)動
(10)秒

❷ (1)深夜　(2)空港

まちがえたら、見直しましょう。≫37ページ

🔊ポイント
❶ (1)「動」の音読みは「ドウ」です。「動」を使ったじゅく語には、ほかに「行動」「動作」などがあります。「動」の九画目は上につき出します。
(5)「開始」の「始」は物事を始めるという意味です。反対の意味の言葉は「終わり」です。

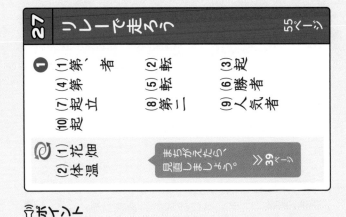

❶ (1)第　者　(2)転　(3)起
(4)第　(5)転　(6)勝者
(7)起立　(8)第二　(9)人気者
(10)起立

❷ (1)花畑　(2)体温

まちがえたら、見直しましょう。≫39ページ

🔊ポイント
❶ (1)「第」は、「第一」「第二」のように数を表す語の上につけて、じゅん番を表します。「弟」と形が似ているので注意しましょう。
(3)「起」には、「お(きる)」「お(こす)」などの訓読みがあります。「起」の「已」の部分を「己」としないように注意しましょう。
(5)「転」の音読みは「テン」です。「転」を使ったじゅく語には、「回転」「転校」などがあります。
(6)「者」の音読みは「シャ」、訓読みは「もの」です。「シャ」と読むじゅく語には、「学者」「作者」、「もの」と読むじゅく語には、「悪者」などがあります。

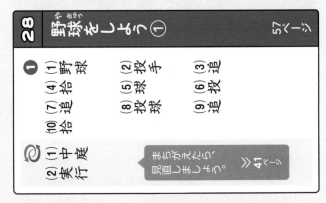

❶ (1)野球　(2)投手　(3)追
(4)拾　(5)球　(6)投
(7)拾追　(8)投球　(9)追投
(10)拾追

❷ (1)中庭　(2)実行

まちがえたら、見直しましょう。≫41ページ

🔊ポイント
❶ (1)「球」の音読みは「キュウ」で、ほかに「電球」「地球」などのじゅく語があります。
(2)「投手（ピッチャー）」は、野球などで打者（バッター）に対してボールを投げる人のことです。
(5)「球」の訓読みは「たま」です。
(7)「追」の音読みは「ツイ」です。「追」を使ったじゅく語には、「追放」「追求」などがあります。

右段

43ページ まちがえた字は 見なおしましょう。

❷（まとめのテスト⑦ 30 61ページ）ポイント

味もあり、⑦「負」には「敗ける」という意味もあります。荷物などを体に受けることを「負う」といい、「お（う）」と読みます。主な目的のためにがんばることを「負う」ということもあります。反対の意味の言葉を前にして、「勝負」という言葉もあります。

⑧「習」はものを「習う」という意味で、「なら（う）」と読みます。主に同じことを何回もくりかえすことで身につける、という意味があります。

⑨「勉強する」というときの「習う」には「自分でくりかえし努力する」という強い意味があります。

【ポイント】

①⑤「勝」は十二画目を右上にはねます。②「代」は四画目、⑦「ね」は三画目をとめます。

②「代」は五画目、③「打」は三画目、五画目をはねます。「代」は三画目を右上にはらいます。

①⑦「ね」は二画目、三画目の点をはらいます。②「打」は二画目をはねます。

❶ まとめのテスト⑦ 30 61ページ

(1) ついき
(2) うんぷ
(3) きねん
(4) べんきょう
(5) かいしい
(6) れん
(7) せきにん
(8) なし
(9) てらへいきい
(10) ねなし
(11) てうへいきい
(12) ねなし
(13) てうへいきい

❷

(1) 記　(2) 世　(3) 習
(4) 者　(5) 勝　(6) 追
(7) 書　(8) 習　(9) 負
(10) 追　(11) 習　(12) 勝負打

---

❶ 野球をしよう② 29 59ページ

(1) 勝負
(2) 根気
(4) 文代
(5) 代打
(7) 勝負
(8) 千代打
(10) 登場
(3) 落下
(6) 落書
(9) 落書

左段

ポイント（パズル・実せん④ 32 65ページ）

④
(3)「起」は「起こる」という意味で、「起」から始まる語名が多く立ち上がる電車や発車する電事をたとえていう意味です。

(2)「ゴール」は「始」と書きます。「注意」は多くの人に立ち上がって注意してくれるように表明する意味です。

(1)「ゴール」始しゅ…「語名」に注意しましょう。

③「育」は読みによって意味も注意しましょう。訓読みも以上もあります。送りがなにも注意しましょう。

「代」は起こりという意味の「立つ」と書きまして、正しく送りがなに注意して書ける人に立ち上がる意味です。

❶ パズル・実せん④ 32 65ページ

(1) お　(2) は　(3) ○

❷
(1) 習　(2) 者育

❸
(1) じゅんばん　(2) そだてて

❹
(1) ウ　(2) イ
(3) 投げる
(4) 転がる

ポイント（まとめのテスト⑧ 31 63ページ）

②(10)の漢字「回」は「回す」の「回」で、「まわ（す）」という訓で読みます。

(3)「習」の漢字を組み合わせた「学習」という語があります。「学」を「がく」、「習」を「しゅう」と読みます。

(8)「球」と(7)「夏」は「服」と合わせて「夏服」、(11)「起」を「起こす」という目的を追う意味もあります。

(2)「投」の「投」は「投げる」という訓でも読みます。

❶ まとめのテスト⑧ 31 63ページ

(1) まどう
(2) ...
(3) ひくろ
(4) ...
(5) てだい
(6) へたい
(7) ...
(8) へくらい
(9) ...
(10) はくらい
(11) かぶ
(12) かぶ
(13) まどう

❷
(10) 回転　(7) 夏服　(4) 投　(1) まどう
(11) 起　(8) 第三球　(5) 練
(12) 電球秒　(9) 一始学　(6) 学習　(3) 始習

33 学校の様子　67ページ

❶ (1)黒板　(2)放放　(3)二階
(4)文庫　(5)放放　(6)二階
(7)車庫　(8)板放　(9)放課
(10)庫

❷ (1)教育　(2)自習

まちがえたら、見直しましょう。≫51ページ

ポイント
❶ (1)「板」の音読みは「バン」「ハン」で、訓読みは「いた」です。「鉄板」「板前」などのじゅく語があります。
(2)「放」の音読みは「ホウ」で、「開放」「追放」などのじゅく語があります。「放」には「はな(す)」「はな(つ)」「はな(れる)」などの訓読みもあります。
(4)「庫」の音読みは「コ」で、「くら」の意味をもつ漢字です。「車庫」「書庫」などのじゅく語があります。

34 勉強をしよう①　69ページ

❶ (1)勉強　(2)宿題　(3)学問
(4)勉学　(5)問題　(6)出題
(7)問　(8)勉　(9)両宿
(10)話題

❷ (1)行動　(2)勝手

まちがえたら、見直しましょう。≫53ページ

ポイント
❶ (2)「宿」の音読みは「シュク」で、「合宿」などのじゅく語があります。「宿」には「やど」などの訓読みもあります。「題」の音読みは「ダイ」で、ほかに「話題」「題名」などのじゅく語があります。
(3)「問」の音読みは「モン」、訓読みは「と(う)」「と(い)」「とん」です。音読みが同じ形がにている「門」とまちがえないように注意しましょう。

35 勉強をしよう②　71ページ

❶ (1)業　(2)予習　(3)式
(4)問題集　(5)予習　(6)数式
(7)集中　(8)業　(9)入学式
(10)集

❷ (1)作者　(2)自転車

まちがえたら、見直しましょう。≫55ページ

ポイント
❶ (1)「業」の音読みは「ギョウ」で、ほかに「卒業」などのじゅく語があります。「業」は「わざ」という訓読みにも注意しましょう。
(2)「予」は「あらかじめ・前もって」という意味をもつ漢字です。
(3)「式」の音読みは「シキ」で、ほかに「形式」「様式」などのじゅく語があります。
(4)「集」の音読みは「シュウ」で、ほかに「集合」「集会」などのじゅく語があります。「集」には「あつ(まる)」「あつ(める)」「つど(う)」の訓読みもあります。

36 読書をしよう　73ページ

❶ (1)詩集　(2)文章　(3)感想
(4)詩人　(5)第一章　(6)感動
(7)空想　(8)詩　(9)校章
(10)予想

❷ (1)地球　(2)投書

まちがえたら、見直しましょう。≫57ページ

ポイント
❶ (1)「詩」の左がわの「言」には「ことば」の意味があります。
(3)「感」も「想」も下の部分は「心」です。「感」は八画目の「ノ」と九画目の点をわすれないようにしましょう。
(6)「感」の音読みは「カン」で、「心が動く」という意味をもつ漢字です。「感心」「直感」などのじゅく語があります。
(7)「想」の音読みは「ソウ」で、ほかに「回想」などのじゅく語があります。同じ音読みで形がにている「相」とまちがえないように注意しましょう。

■37 調べて発表しよう　75ページ

1
(1)調　(2)時代　(3)発
(4)研究　(5)発見　(6)調
(7)研究　(8)発　(9)調
(10)発売

まちがえた人は、59ページを見直しましょう。

ポイント

(1)「発」の「はつ」という音読みは「ハツ」と「ホツ」の二通りがあります。ここでは「ハツ」という読みの言葉です。「発」の「ホツ」という読みの言葉には「発作（ほっさ）」などがあります。

(3)(4)「研」「究」はどちらも「調べる」という意味を表す漢字です。「研究」は、「ものごとをよく調べること」という意味の言葉です。

(6)「調」には「しらべる」という読みの他に、「調子（ちょうし）」などの「チョウ」という音読みがあります。

■38 まとめのテスト⑨　77ページ

1
(1)こうしえん　(2)あつ
(3)いっぱん　(4)きみつ
(5)べんきょう　(6)しじん
(7)きょうか　(8)げしゅく
(9)とし　(10)はんぷく
(11)しょうひ　(12)けいき

2
(10)直感　(7)研究　(4)放　(1)理想
(11)調子　(8)発　(5)理　(2)発想
(12)空業　(9)放　(6)放　(3)発

ポイント

(1)「せん」「しゅ」「はつ」は、板前（いたまえ）の意味で、「放」は、日本の料理の意味も表します。

(2)「理想」は、「現実には起こりそうもないが、こうであってほしいという、ねがい」という意味の言葉です。直感は、感じたことを理くつぬきに、感じのままに考えること、という意味です。「直感」という言葉と組み合わせて覚えておきましょう。

物事（10）「直感」は、物事を感じとること。直感と理想は、目びたびあらわれる語で、日本人の理くつぬきに感じとることをだいじにする意味合いを考えるとよいでしょう。

■39 まとめのテスト⑩　79ページ

1
(1)よんどし　(2)よせしょう
(3)よみ　(4)よそしか
(5)よん　(6)よちきょう
(7)よせんしょう　(8)よさぎょう
(9)よみ　(10)よしきょう
(11)よいしょう　(12)よしきょう
(13)よてい

2
(10)本題　(7)事板　(4)題名　(1)放
(11)集合　(8)勉　(5)放　(2)き
(12)追放　(9)宿階　(6)音階　(3)き

ポイント

(3)「追究」と「追求」は、どちらも「おう」という意味を表す言葉ですが、「追究」の「究」は、「ものごとをつきつめて深く調べること」という意味です。「追求」は、「目的のものをどこまでもおい求めること」という意味で使います。

(9)「追」の意味は、「おう」で、「放」の意味は、「ほうる」という正反対の意味をもっています。

■40 パズル・実せん⑤　81ページ

1
(1)発　(2)勉強　(3)発明
(4)式合う

2
(1)調べる　(2)集　(3)発
(4)研究者

3
(1)子　(2)出す　(3)放
(4)式合う

ポイント

2
(1)「勉学」は、「勉強」と同じ意味の語です。

(2)「金厚」は、「金」も「厚」もどちらも「集める」という意味の語です。

3
お「放る」は「なげる」という意味があるので、(2)「式合う」は反対へ投げるという意味へと語がつながります。
「直す」は、「同じ問題」にもどすという意味があるので、こちらは元の場へもどるという意味へと語がつながります。

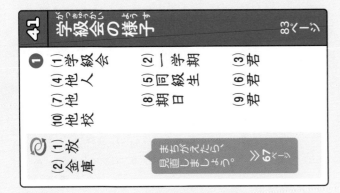

41 学級会の様子　83ページ

❶ (1)学級会　(2)一学期　(3)君
(4)他人　(5)同級生　(6)君君
(7)他　(8)期日　(9)君
(10)他校

❷ (1)放　(2)金庫

まちがえたら、見直しましょう。≫67ページ

♩ポイント

❷(1)「級」は画数に注意しましょう。八画目の「ろ」は続けて一画で書きます。
(2)「期」の音読みは「キ」で、「期間」「予期」などのじゅく語があります。
(5)「級」の音読みは「キュウ」で、「級友」「高級」などのじゅく語があります。
(6)「君」の音読みは「クン」、訓読みは「きみ」です。
(7)「他」の音読みは「タ」、訓読みは「ほか」です。「ほか」という意味をもつじゅく語に「他者」「他国」などがあります。

42 図書係の仕事　85ページ

❶ (1)図書係　(2)申　(3)仕
(4)整理　(5)係　(6)申
(7)整理　(8)申　(9)整
(10)仕方

❷ (1)合宿　(2)問

まちがえたら、見直しましょう。≫69ページ

♩ポイント

❶(2)「申」は「甲」としないように注意しましょう。
(3)「仕」の音読みは「シ」、訓読みは「つか(える)」です。「仕」の三画目の横ぼうは下の横ぼうよりも長く書きます。
(4)「整理」は、かたづけてととのえるという意味です。同じ読みの「生理」は、生物のからだのしくみやはたらきという意味です。
(5)「係」は、「計」「形」など同じ読みの漢字とまちがえないように注意しましょう。

43 委員会にさんかする　87ページ

❶ (1)委員会　(2)代表　(3)決
(4)委　(5)員表　(6)表明
(7)決　(8)委員　(9)店員
(10)決心

❷ (1)作業　(2)集会

まちがえたら、見直しましょう。≫71ページ

♩ポイント

❶(1)「員」は、「買」と形がにているので注意しましょう。
(2)「表」の音読みは「ヒョウ」で、「発表」などのじゅく語があります。訓読みは「おもて」「あらわ(す)」「あらわ(れる)」です。
(4)「委ねる」は、人にまかせるという意味です。
(5)「員」の音読みは「イン」で、人や人の数という意味をもつ漢字です。「会員」「定員」などのじゅく語があります。

44 話し合いをしよう①　89ページ

❶ (1)全体　(2)公平　(3)定期
(4)気持　(5)全　(6)定
(7)持　(8)全　(9)平
(10)持

❷ (1)感　(2)回想

まちがえたら、見直しましょう。≫73ページ

♩ポイント

❶(1)「全」の音読みは「ゼン」で、「全部」「全員」などのじゅく語があります。「全体」の反対の意味の言葉は、「部分」です。
(2)「平」の音読みは「ヘイ」「ビョウ」で、「平和」「平等」などのじゅく語があります。
(5)「全」には「まった(く)」「すべ(て)」という訓読みがあります。
(7)「持」の音読みは「ジ」で、「持続」などのじゅく語があります。

48 パズル・実せん⑥　97ページ

❶ (1)五　(2)四　(3)四
❷ (1)ア　(2)イ　(3)ウ　(4)イ
❸ (1)決める　(2)仕える　(3)表す　(4)整える
❹ (1)反らす　(2)定　(3)全　(4)仕える

ポイント
❷だ…「計算」の「計」の音読みは「ケイ」です。
❸(1)「決」は「決める」と送りがなをつけた形にします。(3)「表」は「表す」と送りがなをつけた形にします。(4)つ「定」は「定める」と使います。

(1)「使う」の「使」などに注意が必要です。
(2)「決める」は「決」の送りがなに注意しましょう。
(3)「申」などの漢字に注意しましょう。
(4)し「平ら」「平ら」と使います。

47 まとめのテスト⑫　95ページ

❶
(1)にゅう　(2)じょうけい　(3)せいかく
(4)じこ　(5)きそく　(6)わかもの
(7)他　(8)反期　(9)いっか　(10)表紙
(11)仕整　(12)全申　(13)味

ポイント
(2)「定」は「決定」「定食」などと使います。
(5)ろく「子」は「子」の音読みが「シ」、訓読みが「こ」です。
(8)反…「反」の反対の意味の言葉は「さん成」です。
(11)仕…「仕上げる」など「仕える」という意味があります。
(12)に…「安全」という意味を表す言葉です。

46 まとめのテスト⑪　93ページ

❶
(1)きゅう　(2)へゆう　(3)ゆうしゃ　(4)ていき
(5)きょうどう　(6)たき　(7)おんしつ　(8)こし
(9)ゆだん　(10)まっちゃ　(11)ゆだい　(12)つかいまい
❷
(1)平ぜん　(2)決行　(3)保特　(4)せん
(5)決定　(6)平　(7)反対　(8)定
(9)平　(10)首　(11)決定　(12)保特

ポイント
(5)「反」の音読みは「ハン」「タン」などで、訓読みは「そ(る)」「そ(らす)」です。
(1)「反」の反対の意味の言葉は「さん成」という意味です。
(8)「整」は「整える」の意味です。

45 話し合いをしよう②　91ページ

ポイント
❶
(1)発言　(2)調子　(3)理由　(4)対立　(5)意見　(6)用意
(7)自由　(8)対話　(9)用意　(10)由来　(11)反対　(12)意外

≪見直しましょう　75ページ

(3)「反省」は、自分自身を思い切って行う意味です。
(4)意味。
(5)おも「表」は、「(え)る」の反対の意味の言葉は「反対」という意味を表す。
(6)「なっ得」は、反省するという意味です。
(7)「自首」は、自分の気持ちを首という意味です。
(8)「由来」は、もとをたどっていくという点が悪い影が。

49 友だちに相談しよう　99ページ

❶
(1)悲
(2)相談
(3)助
(4)相手
(5)談
(6)助言
(7)悲鳴
(8)真相
(9)談
(10)手助

❷
(1)高級
(2)期間

まちがえたら、見直しましょう。≫83ページ

◀))ポイント
❶ (1)「非」の部分の筆じゅんに注意しましょう。
(2)「談」の音読みは「ダン」で、語る・話すという意味をもつ漢字です。ほかに「会談」「談話」などのじゅく語があります。
(4)「相」の訓読みは「あい」です。
(6)「助言」とは、役に立つような言葉をかけること、またそのような言葉のことです。「助」の音読みは「ジョ」で、「助力」「助手」などのじゅく語があります。

50 病気やけがをしたとき①　101ページ

❶
(1)息
(2)苦
(3)悪
(4)全身
(5)休息
(6)苦
(7)悪
(8)親身
(9)悪口
(10)中身

❷
(1)申
(2)仕組

まちがえたら、見直しましょう。≫85ページ

◀))ポイント
❶ (4)「身」の音読みは「シン」、訓読みは「み」です。「シン」と読むじゅく語には「身体」、「み」と読むじゅく語は「中身」などがあります。「身」の七画目の始まりは右に出します。
(6)「苦」には「くる（しい）」や「にが（い）」などの訓読みがあります。
(7)「悪」の音読みは「アク」で、ほかに「悪意」「悪人」などのじゅく語があります。
(8)「親身になる」は、家族のように細やかな心をくばるという意味です。

51 病気やけがをしたとき②　103ページ

❶
(1)指
(2)鼻水
(3)出血
(4)虫歯
(5)血
(6)歯科
(7)指先
(8)血
(9)指定
(10)鼻歌

❷
(1)社員
(2)表員

まちがえたら、見直しましょう。≫87ページ

◀))ポイント
❶ (1)「指」には「ゆび」のほかに「さ（す）」という訓読みがあります。
(2)「鼻」は「自」の部分を「白」としないように注意しましょう。
(3)「血」の音読みは「ケツ」、訓読みは「ち」です。「血」は、形のにている「皿」とのちがいに注意しましょう。
(9)(4)「歯」の音読みは「シ」、訓読みは「は」です。
(9)「指」の音読みは「シ」で、「指名」などのじゅく語があります。

52 病院へ行く①　105ページ

❶
(1)病
(2)病院
(3)生死
(4)生命
(5)入院
(6)死
(7)生命
(8)院長
(9)死
(10)命令

❷
(1)全力
(2)平気

まちがえたら、見直しましょう。≫89ページ

◀))ポイント
❶ (1)「病」の訓読みは「やまい」です。
(3)(2)「院」の音読みは「イン」で、たてものという意味をもつ漢字です。「阝」は三画で書きます。
(3)「生死」は、「生きる」「死ぬ」という反対の意味の漢字を組み合わせたじゅく語です。「死」の音読みは「シ」で、「急死」「必死」などのじゅく語があります。
(4)「命」の音読みは「メイ」、訓読みは「いのち」です。「運命」「命令」などのじゅく語があります。
(5)「入院」の反対の意味の言葉は「たい院」です。
(6)「死」の六画目は上にはねます。

《91ページ》 見直したらまとめなおそう。

53 病院へ行く②　107ページ

❶
(1)医者
(2)反
(3)皮
(4)終
(5)薬
(6)医
(7)終
(8)薬局
(9)医学
(10)終式

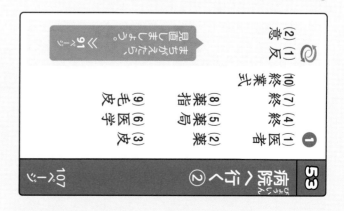

〈ポイント〉
(1)「意」は反対の意味を表す訓読みに気をつけましょう。
(3)「皮」の画目は「ひつじ」ではなく、「書」と書きます。上の画目は「医」と書きます。
(4)「終」の訓読みは「お(わる)」です。
(5)「皮」の音読みは「ヒ」です。
(7)〈ポイント〉「終」の訓読みは「お(わる)」です。「終」の音読みは「シュウ」です。「薬」の言葉、「薬品」「薬局」など注意しましょう。

❷
(1)意
(2)反
…

54 まとめのテスト⑬　109ページ

❶
(1)生命
(2)苦
(3)血
(4)苦
(5)苦薬
(6)医院
(7)終命
(8)生息
(9)苦薬
(10)生命
(11)生息
(12)血
(13)死

❷
(1)ひ
(2)じぞう
(3)ひ
(4)じょう
(5)ひ
(6)じぞう
(7)めい
(8)いしゃ
(9)あせ
(10)はんたい
(11)はへい
(12)なへい
(13)なみ

〈ポイント〉
(1)「親」「族」のように、「悲」は「かなしい」という意味を願ったものです。
(2)「身体」などと続き、「身」は会意文字です。
(3)「苦」は「にがい」という訓読みに引いて意味を合わせたものです。
(8)〈ポイント〉「会」の訓読みに注意しましょう。

56 パズル・実せん⑦　113ページ

❶（○につけるもの）
(1)悪い
(2)へい
(3)
(4)
(5)ひ
(3)悲

❷
(1)しょう
(2)ゆい

❸
(1)やし
(2)へい
(3)
(4)
(5)たき

❹
(1)きず
(2)たいせつ
(3)悲しい

（じ）
身長・全身・中身・身
しんちょう
ぜんしん
なかみ
み

〈ポイント〉
(1)「身」の音読みは「シン」、訓読みは「み」です。
(2)送りがなに注意して、「ナオ」「ジカ」に気をつけましょう。
(3)「薬」の音読みは「ヤク」です。
(4)「命」の音読みは「メイ」です。
(5)「血」の音読みは「ケツ」、訓読みは「ち」です。
(8)「会」の音読みは「カイ」です。

55 まとめのテスト⑭　111ページ

❶
(1)歌悪
(2)ひ
(3)相談
(4)悪意
(5)相
(6)小苦話
(7)助意
(8)相手
(9)小苦室
(10)鼻地
(11)身指
(12)相談指

❷
(1)いし
(2)ひちな
(3)へい
(4)じょう
(5)めい
(6)けい
(7)ひな
(8)じゅうてん
(9)きょうてん
(10)びょういん
(11)びょうちょう
(12)はきうけい

〈ポイント〉
(2)「皮」は「ひふ」の意味で、「血」は「肉」の意味の言葉です。
(6)「苦」と「相」は反対の意味の言葉です。「相」の音読みは「ソウ」、訓読みは「あい」です。「話」の訓読みは「はな(す)」です。中の「口」の遠回りに気をつけます。

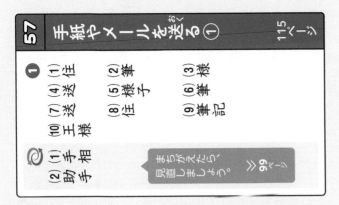

❶(1)住　(2)筆　(3)様
(4)送　(5)様子　(6)筆
(7)送　(8)住様　(9)筆記
(10)王様

❷(1)手相
(2)助手

まちがえたら、見直しましょう。≫99ページ

🔊ポイント
❶(1)「住」の音読みは「ジュウ」、訓読みは「す(む)」「す(まう)」です。
(2)「筆」は、横ぼうの数と長さに注意して書きましょう。
(3)「様」は、人の名前につけて、うやまう気持ちを表します。「様」の右がわのたてぼうは、はねます。
(4)「送」の訓読みは「おく(る)」です。六画目ははらわずにとめます。
(5)「様」の音読みは「ヨウ」で、「同様」などのじゅく語があります。
(7)「送」の音読みは「ソウ」で、「発送」「放送」などのじゅく語があります。

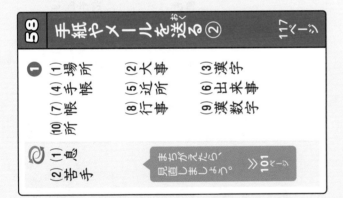

❶(1)場所　(2)大事　(3)漢字
(4)手帳　(5)近所　(6)出来事
(7)帳　(8)行事　(9)漢数字
(10)所

❷(1)息
(2)苦手

まちがえたら、見直しましょう。≫101ページ

🔊ポイント
❶(1)「所」の音読みは「ショ」、訓読みは「ところ」です。
(2)「事」の音読みは「ジ」で、「事実」などのじゅく語があります。「事」のたてぼうは、さい後の八画目に書きます。はねます。
(3)「漢」は、中国という意味をもつ漢字です。「漢」の十二画目は、上につき出ないように注意しましょう。
(4)「帳」は、紙をとじたものという意味をもつ漢字で、「帳面」などのじゅく語があります。

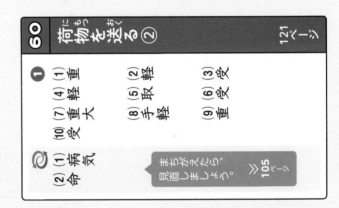

❶(1)荷物　(2)運　(3)送
(4)配　(5)荷　(6)手配
(7)物　(8)荷車　(9)物体
(10)気配

❷(1)指名
(2)歯車

まちがえたら、見直しましょう。≫103ページ

🔊ポイント
❶(1)「物」には、「ブツ」「モツ」の音読みがあります。「動物」「食物」などじゅく語によって読み方がちがうので注意しましょう。
(3)「運」の音読みは「ウン」で、「運動」「運転」などのじゅく語があります。
(4)「配」の音読みは「ハイ」で、「心配」「配送」などのじゅく語があります。「配」の左がわを「酉」としないように注意しましょう。

❶(1)重　(2)軽　(3)受
(4)軽　(5)取　(6)受
(7)重大　(8)手軽　(9)重
(10)受

❷(1)病気
(2)命名

まちがえたら、見直しましょう。≫105ページ

🔊ポイント
❶(1)「重」は、横ぼうの長さに注意しましょう。二画目を長く書きます。
(2)「軽い」の反対の意味の言葉は「重い」です。
(4)「軽」の音読みは「ケイ」、訓読みは「かる(い)」で、「軽食」「身軽」などのじゅく語があります。
(5)「取」の五画目は、右につき出ます。
(6)「受信」の反対の意味の言葉は「送信」です。
(7)「重」の音読みは「ジュウ」「チョウ」で、「体重」「貴重」などのじゅく語があります。

61 荷物を送る③ 123ページ

ポイント
❶
- (1) 一開礼
- (2) 皮
- (4) 開店
- (7) 一開礼
- (10) 一開礼
- (1) 礼箱
- (5) 筆箱
- (8) 筆箱開
- (3) 返
- (6) 返事
- (9) 返事

ポイント
・「礼」の「ネ」は五画目がある「ネ」で書きます。「ネ」の音読みには「レイ」「ライ」などの語があります。
・「返」の訓読みは「かえ(す)」「かえ(る)」です。「返」の音読みは「ヘン」で、「開会」などと使います。「開」の音読みは「カイ」で、「開始」などと使います。音読みは「カイ」で「開会」「開始」などの語があります。
・「事」の訓読みは「こと」です。返事は、上の人などに答えることです。「ヘ」に点など「(へ)」とあり、「(へ)」と書きます。

62 まとめのテスト⑮ 125ページ

❶
- (1) かいし
- (2) じゅしん
- (3) ちょうしん
- (4) はいそう
- (5) けいちょう
- (6) おうしん
- (7) はいそう
- (8) おうしん
- (9) かいへい
- (10) だいこう
- (11) おうしん
- (12) おもの
- (13) ちょうぶん

❷
- (10) 開始
- (7) 受理
- (4) 配
- (1) 配
- (11) 返身
- (8) 身軽
- (5) 身
- (2) 身
- (12) 返礼本箱
- (9) 本
- (6) 軽
- (3) 送

ポイント
・「皮」の音読みは「ヒ」で、「毛皮」「皮ひ」などの語があります。「送」の訓読みは「おく(る)」で、「送る」と読みます。同じ読みで「送」と「帰」があり、「帰」は「かえ(る)」と正しく使いなければなりません。それぞれ正しく書くように注意しましょう。
・(9) 「受」には「受」と「空」があり、「ジュ」「ウ」の音読みがあります。
・(3) 「回」の音読みは「カイ」で、その文章にあたる人のことです。

63 まとめのテスト⑯ 127ページ

❶
- (1) はいそう
- (2) かん
- (3) かいてん
- (4) せいほん
- (5) けいしゃ
- (6) しょうかい
- (7) へんじ
- (8) じゅうたく
- (9) へんじ
- (10) しょうかい
- (11) しんちょう
- (12) かんすう
- (13) あせ

❷
- (10) 運送
- (7) 見送
- (4) 住
- (1) あせ
- (11) 住地台所
- (8) 台筆
- (5) 筆
- (2) 住
- (12) 動物事様
- (9) 荷事様
- (6) 様
- (3) 所図帳
- (11) 所図帳

ポイント
❶
- (5) 「開」の意味は「あける」で、その反対の意味の言葉には「しめる」などがあります。
- (7) 〈訓読み〉重 (11) 〈訓読み〉重
- (5) 「所」の訓読みは「ところ」です。「開ける」という意味で「所図帳」などの意味の言葉は「ところ」「どころ」となり、「あける」に対する言葉は「しめる」となり、相手に先に取るなどのよい点があります。
- (13) 「返」の意味は、返事で相手に先に答えるなどのことです。

64 パズルで実せん⑧ 129ページ

ポイント
❶
- (1) 読み・事・筆
- (2) もち・どうぶつ
- (3) もち・はこ

❷
- (1) 読み方
- (2) ちがう番ごうは（○）でつなぐこと

❸
- (4) 荷物い
- (1) 軽い
- (3) 配る
- (2) 運んじ
- (5) 送
- (6) 箱
- (3) 開

ポイント
❶
- (1) 〈音読み〉注意
- (2) 〈音読み・訓読み〉事
- 「荷」の音読みは「カ」、訓読みは「に」です。「筆」の音読みは「ヒツ」、訓読みは「ふで」です。
❸
- ①「荷」を「荷の上」に注意して「ジ」、②「箱」の上の「十」の部分が「ウ」になる語です。「ジ」・「十」に注意しましょう。
- ①「荷」の上の部分が「サ」になり、「セ」に注意します。②「箱」の上の部分に注意して「バ」となり、「バ」に注意して「バ」にします。

65 買い物をしよう 131ページ

❶ (1)商品 (2)品物 (3)客
(4)安 (5)商店 (6)来客
(7)安全 (8)商売 (9)客室
(10)安

❷ (1)住 (2)見送

まちがえたら、見直しましょう。≫115ページ

ポイント

❶ (1)「商」の音読みは「ショウ」で、「商人」「商社」などのじゅく語があります。
(2)「品」の音読みは「ヒン」、訓読みは「しな」です。「ヒン」と読むじゅく語には「作品」「部品」、「しな」と読むじゅく語には「手品」などがあります。
(4)「安い」の反対の意味の言葉は「高い」です。
(6)「客」の音読みは「キャク」で、「乗客」などのじゅく語があります。
(7)「安」の音読みは「アン」、訓読みは「やす(い)」です。「アン」と読むじゅく語には「安心」「安定」、「やす」と読むじゅく語には「安物」などがあります。

66 りょう理をしよう① 133ページ

❶ (1)丁 (2)湯 (3)氷水
(4)味 (5)一丁 (6)湯気
(7)風味 (8)二丁目 (9)流氷
(10)味方

❷ (1)台所 (2)通帳

まちがえたら、見直しましょう。≫117ページ

ポイント

❶ (1)「丁」の二画目のたてぼうははねます。
(2)「湯」の右がわを「易」としないように注意しましょう。
(3)「氷」の訓読みは「こおり」です。「こうり」と書かないように注意しましょう。音読みは「ヒョウ」で、「氷山」「氷点下」などのじゅく語があります。「氷」は、左上の点をわすれないようにしましょう。
(7)「風味」は、食べ物のもつ上品な味わいのことです。「味」の音読みは「ミ」で、「意味」などのじゅく語があります。

67 りょう理をしよう② 135ページ

❶ (1)炭火 (2)油 (3)酒
(4)使 (5)日本酒 (6)使用
(7)炭 (8)石油 (9)酒
(10)天使

❷ (1)人物 (2)心配

まちがえたら、見直しましょう。≫119ページ

ポイント

❶ (1)「炭」は、木をむしやきにして作ったねんりょうのことです。炭火は「炭」でおこした火のことです。「炭」の音読みは「タン」で、「石炭」などのじゅく語があります。
(3)「酒」の右がわを「酉」としないように注意しましょう。
(4)「使」の八画目は左につき出し、さい後ははらいます。
(5)「酒」の音読みは「シュ」です。
(6)「使」の音読みは「シ」で、「天使」「使命」などのじゅく語があります。
(8)「油」の音読みは「ユ」で、「原油」などのじゅく語があります。

68 パーティーを開く 137ページ

❶ (1)主人 (2)大皿 (3)飲
(4)注文 (5)皿 (6)主役
(7)注意 (8)主 (9)飲食店
(10)注意

❷ (1)体重 (2)取

まちがえたら、見直しましょう。≫121ページ

ポイント

❶ (1)「主」の音読みは「シュ」、訓読みは「ぬし」「おも」です。「ぬし」を使った言葉には「持ち主」などがあります。
(3)「飲」の音読みは「イン」、訓読みは「の(む)」です。「飲」の右上を「ク」にしないように注意しましょう。
(4)「注ぐ」は、水などを流しこむという意味です。
(7)「注」の音読みは「チュウ」で、「注目」などのじゅく語があります。

※ 右ページ・上段

70 まとめのテスト⑰　141ページ

1
(1)こしょう　(2)あぶら　(3)きしゃ　(4)ぬし　(5)ちゅうもん　(6)ひとさら　(7)いんしゅ　(8)ぶひん　(9)りょうしゅう　(10)さくひん　(11)しゅじんこう　(12)たけじゅう　(13)たいしょ

2
(1)こしょう　(2)注意　(3)皿　(4)飲手　(5)主　(6)注主　(7)飲品　(8)飲　(9)作皿　(10)部分　(11)主人公　(12)一品　等

〈ポイント〉
・⑴「公」は人の「おおやけ」のいみで「コウ」と読みます。⑵「送」は人の「つかい」のいみで、「シ」と読みます。
・「国」を代表して外国へいく人のことです。
・⑸「商社」は、会社のことで、外国へ品物を仕入れて、それを売るしごとです。

※ 右ページ・下段

69 みぶんけみ　139ページ

1
(1)ちょうれい　(2)かいとう　(3)たいとう　(4)へいばい　(5)あいて

2
(1)朝礼　(2)開等　(3)対等　(4)平倍　(5)人一倍　(6)両方　(7)両手　(8)一部　(9)両立　(10)両等　(11)全部

〈ポイント〉
・⑴⑵「倍」は「半」の反対のいみで、数が二つぶんのことです。⑴「全」は「部」の対で「ゼン」と読みます。
・⑸「等」の「らしさ」のいみがあります。

※ 左ページ・上段

72 パズル・実せん⑨　145ページ

1
(1)飲品　(2)丁　(3)油
(○けるこい)

2
①品　②安

3
(1)うぶん　(2)あじ
(1)じん　(2)ぬし

4
(1)五　②いぶ　(3)とし
(1)六　②あじ　③まる
(1)丸　②とぬし

〈ポイント〉
・⑴同じ漢字でも、音読みと訓読みがあります。①訓読み、②音読み。「安」は音読みが「アン」、訓読みが「やす」。
・⑵「豆」は同じ音読みでも、①「トウ」、②「ズ」と読み分けます。「物」の「ブツ・モツ」なども、読み分けに注意しましょう。

※ 左ページ・下段

71 まとめのテスト⑱　143ページ

1
(1)す　(2)しはらう　(3)あぶら　(4)なはつ　(5)ちもち　(6)ばいよう　(7)なはつ　(8)じょう　(9)じんこう　(10)ひんしゅう　(11)いんしょう　(12)しょうひん

2
(1)米田山　(2)安南人　(3)使安舩　(4)安　(5)一使　(6)目乗　(7)油田　(8)丁目　(9)目湯　(10)油　(11)酒意味　(12)使安舩客

〈ポイント〉
・⑸「倍」は「注」は、数が二倍になることです。
・⑹⑺「山」は、大きな米の山ができるほど米がとれるという意味です。
・「北」は「上」をあらわした字で、字形から南へいく人となりました。北きなへんの海のむこうにいる人の数の何ぶんもあるということです。

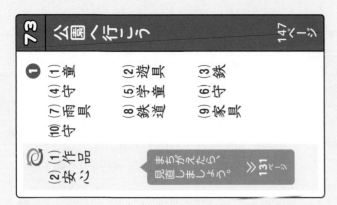

❶(1)童　(2)遊具　(3)鉄
(4)守　(5)学童　(6)守
(7)雨具　(8)鉄道　(9)家具
(10)守
❷(1)作品
(2)安心

まちがえたら見直しましょう。»131ページ

◁)ポイント

❶(1)「童」の音読みは「ドウ」で、「子ども」という意味をもつ漢字です。「童話」「童心」などのじゅく語があります。
(2)「具」の音読みは「グ」で、「家具」「文具」などのじゅく語があります。八画目はとめます。はらわないように注意しましょう。
(3)「鉄」の音読みは「テツ」です。右がわを「失」としないように注意しましょう。
(6)「守」の音読みは「シュ」「ス」、訓読みは「まも(る)」です。

❶(1)神社　(2)夏祭　(3)笛
(4)面　(5)神様　(6)一面
(7)祭日　(8)神話　(9)汽笛
(10)画面
❷(1)湯気
(2)氷点下

まちがえたら見直しましょう。»133ページ

◁)ポイント

❶(1)「神」の右がわのたてぼうは、上につき出します。ほかの音読みは「シン」です。
(2)「祭」は、左上を「夕」としないように注意しましょう。
(3)「笛」の音読みは「テキ」、訓読みは「ふえ」です。
(4)「面」の音読みは「メン」で、「場面」「面会」などのじゅく語があります。
(5)「神」の訓読みは「かみ」です。

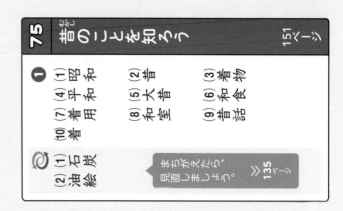

❶(1)昭和　(2)昔　(3)着物
(4)平和　(5)大昔　(6)和食
(7)着用　(8)和室　(9)昔話
(10)着
❷(1)石炭
(2)油絵

まちがえたら見直しましょう。»135ページ

◁)ポイント

❶(1)「昭和」は、昭和天皇のくらいにつくられた時代(一九二六～一九八九年)のことです。
(2)「昔」の訓読みは「むかし」です。
(3)「着」の訓読みは「き(る)」のほかに「つ(く)」などがあります。「服を着る」「学校へ着く」のように使います。「着る」は、同じ読みの「切る」とまちがえないようにしましょう。
(4)「和」の音読みは「ワ」で、「調和」などのじゅく語があります。
(6)「和食」は日本食のことで、反対の意味の言葉は「洋食」です。

❶(1)進歩　(2)向上　(3)次世代
(4)進歩　(5)向上　(6)次
(7)文化　(8)進学　(9)化
(10)次
❷(1)主
(2)注目

まちがえたら見直しましょう。»137ページ

◁)ポイント

❶(1)「進」の音読みは「シン」で、「前進」「行進」などのじゅく語があります。
(2)「向上」は、よい方向に進むという意味です。同じ読みの「工場」とまちがえないようにしましょう。「向」の一画目は「ノ」です。「ノ」としないように注意しましょう。
(3)「次」の左がわを「シ」にしないように注意しましょう。音読みは「ジ」で、「次回」などのじゅく語があります。
(7)「化」の音読みは「カ」、訓読みは「ば(ける)」「ば(かす)」です。「化」の四画目は、上にはねます。

77 行列／ならぶ　155ページ

① (1)両親 (2)部品
(4)待機 (3)地下
(5)一行列 (6)屋外
(7)待 (8)屋根
(10)待期 (9)屋所

🔁 まちがえた漢字は、
見直しましょう。
≪139ページ

ポイント
・「列」の音読みは「レツ」で、「列車」「行列」などと使います。「列」は左の部分を四画で書きます。四画目は左へはらいます。五画目は右へ送ります。
・「屋」の音読み「オク」は「屋外」「家屋」などと使います。「屋」の訓読み「や」は「屋根」「屋台」「本屋」などと使います。「待」の音読みは「タイ」で、「待機」「期待」などと使います。「待」の訓読みは「ま（つ）」で、「待つ」となります。
・「短」の音読みは「タン」で、「短期」「短所」などと使います。「短」の訓読みは「みじか（い）」で、「短い」となります。「短」の反対の意味の語があります。「長」です。

---

78 まとめのテスト⑲　157ページ

① (1)ろうじん
(2)しんぶん (3)ぜんしん
(4)ぶく (5)しんぶ
(6)ぶすく (7)てつ
(8)ぶう (9)しゅうしん
(10)ほぶすし (11)ちょうぶ
(12)むかうかし (13)ちょうちか

② (1)向 (4)列島 (7)鉄 (10)次島
(2)次進 (5)進 (8)次男 (11)短短
(3)前進 (6)前 (9)... (12)屋本屋
短期 屋台

ポイント
・「向」の訓読み「む（く）」は「向く」「向ける」などと使います。「向」は「化」の字と形が似ています。注意しましょう。
・子どもの「子」の訓読みは「こ」「す」「み」と、音読みは「シ」「ス」と覚えましょう。
・「着」の訓読みは「き（る）」「つ（く）」「つ（ける）」などと、音読みは「チャク」と覚えましょう。
・「化」の訓読みは「ば（ける）」「ば（かす）」と、音読みは「カ」「ケ」と覚えましょう。

---

79 まとめのテスト⑳　159ページ

① (1)ほうじか (2)...
(3)ちょうう (4)じかんたい
(5)おうへんじ (6)たれしん
(7)たうへじんじゃ (8)じんたい
(9)かうせき (10)したいしゃ
(11)あうわせき (12)にうにしかん
(13)せいあうき

② (1)童話 (4)守話
(2)神道 (5)昔話
(3)地下鉄 (6)和祭
(8)神具 (7)守童話
(9)和風 (10)留守番
(11)具体会様面 (12)様
守風

ポイント
・「屋」は家や住む場所、生き物のすむ場所を表す漢字です。土地の中にむぞ...
・「石」は大昔の生物の体が長い間、地中にうずもれてできたもので「化石」は昔の生物の体が起こした変化の意味です。
・「待」は「待望」「待機」「期待」などと使います。「待」は相手が次々に来る場所や場面で使います。
・「字」は「文字」の意味で、「漢字」「数字」などと使います。
・「具」は「道具」「具体的」などに使います。
・「面」は「洋風」の「面」で、「面会」「洋面」「面目」などに使います。
・「和」の音読みは「ワ」で、「和食」「和風」「平和」などに使います。
・「会」は「面会」「会議」「会話」などと使います。反対の意味があります。

188

80 パズル・実せん⑩ 161ページ

❶ (1)向かう (2)化ける (3)短い

❷ ①神社 ②祭 ③面 ④昭和 ⑤昔

❸ (1)待 — 拾
(2)具 — 育
(3)列 — 守
(4)着 — 童

❹ (1)進 (2)屋

ポイント

❶ 送りがなをまちがえないように注意しましょう。

❷ ③「面」は、人の顔という意味をもつ漢字です。

❸ (1)「待」と「拾」は九画です。
(2)「具」と「育」は八画です。
(3)「列」と「守」は六画です。
(4)「着」と「童」は十二画です。

❹ (1)「前進」「進歩」「進行」「進化」というじゅく語ができます。
(2)「本屋」「屋上」「屋外」「屋根」というじゅく語ができます。じゅく語によって、「屋」の読み方がかわることに注意しましょう。

81 そうふく習＋先取り① 163ページ

❶ (1)やくめ (2)せだい (3)活動 (4)高級 (5)乗車

❷ (1)そ・イ (2)めぐすり・ア (3)お・ウ

❸ (1)部 (2)登 (3)和

❹ (1)なか (2)ねが (3)しお (4)印 (5)加 (6)芽

ポイント

❶ (2)「世」には「セ」のほかに「セイ」という音読みもあります。「世界」「世間」などは「セ」と読み、「後世」などは「セイ」と読みます。
(5)「車」に「乗る」と訓読みにして、じゅく語の意味もかくにんしておきましょう。

❷ (3)「さらさら木から落ちる」ことを「かっぱの川流れ」「弘法も筆のあやまり」などといいます。

82 そうふく習＋先取り② 165ページ

❶ (1)油・ウ (2)算・イ (3)葉・エ (4)息・ア (5)軽・オ

❷ (1)重い (2)重ねる

❸ (1)進 (2)意 (3)発 (4)都 (5)短

❹ (1)つめ (2)しょうてんがい (3)きせつ (4)席 (5)求 (6)泣

ポイント

❶ (2)「鼻」を使った慣用句には、ほかに「鼻にかける(とく意になって自まんする)」「鼻で見て軽く見て、ばかにしてこと)」などがあります。
(5)「口」を使った慣用句には、ほかに「口がかたい(ひみつを守ってしゃべらない)」「口がすべる(言ってはいけないことをうっかり言ってしまう)」などがあります。

❷ どちらも「重」を使います。送りがなに注意して書きましょう。

❸ (1)「日進月歩」は、たえ間なく進歩するという意味です。
(2)「意気投合」は、おたがいの気持ちがぴったり合うという意味です。
(3)「百発百中」は、予想などがすべて当たるという意味です。
(5)「一長一短」は、よいところも悪いところもあるという意味です。

❹ 四年生で学習する漢字です。
(1)「冷」は、左がわの部首が「にすい」で、「さんずい」とちがう形であることに注意しましょう。
(6)同じ読みの「鳴く」との使い分けに注意しましょう。動物がなくときは「鳴く」を使います。

(右上段)

❸ (1)じゅく語全体で反対の意味になります。
(2)は「下」「登」、(3)は「洋」「和」という上の漢字どうしが反対の意味を表しています。

❹ 四年生で学習する漢字です。
(1)「中」と読みが同じで形がにているので注意しましょう。
(6)同じ読みの「目」との使い分けに注意しましょう。

今 ポイント

❶ 同じ読みの漢字を使い分ける
同じ読みであっても、人の名前に使う漢字は分けられることがあるように、名前に使う漢字は分けられることがあります。

❷ (1)(2)(3)
(3)「待つ」という意味の「まち」と、海路の役に立つものという意味の「港」があることに注意しましょう。

❸ (3)「長所」は、すぐれたところという意味です。同じ読みで反対の意味の言葉は「短所」です。

❹ (3)「名」は、名前という意味と、すぐれているという意味があります。「名人」は、すぐれた人という意味です。

(3)「氏名」は、みょうじと名前のことです。四年生で習う「命」という、同じ「めい」と読む漢字があるので注意しましょう。「使命」「命令」などに使うので、書き分けに注意しましょう。

83　そうへ習＋先取り③　167ページ

❶
(1)幸
(3)幸

❷
(1)ふ・感
(3)そ・港
イ・ウ

❸
(1)ま
(3)向・イ
(4)習
(2)有
(4)章

❹
(1)給食　ほ
(3)お美　向
(5)信号　に
(6)好　し
(3)好
(2)えに
(2)幸・由勝

小学三年生の漢字  200字

※「——」は音読みまたは訓読みの読みがないことを表しています。

悪 ワル(い) アク	安 ヤス(い) アン	暗 くら(い) アン	医 イ	委 ゆだ(ねる) イ	意 イ	育 そだ(てる) そだ(つ) はぐく(む) イク	員 イン
院 イン	飲 の(む) イン	運 はこ(ぶ) ウン	泳 およ(ぐ) エイ	駅 エキ	央 オウ	横 よこ オウ	屋 や オク
温 あたた(か) あたた(かい) あたた(まる) あたた(める) オン	化 ば(ける) ば(かす) カ ケ	界 カイ	開 ひら(く) ひら(ける) あ(く) あ(ける) カイ	階 カイ	寒 さむ(い) カン	感 カン	漢 カン
館 やかた カン	岸 きし ガン	起 お(きる) お(こる) お(こす) キ	期 キ ゴ	客 キャク カク	究 きわ(める) キュウ	急 いそ(ぐ) キュウ	級 キュウ
宮 みや キュウ グウ ク	球 たま キュウ	去 さ(る) キョ コ	橋 はし キョウ	業 わざ ギョウ ゴウ	曲 ま(がる) ま(げる) キョク	局 キョク	銀 ギン
区 ク	苦 くる(しい) くる(しむ) くる(しめる) にが(い) にが(る) ク	具 グ	君 きみ クン	係 かか(る) かかり ケイ	軽 かる(い) かろ(やか) ケイ	血 ち ケツ	決 き(める) き(まる) ケツ
県 ケン	研 と(ぐ) ケン	庫 コ ク	湖 みずうみ コ	向 む(く) む(ける) む(かう) む(こう) コウ	幸 さいわ(い) さち しあわ(せ) コウ	港 みなと コウ	号 ゴウ
根 ね コン	祭 まつ(る) まつ(り) サイ	坂 さか ハン	皿 さら	仕 つか(える) シ ジ	死 し(ぬ) シ	始 はじ(める) はじ(まる) シ	使 つか(う) シ
指 ゆび さ(す) シ	歯 は シ	詩 シ	次 つぎ つ(ぐ) ジ シ	事 こと ジ ズ	持 も(つ) ジ	式 シキ	実 み みの(る) ジツ
写 うつ(す) うつ(る) シャ	者 もの シャ	主 ぬし おも シュ ス	守 まも(る) も(り) シュ ス	取 と(る) シュ	酒 さけ さか シュ	受 う(ける) う(かる) ジュ	州 す シュウ
習 なら(う) シュウ	終 お(わる) お(える) シュウ	集 あつ(まる) あつ(める) つど(う) シュウ	住 す(む) す(まう) ジュウ	重 え おも(い) かさ(ねる) かさ(なる) ジュウ チョウ	宿 やど やど(る) やど(す) シュク	所 ところ ショ	暑 あつ(い) ショ
助 たす(ける) たす(かる) すけ ジョ	昭 ショウ	消 き(える) け(す) ショウ	商 あきな(う) ショウ	章 ショウ	勝 か(つ) まさ(る) ショウ	乗 の(る) の(せる) ジョウ	植 う(える) う(わる) ショク
身 み シン	神 かみ かん(がみ) こう(しん) シン ジン	真 ま シン	深 ふか(い) ふか(まる) ふか(める) シン	進 すす(む) すす(める) シン	世 よ セイ セ	整 ととの(える) ととの(う) セイ	全 まった(く) すべ(て) ゼン

193

次の表は、漢字とその読み方を示したものです（縦書き・右から左へ）。各マスは「漢字（音読み／訓読み）」の順で示します。

列1（右）	列2	列3	列4	列5	列6	列7	列8（左）
旅（リョ／たび）	両（リョウ）	緑（リョク・ロク／みどり）	礼（レイ・ライ）	列（レツ）	練（レン／ねる）	路（ロ・ジ）	和（ワ・オ／やわらぐ・やわらげる・なごむ・なごやか）
申（シン／もうす）	羊（ヨウ／ひつじ）	洋（ヨウ）	陽（ヨウ）	葉（ヨウ／は）	様（ヨウ／さま）	落（ラク／おちる・おとす）	流（リュウ・ル／ながれる・ながす）
平（ヘイ・ビョウ／たいら・ひら）	問（モン／とう・とい）	役（ヤク・エキ）	楽（ガク・ラク／たのしい・たのしむ）	由（ユ・ユウ・ユイ／よし）	油（ユ／あぶら）	有（ユウ・ウ／ある）	遊（ユウ・ユ／あそぶ）
病（ビョウ・ヘイ／やむ・やまい）	拾（シュウ・ジュウ／ひろう）	品（ヒン／しな）	放（ホウ／はなす・はなつ・はなれる）	味（ミ／あじ・あじわう）	昔（セキ・シャク／むかし）	命（メイ・ミョウ／いのち）	面（メン／おも・おもて・つら）
板（ハン・バン／いた）	皮（ヒ／かわ）	悲（ヒ／かなしい・かなしむ）	美（ビ／うつくしい）	部（ブ）	筆（ヒツ／ふで）	福（フク）	物（ブツ・モツ／もの）
波（ハ／なみ）	配（ハイ／くばる）	倍（バイ）	箱（はこ）	畑（はた・はたけ）	氷（ヒョウ／こおり・ひ）	表（ヒョウ／おもて・あらわす・あらわれる）	秒（ビョウ）
島（トウ／しま）	登（トウ・ト／のぼる）	湯（トウ／ゆ）	等（トウ／ひとしい）	動（ドウ／うごく・うごかす）	発（ハツ・ホツ）	鼻（ビ／はな）	反（ハン・ホン・タン／そる・そらす）
庭（テイ／にわ）	注（チュウ／そそぐ）	柱（チュウ／はしら）	丁（チョウ・テイ）	都（ト・ツ／みやこ）	重（ジュウ・チョウ／え・おもい・かさねる・かさなる）	荷（カ／に）	農（ノウ）
着（チャク・ジャク／きる・きせる・つく・つける）	待（タイ／まつ）	代（ダイ・タイ／かわる・かえる・よ・しろ）	鉄（テツ）	転（テン／ころがる・ころげる・ころがす・ころぶ）	度（ド・ト・タク／たび）	豆（トウ・ズ／まめ）	投（トウ／なげる）
対（タイ・ツイ）	息（ソク／いき）	第（ダイ）	題（ダイ）	調（チョウ／しらべる・ととのう・ととのえる）	追（ツイ／おう）	定（テイ・ジョウ／さだめる・さだまる・さだか）	族（ゾク）
相（ソウ・ショウ／あい）	送（ソウ／おくる）	想（ソウ・ソ）	炭（タン／すみ）	短（タン／みじかい）	談（ダン）	他（タ／ほか）	打（ダ／うつ）